U0137286

（台北）蔚理法律事務所

電話：（02）25528919

網址：www.weli.com.tw

信箱：penny9451@gmail.com

地址：104 台北市中山區錦西街62號

蔚理文叢02

001

融資性租賃契約
之研究

呂榮海◎著

序　言

　　清末民初，西化運動開始時，「火車」曾被視為怪物而慘遭拆除……，這是人們基於既有觀念來看外來新事物的結果。

　　現在，新傳入的「融資性租賃」竟亦被視為「地下錢莊」，大喊取締者不乏其人，作者認為此係一般人對融資租賃之認識不夠所致。

　　民國六十八年春，作者在台大法律研究所教授黃茂榮博士之指導與鼓勵下，收集整理各金融機構之融資辦法，編輯「爭取融資與確保債權」乙書（六八年八月出版），初次接觸融資性租賃，並因而引起撰寫本書之興趣。在撰寫之初，對於租賃公司不負瑕疵擔保責任、修繕義務、危險負擔，以及承租人喪失期限利益等約款，亦抱持著敵視的態度，總以為租賃公司在契約上處處吃人。但歷經三年多的閱讀資料，研究、檢討的結果，到目前為止，作者憑著個人良知斷定融資性租賃係一種新型的「動產擔保交易」，因此，認為上述約款為融資性租賃「本質」所必需。吾人不宜因保護承租人之價值判斷而破壞事務之本質，至於，保護承租人的觀點，應貫徹在租金隱含利率之限制，以及租賃公司之獲利率不得過份高於一般金融機構等方面，始為正途。此即黃茂榮老師所教示「甘蔗那有兩頭甜？」租賃公司基於「金融」本質被允許不負瑕疵擔保、危險負擔、修繕義務等，但在獲利方面卻追求超越「金融」機構之利潤，則不應被允許。

　　作者為一法律人，拙於財務數字，始終搞不清楚租金隱

含利率之確實數字，故租賃公司所啃的甘蔗是否兩頭甜，只有依賴專家來指教！此外，租賃公司為澄清所謂「地下錢莊」的壞印象，亦有必要公開租金之計算，指出其所隱含之利率及利潤。

本書分五章，第一章導論，介紹融資性租賃之交易實況及其發展背景，尤其在融資、擔保制度上之背景；第二章藉融資性租賃與傳統租賃、分期付款買賣之區別，更進一步探討融資性租賃之特徵及其法律性質：動產擔保交易；第三章及第四章，分別從融資與擔保之角度，以具體法律問題檢證融資性租賃之法律性質：動產擔保交易說。以上說明，均顯示融資性租賃近於動產擔保交易，而遠於傳統之租賃，動產擔保交易之法理處處足以說明融資性租賃，反之傳統租賃之法理反而無一處足以說明融資性租賃，因此，本書第五章結論建議於動產擔保交易法附條件買賣後面，增訂「融資性租賃」一章，將融資性租賃納入法律規範。

本書之成，首應感謝指導教授黃茂榮博士多年來的指導及為我所樹立的楷模。口試委員王仁宏教授、戴東雄所長及鄭玉波大法官提示許多問題，均係鞭策作者日後在此方面繼續研究的動力。此外，租賃學前輩李孟茂教授、賴國旺先生及租賃業前輩楊榮辰、李國盛、林寶堂、朱永發、黃水淋等人的諸多啟廸，作者在此亦深表感謝。惟作者年未滿三十，學驗均有不足，本書僅係個人對融資性租賃的粗淺意見，尚待專家教導、指正，以及個人日後更進一步的研究。

呂　榮　海　七十一年十二月

新版序言

　　最近五年，「論文」的問題竟然頻頻成為台灣社會矚目的焦點，回想我在台灣大學法律研究所時「真的，很認真的」寫了厚厚的碩士論文、博士論文，分別獲得了台灣大學碩士、博士學位，該二論文的寫作，對我後來的律師工作助益不少。其中碩士論文《融資性租賃契約之研究》，廣受租賃公司重視，他們在我出版的此書中「贊助廣告」，間接助我印刷並購買，之後還不時邀請我去演講，並陸續委託我這律師關於融資租賃的案件，讓我感覺真符了「書中自有黃金屋」的諺語，也讓我感覺當時社會的溫暖，給出身貧窮但「努力」的我有生存的機會。感謝租賃業前輩簡茂男、黃水淋、劉偉剛、陳田鈺、黃泰興等人（抱歉，年紀大了，有些名字記不起來）的支持及切磋、鼓勵或委任。

　　也感謝前大法官黃茂榮博士對我碩士論文的指導，他也是「法學方法論」的先進之一，也讓我在「植根」砥礪多年，合編了「支票法案例體系」、「公司法案例體系」及「融資與確保債權案例體系」，練了基本功。

　　雖然我的碩士論文也許有些「前衛」，結論主張在「動產擔保交易法」中多加一節「融資租賃」，至今仍未實現，融資租賃仍停留在近於「無名契約」的狀態，大陸則先後在「合同法」、「民法」中規定「融資性租賃合同」，就此台灣法制已然落後，希望能迎頭趕上。我雖「前衛」，但我在論文的論述過程中關於「契約類型區

別」、「租賃之融資性格」、「租賃之擔保性格」、「租賃公司標的物之取回」、「變賣與結算」、「擔保利益」等等基本問題的論述，仍然有益於當前解決實務問題（與傳統租賃之區別、瑕疵擔保、期限利益之喪失、清算……等）。於是，趁現在比較不忙碌之際，乃思再印刷，以供當前更為蓬勃發展的租賃業（包括前往大陸、東南亞設立租賃公司）及交易相對人、關係人參考，並期為尚待迎頭趕上的立法作為參考，是為序。

　　新印刷出版時補充了第六章〈補論〉，更具體補充論述相關的實務問題。

　　　　　　　時公元2023年3月1日　　呂榮海律師

目　　錄

第一章　導論 ……………………………………………………… 1

一、融資性租賃之交易實況 ……………………………………… 1

　A、意義 ………………………………………………………… 1

　B、交易流程 ………………………………………………… 2

　C、與傳統租賃相異 ……………………………………… 4

　　Ⅰ、經濟上之相異點 ………………………………… 4

　　Ⅱ、法律上之相異點 ………………………………… 6

　D、租賃公司簡介 …………………………………………… 6

　　Ⅰ、租賃公司之興起 ………………………………… 6

　　Ⅱ、租賃公司之類型 ………………………………… 7

二、融資性租賃發生之背景 …………………………………… 11

　A、從需用機器設備者之角度看 …………………………… 11

　　Ⅰ、作為籌措機器設備手段之一 ………………… 11

　　Ⅱ、租稅上之利益 …………………………………… 12

　　Ⅲ、融資・擔保法制上之背景 …………………… 13

　　　a、信託租賃 …………………………………… 14

　　　b、車輛信託 …………………………………… 16

　B、從機器設備製造商之角度看：融資・擔保 …… 19

　C、從租賃公司、金融機構之角度看：融資・擔保 …… 19

三、融資性租賃契約與我國本來融資・擔保法制之比

　　較 …………………………………………………………… 19

　A、機器需用者、供給者與金融機構之利害衝突及

調和 …………………………………………… 23

I、企業需用機器與爭取融資 ……………… 23

II、供給者本身也有資金問題……………… 24

III、金融機構扮演第三人融資之角色 ……… 24

IIII、企業缺乏既有擔保品之困擾 …………… 25

V、以融資所籌措之機器本身作爲融資之擔保 …… 26

B、從質權、讓與擔保到動產擔保交易之啟示 ……… 27

I、機器設質之困難……………………… 27

II、動產讓與擔保之發展 ………………… 27

a、動產讓與擔保之創設與脫法行爲……… 27

b、經濟環境需要與動產讓與擔保之合法化 …… 28

III、動產擔保交易法與讓與擔保之法制化 … 29

a、讓與擔保之弊端與法律規制之必要 ……… 29

b、動產讓與擔保法制化之困難…………… 30

c、動產擔保交易法與讓與擔保之法制化 ……… 31

IIII、小結 …………………………………… 31

C、融資性租賃與近似動產擔保交易之比較 ………… 32

I、概說…………………………………… 32

II、動產擔保交易類型…………………… 33

a、消費借貸＋動產抵押 ………………… 33

b、貸款＋讓與擔保……………………… 34

c、分期付款＋保留所有權 ……………… 35

d、租買＋所有權………………………… 36

III、融資性租賃 …………………………… 36

IIII、小結 ………………………………… 37

第二章　融資性租賃之特徵與法律性質 ················· 39

一、從動產租賃之分類看融資性租賃················· 39

　A、動產租賃之各種分類 ················· 40

　　I、營業性租賃與融資性租賃 ················· 40

　　II、直接租賃與間接租賃 ················· 42

　　III、總體租賃與純租賃················· 43

　　III、部分收回租賃與全額收回租賃················· 43

　　V、短期收回租賃與長期收回租賃················· 44

　　VI、其他分類 ················· 44

　B、從租賃之各種分類看融資性租賃················· 45

　　I、融資性租賃具有間接租賃之性格················· 46

　　II、融資性租賃之出租人追求融資利益············· 47

　　III、融資性租賃具有純租賃之性格················· 48

　　III、融資性租賃具有全額收回租賃之性格 ········ 48

　　V、融資性租賃具有長期租賃之性格 ·············· 49

二、融資性租賃與分期付款買賣之區別················· 53

　A、問題之所在 ················· 53

　　I、租賃公司與分期付款公司 ················· 53

　　II、融資性租賃與分期付款買賣之脫法行爲 ······ 54

　　III、租稅法上之差別待遇 ················· 55

　　III、訴訟上請求權基礎之問題 ················· 55

　　　a、認爲應依租賃關係請求之判決（我國）··· 56

　　　b、認爲應依分期付款買賣請求之判決（我國）

　　　················· 56

　　　c、區別之重要性 ················· 59

　　B、各種可能之區別標準 ……………………… 59

　　　Ⅰ、租稅法之觀點 ………………………………… 59

　　　　a、美國 …………………………………………… 59

　　　　　1 一般標準：當事人之意圖 …………………… 60

　　　　　2 具體實例及決定因素 …………………………… 61

　　　　　　(1)付完租金即取得所有權 ………………… 62

　　　　　　(2)將已付租金抵作買價之權利 …………… 63

　　　　　　(3)選擇購買之權利 ………………………… 65

　　　　　　(4)租期與耐用年限之關係 ………………… 67

　　　　　　(5)選擇續租之權利 ………………………… 68

　　　　　　(6)租金與合理租值之關係 ………………… 69

　　　　　　(7)眞正的返還請求權？ …………………… 71

　　　　b、日本 ………………………………………… 71

　　　Ⅱ、私法上之觀點 ………………………………… 74

　　　　a、締約時之意圖 ……………………………… 74

　　　　b、契約期間中之期待權 ……………………… 74

　　　　c、期間屆滿時所有權之歸屬 ………………… 75

　　　　d、取回標的物之意圖 ………………………… 75

　　C、本文之看法 ……………………………………… 75

　　　Ⅰ、融資性租賃異於分期付款買賣 ……………… 75

　　　Ⅱ、對租稅法觀點之檢討 ………………………… 76

　　　Ⅲ、法律・形式與經濟・實質之衝突 …………… 81

　　　Ⅲ、類型歸屬時之價值判斷 ……………………… 82

　　　Ⅴ、融資性租賃應獨立之價值判斷因素 ………… 83

三、融資性租賃之法律性質 ………………………… 85

　　Ａ、概說 ……………………………………………… 85

　　Ｂ、各種學說及其不足 ……………………………… 85

　　　Ⅰ、消費借貸說及其不足 ………………………… 85

　　　　ａ、金錢消費借貸 …………………………… 85

　　　　ｂ、物之消費借貸 …………………………… 87

　　　Ⅱ、特殊租賃說及其不足 ………………………… 88

　　　Ⅲ、無名契約及其不足 …………………………… 90

　　Ｃ、本文看法：動產擔保交易 …………………… 91

第三章　融資性租賃契約之融資性格 …………………… 97

一、出租人只負提供資金（融資）之義務 …………… 97

　　Ａ、承租人負責選購機器 ………………………… 97

　　　Ⅰ、承租人係出租人之受任人 ………………… 98

　　　Ⅱ、承租人與供給者間無直接的契約關係 …… 99

　　Ｂ、出租人締結買賣契約之義務 ……………… 100

　　Ｃ、供給者直接將機器交付承租人 …………… 100

　　　Ⅰ、供給者交付遲延時 ………………………… 101

　　　Ⅱ、承租人對供給者有無直接請求權 ……… 103

　　　Ⅲ、出租人取得機器所有權之根據 ………… 104

　　　Ⅳ、承租人檢查通知之義務 ………………… 105

　　　Ⅴ、承租人出具租賃物收據之效力 ………… 105

　　Ｄ、出租人不負物之瑕疵擔保責任 ………… 106

　　　Ⅰ、免除出租人瑕疵擔保責任之約定 …… 106

　　　　ａ、免除之約定 ………………………… 106

　　　　ｂ、肯定免除之理由 …………………… 107

　　　　ｃ、否定免除之理由 …………………… 109

　　　d、檢討 ……………………………………… 113

　　　　1. 承租人對融資性租賃之了解實態 ………… 113

　　　　2. 從承租人對融資性租賃了解之實態來檢討 116

　　　　　(1) 錯誤與說明義務 ……………………… 116

　　　　　(2) 業務聯繫與性能之告知……………… 118

　　　　　(3) 業務聯繫與對出賣人之徵信義務 …… 119

　　　　3. 結語 …………………………………… 120

　Ⅱ、承租人直接向出賣人為瑕疵擔保請求之結構 121

　　　a、直接向出賣人為瑕疵擔保請求之依據 …… 121

　　　　1. 利益第三人契約…………………………… 121

　　　　2. 出租人讓與瑕疵擔保請求權 …………… 122

　　　b、承租人直接向出賣人請求之內容 ………… 123

　　　　1. 概說 …………………………………… 123

　　　　2. 解除契約 ……………………………… 124

　　　　3. 請求減少價金 ………………………… 127

　　　　4. 不履行之損害賠償 …………………… 129

　　　　5. 另行交付無瑕疵之機器 ……………… 134

　E、出租人不負修繕義務 ……………………… 135

　　Ⅰ、出租人不負修繕義務之理由 ……………… 135

　　Ⅱ、承租人負擔修繕義務之理由及程度 ……… 136

　　Ⅲ、承租人之救濟 ……………………………… 137

　F、危險由承租人負擔……………………………… 138

　　Ⅰ、承租人負擔危險之內容及理由……………… 138

　　Ⅱ、危險負擔移轉之時點 ……………………… 139

二、保證金與融資額度………………………………… 141

三、融資之回收 ……………………………………… 147

　Ａ、租金：資金成本與利潤之回收 …………… 147

　　Ⅰ、租金之計算 …………………………… 147

　　Ⅱ、所涉利息限制與脫法行為之問題 ……… 148

　　Ⅲ、租金負擔與間接融資 ………………… 151

　Ｂ、承租人不得終止租約 ……………………… 152

　Ｃ、期限利益喪失約款 ………………………… 158

第四章　融資性租賃契約之擔保性格 …………… 163

一、出租人擔保利益之取得 ……………………… 163

　Ａ、所有權之擔保機能 ………………………… 163

　　Ⅰ、美國統一商法之觀念 ………………… 163

　　Ⅱ、大陸法系之情形 ……………………… 165

　　　ａ、擔保物權為價值權、換價權 ……… 165

　　　ｂ、所有權之內容與分化 ……………… 165

　　　ｃ、僅供擔保作用之所有權 …………… 167

　Ｂ、出租人取得擔保利益 ……………………… 169

　　Ⅰ、出租人受得租賃物之所有權 ………… 169

　　　ａ、承租人受任選購租賃物 …………… 169

　　　ｂ、出租人取得租賃物所有權之依據 … 171

　　Ⅱ、出租人對租賃物之擔保利益 ………… 171

　　Ⅲ、僅供擔保作用之租賃物 ……………… 174

　Ｃ、影響擔保利益之因素及其改善 …………… 176

　　Ⅰ、影響擔保利益之因素 ………………… 176

　　　ａ、標的物之泛用性 …………………… 176

　　　ｂ、定着於廠房之程度 ………………… 177

　　　c、技術革新之速度 ……………………… 178

　　Ⅱ擔保利益低落之改善 ………………… 178

　　　a、中古市場之建立與出賣人之買回義務 …… 178

　　　b、信用保險與保證 …………………… 179

二、擔保利益之喪失、減損 ………………… 183

　A、附合、從屬、留置於廠房之危險 …………… 183

　　Ⅰ、附合與所有權之得喪 ……………… 183

　　Ⅱ、是否成為廠房之從物 ……………… 187

　　Ⅲ、廠房出租人對機器之留置權 ………… 190

　B、第三人善意取得 …………………………… 191

　　Ⅰ、善意取得所有權 …………………… 191

　　Ⅱ、善意取得動產抵押權 ……………… 192

　　　a、問題所在 …………………………… 192

　　　b、法院之看法 ………………………… 193

　　　c、學者之見解 ………………………… 193

　　　d、管見 ………………………………… 194

　C、租賃物之瑕疵、毀損與滅失 ……………… 199

　　Ⅰ、租賃物之瑕疵 ……………………… 199

　　　a、可歸責於承租人之情形 …………… 200

　　　b、不可歸責於承租人之情形 ………… 200

　　　1 瑕疵擔保請求權係擔保利益之代替 ……… 201

　　　2 各種瑕疵擔保請求權與出租人之擔保利益 201

　　　(1)解除買賣契約時 ………………… 201

　　　(2)請求減少價金時 ………………… 202

　　　(3)請求不履行之損害賠償 ………… 202

⑷另行交付無瑕疵之物 ……………………… 203

   3.各種瑕疵擔保請求權之選擇權與擔保利益 203

Ⅱ、租賃物之毀損、滅失 ……………………… 204

三、違約與擔保物權（利益）之實行……………… 209

  A、承租人之違約 …………………………… 209

   Ⅰ、違約事項 ……………………………… 209

   Ⅱ、違約事項之約定之合法性 …………… 211

    a、學者之見解………………………… 212

    b、本文之看法 ……………………… 216

     1.清償期提前屆至約款與拍賣擔保物原因約 216

     款之關係 ……………………… 217

     2.應以違約事項是否重要及誠信原則爲斷 … 218

     3.價值判斷之客觀化 ……………… 219

     4.違約事項約定之效力 …………… 223

  B、承租人違約時出租人之權利…………… 223

   Ⅰ、債權…………………………………… 224

    a、一般債權 ………………………… 224

     1.請求全部之租金 ………………… 224

     2.「終止租約」（之性質）？ ………… 226

    b、票據債權 ………………………… 226

     1.支票債權 ………………………… 226

     2.本票債權 ………………………… 228

   Ⅱ、物權 ………………………………… 228

    a、取回租賃物 ……………………… 229

    b、處分租賃物 ……………………… 230

C、債權與物權之關係·····························230

I、取回標的物不影響殘餘租金之請求··········231

II、債權與物權之併存·······················232

a、租賃物實爲租金債權之擔保物···········232

b、與相關動產擔保交易之比較············233

1. 融資性租賃與動產讓與擔保··········233

2. 融資性租賃與附條件買賣············234

II、出租人之清算義務······················234

III、清算之方式···························235

a、租賃物處分時·······················235

b、租賃物無法處分時···················236

第五章　結論·····································239

一、將融資性租賃視爲動產擔保交易能解決許多問題········239

A、最能說明交易實情······················239

B、補救租賃公司之不利點··················239

C、補救承租企業之不利點··················240

二、動產擔保交易法應增訂融資性租賃一節·········240

第六章　補論：租賃實務及案例探討·············補243

1、判例天字第一號／津津重整大戰租賃公司·········補243

2、拿租賃作抵押／銀行、廠商、租賃公司權利保衛戰····補247

3、租賃公司與分期付款公司／法制定義不清，造成兩樣判決..補250

4、不拿特案當平凡／融資性租賃與普通租賃大不相同····補252

5、融資性租賃業務基礎的重要8項問題解析及判例·······補256

6、認清租賃公司·····························補265

7、租賃公司如何確保債權（一）···············補267

8、租賃公司如何確保債權（二）···············補272

9、租賃公司如何確保債權（三）···············補286

10、代表性案例……………………………………… 補294

參考文獻…………………………………………243

附錄……………………………………………253

索引……………………………………………281

一、租賃契約索引………………………………281

二、判決、解釋索引……………………………284

三、事項索引……………………………………286

第一章　導　論

一、融資性租賃契約之交易實況

A.意　義

融資性租賃（financial lease, Finanzirungs-Leasing, ファイナンス・リース），簡單言之，係指需用機器、設備之企業，在機器、設備供給者（製造者或經銷商）之處，看中機器、設備，不願以購買之方式籌措或苦無資金而又無法從銀行等金融機構獲得融資購買，乃申請租賃公司出資向機器設備供給者買下該機器，再由租賃公司「出租」(to lease) 於該需用機器之企業，而由該「承租」之企業按期給付「租金」（(lease payment, リース料），以令租賃公司收回購買標的物之本金、利息、利潤及其他費用之經濟活動（註1）。此種新型的「融資」活動，於1950年代發源於美國（註2），

註1：安藤次男，アメリかにおけるフ ァイナンス・リース制度の發展㈠，載民商法雜誌78卷第3期，頁1、2。

周慶生，我國融資性租賃之研究，載輔仁學誌第7期，頁187。

Richard F. Vancial, Leasing of Industrial equipment, 1963。一般對融資性租賃之定義與本文此定義稍有不同，參見本文第二章一、，頁39。

註2：Samuel L. Shapiro, The A B C' S of leasing, 載 Practicing Law Institute, Equipment leasing-2d, 1972, p.9。陳澄棻，租賃會計實務，1982,7，頁4。

1962 年傳入德國（註 3 ），　1963 年（昭和　38　年）傳入日
本（註 4 ），而於 1970 年代初期傳入我國，至 1981 年止，
我國專業性之租賃公司已達六十三家，惟正式營業者僅二十
餘家而已（註 5 ）。

B.交 易 流 程

　　爲更精確了解融資性租賃交易之實況，宜對此交易之流
程予以敍明，如圖示（註 6 ）：

註 3 ：Carsten Thomas Ebenroth, Konstanz　: Der Finanzierungs-
　　　Leasing-Vertrag als Rechtsgeschäft Zwischen Miete und Kauf,
　　　Jus 1978, Heft 9，頁 588。

註 4 ：大沢博，リース業務の實情と問題點，載自由と正義，第 31 卷 2 期，頁 34
　　　。

註 5 ：參見賴國旺，租賃稅務問題之研究，台大經研所碩士論文，1982. 6，頁
　　　19 、20。

註 6 ：參國泰租賃公司租賃要點。

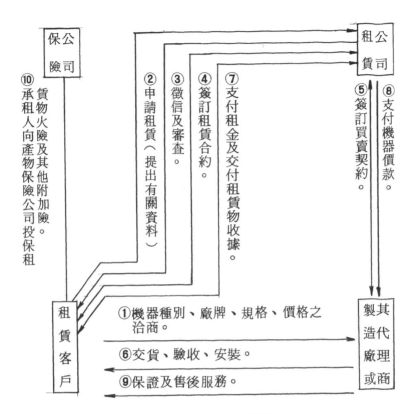

①機器設備之選定與製造廠商之選擇

　　機器設備之需用者，自覓製造廠商（或經銷商），洽定所需機器種類、格式、價款、交貨日期等條件；租賃公司對於機器設備之選定多不予干涉。

②申請租賃、徵信、簽訂租賃合約

　　需用機器者自由選擇租賃公司，經與數宗租賃公司接洽選擇利率較低、條件較優者與之往來，租賃公司經過徵信後，二者即簽訂「租賃合約」。

③租賃公司與製造商締結買賣契約

由租賃公司根據需用機器者與製造商洽妥之條件，與製造商締結買賣契約。

④製造商交付機器設備

租賃公司所訂購之機器、設備，逐由製造商運交需用機器者，由其驗收、試車，驗收完畢後簽發「租賃物收據」交付租賃公司，並以此交貨完成日為租賃期間之起算日。

⑤租賃公司交付貨款

⑥製造者對需用機器者售後服務（註7）。

C.與傳統租賃相異

從上述融資性租賃之交易流程得知，融資性租賃與傳統租賃之重要相異點計有下表各項：

Ⅰ、經濟上之相異點：

項　　　目	融　資　性　租　賃	傳　　統　　租　　賃
庫　　存　　品	·租賃公司無庫存	出租人有庫存
標　　的　　物	不具泛用性	具泛用性
出租人之獲利意圖	租給一承租人，收取租金（特定承租人）	反覆出租，收取租金（不特定多數人）
各承租人負擔出租人負擔	全部買價、利息等本金、利息	買價、利息等一小部份本金、利息、維護費用、稅捐、陳舊風險
租　賃　期　間	長　期	短　期
再出租可能性	較　低	較　高
承租人終止契約之嚴重性	極嚴重（對出租人言）	較不嚴重

註7：交通銀行調查研究處，舉辦機器租賃、發行信用卡及分期付款業務之研究，68年8月，頁10,11。何敏璋，融資性租賃對工商企業之益處，載1980年代企業經營戰略，頁219,220。

Ⅱ、法律上之相異點

基於上述經濟上之相異點，融資性租賃契約在法律方面之設計，較諸一般（傳統）租賃有許多特異之處，以下簡單列示之，其詳則待第三章中詳述。

a、租賃公司不負瑕疵擔保責任

因租賃物係由需用者（承租）選擇、特定，而非租賃公司既有之庫存品，所以，租賃公司都於租賃契約上約定其不負瑕疵擔保責任，並將其對出賣人之瑕疵擔保請求權讓與需用者，以資平衡（註8）。其詳本文將於第三章詳述。

b、標的物之危險由需用者負擔

因租賃公司欲收回全部需用者支出之買賣價金（融資金額），所以，融資性租賃期間中，標的物因不可抗力滅失、毀損時，需用者須支付相當於全部未付之租金扣除中間法定利息之「損失金」（註9）。

c、租賃公司不負修繕義務

因租賃公司只負擔買進標的物之本金及利息，不負擔維護費用；只管「融資」，不過問標的物，故租賃公司都於租賃契約中約定，其不負修繕義務（註10）。

d、契約期間中不得解約

註8：國泰租賃合約書第6條，及中國租賃合約書第2條第2項。及庄政志，リースをめぐる論點と課題，載手形研究，No・247，頁95。及Karl Larenz, Lehrbuch des Schuldrechts, Band Ⅱ B.T. 11.A,頁410。

註9：國泰租賃合約書第13條，及中國租賃合約書第7條。及庄政志前揭文。Larenz前揭書，頁411。

註10: 國泰租賃合約書第8條，及中國租賃合約書第6條。及同前。

因標的物係爲需用者特別選擇，不具泛用性，租賃公司獲利之意圖係針對特定之需用者，若需用者中途「解約」，對租賃公司之損害極爲嚴重，故租賃公司都於租賃合約中特約需用者不得中途「解約」（註11）。

e、即時清償約款

因租賃公司之營利意圖，全以特定需用者之誠信履行爲基礎，倘於契約期間中，需用者一期不給付「租金」，則租賃公司之企圖恐將落空，爲能立即保全債權，租賃公司都於租賃合約中約定需用者一期不爲給付，其餘未到期之「租金」視爲到期（註12）。

f、契約期滿後之處置

因租賃公司不希望有庫存，收回租賃物後也難於再出租，故實務上，租賃公司都不希望於期滿後收回租賃物，事實上也都未收回，而往往以原購價格百分之三至五之「殘餘價值」賣與需用者，或由需用者以極低之「租金」續租（註13）。

D.租賃公司簡介

Ｉ、租賃公司之興起

我國租賃公司之興起，不像美國是在租賃機能自然而然地被產業界認識，產生需要後才產生，而是有心的投資者體

註11：國泰租賃合約書第 2 條第 2 項，及中國租賃合約書第 15 條第 1 項。及同前。

註12：國泰租賃合約書第 17 條及中國租賃合約書第 13 條。

註13：參照袁明昌，融資性租賃契約及其相關法律問題之研究，東吳大學法律研究所碩士論文，1981，頁103、104。

察到我國經濟環境適於發展租賃業務後，始自國外引進租賃知識，開始辦理租賃業務（註14）。首先於 61 年 11 月，由第一、中聯、中國、國泰、華僑五家信託投資公司開辦融資租賃業務，財政部於 62 年 1 月訂頒「信託投資公司辦理機器及設備租賃業務辦法」，對信託投資公司辦理租賃業務在資金方面予以嚴厲之限制（註15）。國泰信託投資公司乃於 63 年 1 月首創專業性租賃公司――國泰利市公司（ 65 年 4 月改名國泰租賃公司），中央國際租賃公司、中國租賃公司亦相繼於 63 年 10 月及 66 年 10 月設立。此三家專業租賃公司，業務發展頗為順利，利潤亦豐，深受各界注目，於是投資者紛紛投資於租賃公司（註16），目前約有三十家租賃公司實際有營業。

Ⅱ、租賃公司之類型

租賃公司「出資」為需用機器者購買機器，需有充裕之資金，始能營運自如。而其資金來源，除百分之十五之自有資金外，其餘百分之七十以上，則倚賴於金融機構（其餘來自承租人自己提供或其他方面）（註17）。在此需要資金之背景下，租賃公司類皆為金融機構或其他企業集團之關係企

註 14：參見何明星、王東和，我國融資性租賃業經營之探討（初稿），（第一銀行徵信室參考資料）頁 14。

註 15：即辦理租賃業務以自有資金為限，見信託投資公司辦理機器及設備租賃業務辦法第 1 條。

註 16：參照賴國旺，前揭論文，頁 19,20。

註 17：此為 69 年之數字。參傅美德，台灣區租賃業調查報告，台北市銀行經濟研究室，70, 11，頁 15。

業，其較顯著之類型有（註18）：

a、信託投資公司系統之租賃公司

由於國內專業租賃公司最初均由信託投資公司所派生的，故我國許多租賃公司為信託投資公司之關係企業。

中國信託→中國租賃

國泰信託→國泰、國信、富邦、國建租賃

華僑信託→華僑、華信租賃

亞洲信託→亞信、亞洲租賃

中聯信託→中聯租賃

b、其他金融機構系統之租賃公司

信託投資公司以外之金融機構，例如銀行、保險公司亦有租賃公司作為關係企業。

新竹中小企銀→為邦租賃

中國國際商銀→中央租賃

新光保險→新光、台灣租賃

國泰保險→國泰、國信、國建、富邦租賃

c、大貿易商系統之租賃公司

滙僑大貿易商→滙僑租賃

高林大貿易商→高林租賃

d、其他企業集團之租賃公司

統一企業集團→統一租賃

國際企業集團→建弘租賃

註18：參照賴國旺，前揭論文，頁21。及呂榮海，不像當舖的銀行，70.8.4工商時報第九版。

台塑企業集團→中央租賃

國泰企業集團→國泰、國信、國建、富邦租賃

本節位置

第 一 章 導 論

　　一、融資性租賃之交易實況

　※二、融資性租賃發生之背景

　　三、融資性租賃契約與我國本來融資‧擔保法

　　　　制之比較

本節問題要點

1. 融資性租賃爲企業多提供了一種籌措機器的方法。

2. 承租企業可以用融資性租賃的方式節稅！這個節稅的方法合理嗎？

3. 融資性租賃在美國動產擔保交易法制史上，有著源遠流長的歷史：信託租賃、車輛信託。

4. 融資性租賃對機器製造商有促銷與融資‧擔保上的好處。

5. 金融機構貸款給租賃公司有什麼好處？

二、融資性租賃契約之發展背景

A. 從需用機器設備者之角度看

Ⅰ、作爲籌措機器設備手段之一

生產性專業欲從事生產，維繫其企業，必須籌措及更新機器、設備；籌措及更新機器設備之手段（方法）有多種，傳統之方式大略可分爲買賣及租賃兩種方式，其細目分類如下（註1）：

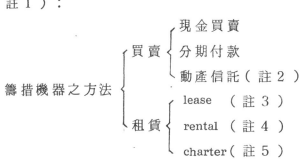

籌措機器之方法 ──┬── 買賣 ──┬── 現金買賣
　　　　　　　　　　│　　　　　├── 分期付款
　　　　　　　　　　│　　　　　└── 動產信託（註2）
　　　　　　　　　　└── 租賃 ──┬── lease　（註3）
　　　　　　　　　　　　　　　　├── rental　（註4）
　　　　　　　　　　　　　　　　└── charter（註5）

註1：參照齋藤奏，リースの法律・會計・税務，第一法規出版株式會社，昭和57年5月第5刷，頁2。白石裕子，リース契約の基本構造，載早稻田法學誌第24卷，1973，頁265～267。李孟茂，租賃的涵義、結構、型態及效益之檢討，載產業金融季刊第28期，69年4月，頁84～86。

註2：動產信託（equipment trust）係製造商（maker）應需用者之訂購（作）而製造標的物，將標的物信託予信託銀行而受取「受益權證書」，同時，信託銀行將該標的物作爲信託財產，以自己之名義，租與需用者，以所收取之租金充作償還製造者受益權證書之本金及收益之制度。參見白石裕子，前揭文，頁267。

註3：表中之 lease 即爲融資性租賃（finacial lease），其與傳統之租賃（rental）在性質上有許多不同之處（後將詳述），本文認爲不應將其列在「租賃」項

按融資性租賃（即表中之 lease ）作爲一種新興的籌措機器之方式，除使需用機器者多了一種使用機器之途徑可供選擇外，尚使無能力「購買」機器設備之需用者，以融資租賃之方式取得機器（註6），在此種「需要」下，租賃乃迅速發展。

Ⅱ、租 稅上之利益

以租賃之方式籌措機器設備，較諸購買，能夠獲得租稅上之利益 (Tax advantages)，係因爲租賃所支付之租金得全部當作費用以扣減稅金 (rent is completely deductible)，而以購買之方式籌措機器，僅能以折舊扣減稅金 (a purchaser is limited to a depreciation deduction)（註7），有謂此爲租賃發展之最大理由（註8）。此種藉著租金全額以費用列帳，將原須在法定耐用年數始能攤提完畢之購置成本（如以購買方式），縮短於租賃期間內即已攤提完畢（租賃期間短於法定耐用年數），無異享受加速折舊之利益，實爲稅法上之漏洞（註9

目之後，並作爲租賃「細目」之一，在此暫依通說將其列爲「租賃」項目之一，僅表示需用機器設備者能達到使用機器設備有表中各項途徑而已。

註4： rental 即傳統之租賃。

註5： charter，泰半屬於船舶、航空機之租賃，可分爲只租標的物之光租，及租標的物及人員之全租。參見齋藤奏前揭書，頁5。

註6：有謂企業決定 lease，而不purchase的最大理由爲無能力購買，參見 Thomas F.Cunnane, Tax aspects of buying and leasing business property and equipment, 1974,p.21

註7： Thomas F.Cunnane, 前揭書，頁22。

註8：安藤次男，前揭文，頁277。及國泰信託譯，租賃知識，頁54。

註9：賴國旺，前揭論文，頁41。

），爲彌補此漏洞，美國國稅局（Internal Revenue Service）於 1954 年頒布 55-540 號國稅解釋（Revenue rulings），一方面將租賃區分爲眞實性租賃（true lease）與非眞實性租賃（not-true lease），以避免實質上具有買賣性質之交易，假藉租賃之名目而獲得稅法上之利益（註10），另一方面將加速折舊予以法制化，因此，在1954年以後，所謂融資性租賃能獲得租稅上之利益，在美國已大爲減低（註11）。但在我國，由於人們對融資性租賃新知認知的落後，及固定於傳統租賃制度之「成見」，不能立即調整舊制度以適應新事務，至今融資性租賃之稅務及會計處理仍與傳統租賃無異，「租金可以全數列爲費用支出，減輕稅額之負擔」仍爲租賃公司召攬業務之主要號召（註12）。在此背景下，租賃業乃蓬勃發展。

Ⅲ、融資・擔保法制上之背景

在現代之融資性租賃發達以前，美國法制上以「租賃」作爲融資・擔保制度之一，已有很長之歷史，例如信託租賃（bailment lease）及鐵道車輛信託（railroad equipment trust）兩制度卽是，因本文著重在融資・擔保法律上之探討，故以下詳述此二融資・擔保制度：

註10：Thomas F. Cunnane 前揭書，頁 27 以下。及賴國旺，前揭論文，頁41，42。

註11：Thomas F. Cunnane 前揭書，頁 22，及安藤次男，前揭文，頁 280 以下，及國泰信託譯，租賃知識，頁54，55。

註12：鄭經綸，租賃業已在國內拙壯成長，69.10.6 新生報。

及中小企業信用保證基金解答，70.3.9 工商時報第二版。

及黃深潭，租賃業的流弊與適當管理的探討，載 68.8.30 經濟日報第二版。

及國泰租賃公司業務簡介。統一租賃簡介。

a、信託租賃

美國於邁入十九世紀之際,隨著工商業之發展,企業極需以動產設備作爲擔保品,以爭取融資。面對此需要,首先在1820年左右,經由各州立法創設出動產抵押權之制度,惟因動產抵押權以登記爲要件,其設定與實行須經過煩瑣之手續,不受企業歡迎,代之而起者,爲所有權保留買賣(conditional sale)。但是,由於若干州尤其是賓夕法尼亞州之法院,否認保留所有權有對抗第三人之效力,企業乃不得不另行尋求其他途徑。亦卽,在英美法上,自古以來,對不移轉占有且不以登記爲公示之權利移轉(例如讓與擔保),均認爲係詐欺的讓與(fraudulent conveyance)或秘密的擔保權(secret lien),不具有對抗第三人之效力,因此,前述賓州之法院,卽據而判決出賣人不得以保留所有權對抗買受人之債權人及善意受讓人(註13)。

爲克服上述附條件買賣出賣人不得對抗第三人之困難,企業乃採用租賃之制度,亦卽將實質爲分期付款買賣之契約,形式上設計成租賃:分期付之買賣價金當作各期之租金,承租人於一定期間後,支付一定之價金(通常爲名義上之價金),行使購買選擇權,而取得標的物之所有權。蓋在美國

註13:Gilmore Securitv Interests in Personal Property 24. 77-78 (1965); Mueller, Conditional Sales in Pennsylvania since the Adoption of the Sales Act, 72 U. Pa. L. Rev, 123(1923)。引自安藤次男,アメリかにおけるファイナンスーリース制度の發展,載民商法雜誌78卷第3期,頁267。

法上，租賃之出租人雖現實上不占有標的物，仍得對抗承租人之債權人，並且美國法亦無即時取得（善意取得）之一般制度（註14），僅於各個具體案例中，依禁反言（estoppel）（註15）等法理，始保護善意受讓人，債權人採用「租賃」之形式，並無此等「法理」之適用，得對抗從承租人處善意取得之人，故採用租賃之形式得克服附條件買賣之困難。

此種分期付款買賣作用之租賃，被稱為租賃信託（bailment lease），於賓州被廣泛地使用。賓州法院早在1931年之判例 (Mvers V. Harvey, 2 p. SW. 478) 裏，判示此種「偽裝」的租賃，出租人（＝出賣人）得以其所有權對抗承租人（＝買受人）之債權人，並且直到十九世紀後半葉，仍出現許多出租人得對抗從承租人處善意取得者之判例。雖然，在這當中常有判例不承認租賃有對抗第三人之效力，例如：①於締結無附條件之買賣後，始變更成租賃之形式；②承租人將物賣與出租人，再予租回 (Sale and lease back) 之情形，法院認為其係偽裝之租賃，實為分期付款買賣或未登記之動產抵押，不具對抗第三人之效力，但這只是「特殊」之例子，在一般於物交付之初即以租賃形式出現之交易，租賃之形式仍能被法院所尊重，並於本世紀之初為判例法所確定。縱使租賃契約中附有：於一定租賃期間後，承租人得以名義上之價格行

註14：關於即時取得（善意取得）之規定，見我國民法第801，886，948條。此制度在我國法上十分發達，為一般性之規定，只須符合該要件，即有適用。

註15：禁反言之例子，如曾表示將代理權或處分權授與他人，不得對抗因代理或處分而善意受讓之人。見安藤次男，前揭文。

使購買選擇權，或於支付一定之租金後，租賃物所有權自動地移轉於承租人，法院亦不管此交易實質上為分期付款買賣，而仍認其租賃之效力（註16）。

　　b、車輛信託

　　租賃之起源與盛行，除有上述擔保法上之理由外，尚與鐵路車輛信託制度（railroad equipment trust）息息相關。按車輛信託制度溯源於 1830 年代，確立於 1870 年代，為鐵路公司購入車輛所普遍採用之金融手段。首先，由車輛製造商（maker）、信託公司、鐵路公司三者締結利用車輛信託制度之基本契約，後由鐵路公司據此向製造商訂購車輛，製造商並將完成之車輛移轉予信託公司（信託公司受讓鐵路公司訂購者之地位），而由信託公司與鐵路公司訂立租賃(lease)契約，承租該車輛，鐵路公司必須先付相當於車輛價款百分之二十之租金予信託公司，其餘百分之八十及利息則分一年至十五年之租期，以租金方式支付。並且此百分之八十價款先由信託公司發行信託證券出售募得，連同鐵路公司先繳付百分之二十之租金，交付製造商充作買賣價金。信託證券之購入者基於與信託公司間之信託契約，成為信託人及受益人，信託公司為信託人將該車輛租與(lease)鐵路公司，並以日後收取之租金支付信託證券之原本及紅利，於鐵路公司怠於給付租金時，信託公司應取回車輛再出售他人，以再出售價金支

註16：Duncan認為，除否認保留所有權買賣有對抗第三人效力之賓州外，其他各州亦承認租賃有對抗第三人之效力。但伊利諾州有反對之判例。見Duncan,Equipment Obligations,106(1924)轉引自安藤次男，前揭文。

付原本及紅利。換言之，車輛信託制度係以融資購入之車輛本身作為擔保，所利用之金融手段。

　　按以融資購入之車輛本身，作為擔保之金融手段，除上述之租賃外，另有設定動產抵押、保留所有權兩種方式，何以當時鐵路公司、製造者、信託公司不採用此二種方式，而獨愛選用上述「租賃」之方式？蓋此有其特殊之經濟背景是也！卽：當時幾乎所有之鐵路公司皆因負債過大，除已將其現有之財產設定二重、三重抵押權外，並已藉「將來取得財產條項」（ after-acquired property clause ），於抵押權設定契約中，約定將來取得之財產亦設定抵押權。此種「將來取得財產條項」之效力，從各州之判例來看，於流動之動產雖具有不得對抗第三人（ 設定人之債權人 ）效力之傾向，但在鐵路車輛方面，卻被廣泛地認為有效，因此信託公司若只欲取得抵押權，而將車輛所有權移轉予鐵路公司，則其抵押權之順位將落在依「將來取得財產條項」而取得抵押權之其他債權人後面，殊為不利，從而信託公司有必要採取不將車輛所有權移轉予鐵路公司之擔保形式，如此只剩保留所有權及租賃兩種方式矣。

　　然而，如前所述，由於賓州及其他若干州否認保留所有權有對抗第三人之效力；以及，縱使鐵路公司所在地之州肯認對抗第三人之效力，也因車輛係移動於全國之物，鐵路公司之債權人得在賓州等州將車輛扣押，而適用賓州等州之法律，因此，信託公司只好捨棄保留所有權，採用租賃之方式，終於使租賃成為全國廣泛使用之購買車輛的擔保制度。此種租賃亦如同上述賓州之分期付款作用之租賃一樣，常有假

藉租賃之名以行分期付款買賣之實的情形，契約中附有承租人得以名義上之價格行使購入選擇權，租金全部給付時該租金充作價金，車輛所有權移轉予鐵路公司、車輛之修繕、滅失之危險由承租人負擔等條款。

　如此之車輛租賃，不僅賓州，即其他州人們亦期待其有對抗第三人之效力。在如下所述車輛租賃實行登記制度立法化以前，關於分期付款作用之車輛租賃是否具有對抗第三人效力之判例，在賓州並未出現，其他各州則出現過若干個，雖因其數目過少，尚未能成立確定之判例法，惟就其一般傾向而言，顯示法院採取頗為嚴格之態度；不受租賃之形式所拘束，而從交易實質作判斷之判決亦常有之。特別是租賃期間過短，以及鐵路公司先未附條件買入再變更為租賃之場合，出現過否認租賃具有對抗力之判例，並且縱使該州承認保留所有權具有對抗第三人之效力，法院於認定其為「偽裝之租賃」以後，更進一步地否認其為「保留所有權買賣」，而認其為動產抵押權，並以動產抵押未經登記為理由，否認其有對抗第三人之效力。要言之，於賓州以外之各州，車輛信託之法律地位並不安定，因此之故，車輛製造商便極力推動車輛信託之立法化，於是伊利諾州於 1881 年最先立法，及至 1913 年全部州訂定有關於車輛信託之特別州法，其內容大致相同，對於車輛租賃或保留所有權買賣，均要求登記及在車輛兩側添附所有權人名義之標記，只要具備此二要件，出租人及出賣人得對抗承租人及買受人之善意受讓人、債權人。

　因此，即使是賓州，採用、適用此立法之結果，保留所有

權買賣已具有對抗第三人之效力，已無再固執採用租賃方式之必要性，惟因車輛信託已隨著標準化契約之使用，早成為廣泛普及之制度，因此仍被繼續地採用。只是，車輛信託因其發達的中古品市場而維持其擔保機能，對其他中古品市場不發達之一般動產，信託制度未被擴大利用（註17）。

B. 從機器設備製造商之角度看：融資‧擔保

以往機器設備之製造商（包括經銷商）為促銷機器設備，解決機器設備需用者資金之困難，不得不自己承擔「融資者」之角色，以分期付款或租賃之方式，銷售其機器、設備，並負擔機器需用者之信用危險。融資性租賃發達之結果，「第三者」之租賃公司介入製造商與需用者之間，解決二者間關於「資金」問題之利害對峙，有助於製造商促銷其機器，從而機器設備之製造商推介其客戶利用融資性租賃，亦是融資性租賃發展原因之一。此項原因，亦屬於融資‧擔保制度上之問題。

C. 從租賃公司、金融機構之角度看：融資‧擔保

融資性租賃得以在我國蓬勃發展之一項重大原因為，企業難於向銀行等金融機構貸得款項。由於目前金融體系過分保守，放款以擔保放款為主，企業尤其是中小企業若無擔保品，即難於從金融機構貸得款項，以應付資金週轉之需。融資性租賃標的物之所有權仍屬於租賃公司，租賃公司通常不再要求客戶另提擔保品，客戶得順利、快速以「融物」方式獲得相當於融資之效果，正好彌補金融機構服務不足之處（

註17：安藤次男前揭文，民商法雜誌78卷第3期，頁269～273。

註18）。租賃公司在此金融機構保守及企業極需融資之情勢下，紛紛投資設立，以獲取利潤，而促成融資性租賃之蓬勃發展。另一方面，金融機構將金錢貸給租賃公司以轉貸中小企業，得降低風險及多筆小額貸款之成本，因此，金融機構亦樂於貸款予租賃公司（註19），使租賃公司得以利用銀行資金擴大業務，亦間接促進融資性租賃業之發展（註20）。此項原因亦屬於融資・擔保制度上之問題。

註18：莊月清，租賃業為何發展得這麼快，載68.4.18經濟日報。

註19：參照拙著，融資性之機器租賃，載法商顧問雜誌第5期，1980.5.1，頁353。

註20：有些租賃公司未真正營業，其設立租賃公司之目的，竟係為了利用租賃公司向銀行貸款，以炒地皮。

二、融資性租賃發生之背景

本節位置

第 一 章 導　論

　　一、融資性租賃之交易實況

　　二、融資性租賃發生之背景

　※三、融資性租賃契約與我國本來融資・擔保法制

　　　之比較

本節問題要點

1. 第三人融資是解決需用機器之企業與機器製造商間關於資金、風險等利害衝突的方法！金融機構、租賃公司就是「第三人」。

2. 以融資所籌措之機器本身，作為該融資之擔保，可以解決企業缺乏既有擔保品的困難，助成融資、銷售交易。

3. 提供機器作擔保企業，必須尚能占有使用該機器。

4. 我國目前的動產擔保交易法制，計有動產抵押、附條件買賣、讓與擔保……，可以達成「以融資所籌措之機器本身作為該融資之擔保」且「尚能占有使用該機器」之目的！

5. 質權使提供擔保人不能繼續占有使用機器，為克服此困難，人們輾轉想出「動產讓與擔保」的方法。

6. 一開始，動產讓與擔保被視為質權之脫法行為；但後來為了經濟的需要，不得不承認其合法化！

7. 一開始，融資性租賃被視為「脫法行為」，但若經濟上有需要，吾人應承認其合法化！

三、融資性租賃契約與我國本來融資
・擔保法制之比較

如前二、所述，不論從需用機器、設備者之角度，或從機器製造商（供給者）、租賃公司、金融機構之角度來看，融資性租賃發展之背景均與融資・擔保之問題（或制度）有關。因此，檢討我國既有（或固有，相對於新興之融資性租賃而言）之動產（機器設備為動產）融資・擔保制度（廣義之動產擔保交易）及其在法制史上之發展，有助於吾人瞭解融資性租賃在融資・擔保制度上之意義及其應發展之方向。

以下，首先討論機器需用者在籌措機器之活動中，所引起融資・擔保上之問題，及其與機器供給者、金融機構間之利害衝突與調合。次論既有之動產擔保制度在調合上述利害衝突所能發揮之功能與缺失，進而指出孕育新型動產擔保交易之契機及吾人處置之道。最後，比較融資性租賃與既有之動產擔保制度。

A. 機器需用者、供給者與金融機構之利害衝突及調合

按機器需用者與供給者、金融機構之利害衝突，起因於機器需用者在籌措機器、設備之活動中，須解決融資・擔保問題：由需用者解決？或移轉予供給者、金融機構承擔？

Ⅰ、企業需用機器與爭取融資

生產性企業欲從事生產，維繫其企業之命脈，必須備置及更新機器設備，惟備置及更新機器設備，需要一筆龐大之資金，若其自有資金不足，如何對外爭取融資？以及在爭取融資時，能夠提供何種之擔保？都是困擾該生產性事業（尤

其是中小企業和新興企業）之問題。

在這些「問題」當中，涉及機器需要者、機器供給者以及融資機構三者間之利害關係。因此，機器需用者只要打通下列二環節之一，即可達到使用機器、設備之目的：①請求機器供給者給予信用交易之融通（分期付款或延緩給付）；②從金融機構獲得融資，以購買機器。

　Ⅱ、供給者本身也有資金問題

然而，由於機器供給者本身也有資金需求之問題，至希望能夠早日回收貨款，再加上授信安全與管理成本之考慮，常使需用機器之企業無法從機器供給者那兒獲得「融資」，尤其是長期融資。雖然，機器供給者有時為了促銷其機器，不免須要稍加「遷就」現實，而容許機器需要者延緩數個月付款，或舉辦分期付款，使機器需要者獲得相當於融資之作用。但是，這畢竟是「短期」的融資，也無疑是將機器需要者所面臨資金、融資方面之難題「推給」機器供給者（註1），就總體經濟而言，仍未解決資金、融資之問題。根本上，此項資金融通之問題，在現代經濟體制中是第三者——金融機構——之任務，需用者以第②途徑，轉向金融機構融資係現代經濟活動之正途。

　Ⅲ、金融機構扮演第三人融資之角色

立於機器需要者與機器供給者之間，金融機構是第三人，其對機器供給者或機器需要者進行融資，解決二者間關於資金之利害衝突，促成機器供給者達到出售機器以及機器需

註1：參見南部二三雄，リースの實務，頁34。

要者取得機器之目的，本文稱之為「第三人融資」。此種經由金融機構介入之第三人融資，得以突破上述Ⅱ中所述機器供給者與需要者間之「僵持不下」，對於機器之銷售，具有催化劑之功能，而創造工商社會中最為重要之「交易頻繁」，促成經濟起飛。

然而，金融機構雖「調合」了機器需用者與供給者間之利害衝突，但在需用者（尤其是新興之中小企業）無現有擔保品之情形下，仍無法調合自己與需用者間之利害衝突，以下述之：

Ⅲ、企業缺乏既有擔保品之困境

債權人為擔保其債權而奮鬥，是現代交易的主要特徵之一（註2），此於追求「安全性原則」之金融機構（註3），為其融資行為尋求可靠之擔保，更是必然的傾向。傳統的擔保方式有人的擔保與物的擔保二種。人的擔保係指我民法第七三九條以下所規定，由保證人於主債務人不履行債務，代負履行責任；物的擔促主要有不動產抵押權及動產、權利質權之設定，以該設定之擔保物權作為債權人優先受清償之標的。

這些傳統的擔保方式，因有下列缺點，以致直接阻礙了融資交易之頻繁性，間接降低了機器交易的頻繁性以及生產事業籌置機器從事生產的可能性，而不利於工商、經濟發展

註2：參照王澤鑑老師著，附條件買賣買受人之期待權。民法學說與判例研究 p. 167，台大法學叢書。

註3：融資之安全原則，參照中川善之助、兼子一編，貸付取引 p.5，法律實務大系3，青林書院新社，昭和50年。

：第一、就人之擔保而言，保證之可靠性較低（註4），債權人多不敢依靠保證而獲擔保；且注重個人利害關係之工業社會，人人自保，債務人難於覓保（註5）。第二、就物之擔保而言，物之擔保雖然可靠，但對於缺乏既有擔保品之中小企業而言，仍然無法解決擔保之問題。此對新興、只有將來性而無現時成就之企業而言，十分可惜（註6），因此，如何設計一套融資・擔保制度，以調合此些企業與金融機關間之利害衝突，使其能夠順利獲得資金之融通，實爲吾人研究融資・擔保制度之重要課題。

　Ⅴ 以融資所籌措之機器本身作爲融資之擔保

　爲解決上述企業無既有擔保品之困境，最經濟或能獲得最高效用的擔保方式，應是：以融資所籌措之機器本身，作爲該筆融資之擔保，並且在融資人就該機器享有擔保權的同時，機器需用人仍然占有、使用該機器。在此所謂「最經濟」或「能獲得最高效用」是指，該需要占有、使用機器之企業不必提出既有的不動產、動產……供擔保，即可獲得融資、使用機器，另一方面融資人又不慮其融資之擔保，這等於以「無」（僅有該企業之企劃、將來性）創造出①融資交易、②機器交易、③需用者得使用生產設備。

　我國動產擔保交易法制（廣義）之發展史，即表現出此

註4：同註2。

註5：參照陳榮宗著，對於分期付款買賣標的物之強制執行，載氏著民事程序法與訴訟標的理論，頁160，所引德國 G. Lüke 之語。

註6：參照李孟茂著，租賃企業之結構，載台灣經濟金融月刊六卷12期，頁5。

種最經濟融資‧擔保方式之追求：由質權之困難，到動產讓與擔保之「脫法」及不得不認其合法化，最後有動產擔保交易法之制定。以下就此法制之發展予以說明。

B. 從質權‧讓與擔保到動產擔保交易之啓示

Ⅰ、機器設質之困難

欲以融資所籌置之機器本身，作為該筆融資之擔保，並且受融資之機器需用者仍然占有、使用該機器，傳統的動產質權以占有作為其權利之表彰，要其負起這個「媒介」的任務，顯然是有困難的。因為動產質權以債權人（質權人）占有供擔保之動產為其生效要件，質權人不得使出質人代自己占有質物（民法§885）。在此法律限制下，機器質權人不得與機器出質人訂立使用借貸等契約，以占有改定之方式使出質人繼續占有、使用該出質之機器而自己立於間接占有（註7）或共同占有（註8）之地位。

Ⅱ、動產讓與擔保之發展

a、動產讓與擔保之創設與脫法行為

為克服上述動產質權人不得使出質人占有質物之困難，人們創想出動產讓與擔保之制度（註9）。由債務人將機器之所有權移轉給債權人，當作債權之擔保，而同時由債權人

註7：參照最高法院26年渝上字第310號判例，及同院56年台上1103號判決。載黃茂榮、呂榮海編爭取融資與確保債權，p. 839，840。

註8：參照最高法院五十八年台上191號判決，載同註7，p. 841，842。

註9：史尚寬先生亦認為「……讓與擔保之目的在於債務人欲保持標的物之使用收益……」見氏著物權法論，p. 384。

與債務人訂立租賃契約或使用借貸契約，將該供擔保之機器仍交由債務人直接占有、繼續使用（註10）。在此種讓與擔保之狀態下，債權人依信託約款行使權利、負擔義務，得於債務人債務不履行時，以拍賣或流質之方式，就標的物優先受清償。此種利用轉讓機器所有權而達到擔保債權之方式，與上述設定質權同時又另依租賃契約或借貸契約將質物仍留予出質人占有、使用相比較，極爲相似，因此動產讓與擔保初創時，卽遭到被認爲係脫法行爲之非議（註11）。其後經過法律家在「解釋」上一連串的奮鬥，動產之讓與擔保才由「不占有質」之脫法行爲，逐漸確立爲「信託的移轉」，最後成爲具有習慣法效力的「特殊質權」（註12）或「非典型擔保」（註13）。

　　b、經濟環境需要與動產讓與擔保之合法化

　　爲使動產讓與擔保合法化，人們所用的理論依據係將「脫法行爲」區分爲二：①廻避之強行法規係禁止以特定手段發生一定效果之脫法行爲，②廻避之強行法規係禁止當事人企

註10：債務人占有、使用機器之法律關係有租賃與使用借貸。此爲讓與擔保之常素，而非要素，參照史著物權法論 p. 384，386。洪滿惠著信託占有之研究，p. 150，151。

註11：參照我妻榮編著，擔保物權法 Ⅲ，頁530，531。

註12：參照 H.A. Lorentz, Der Verzicht auf die Sicherheit, 1929, S 2. 引自黃瑞明著，契約自由與脫法行爲，頁124。

註13：讓與擔保在日本爲「非典型擔保」類型之一，參米倉明，非典型擔保法の展望（上、下），ジュリスト，No 731，頁91以下，No 732，頁89以下。另參岩誠謙二等座談會：今後の非典型擔保，ジュリスト，No.733，頁70以下。

圖實現一定事實上之效果之脫法行為（註14）。前者，依其他手段發生一定效果者，其行為仍屬有效，動產之讓與擔保即屬之（註15）。實則，此種「解釋」只是為了適應經濟交易之新需要，而使已構成廻避強行法規之脫法行為，隨著社會環境之變遷，後來反而需要承認其合法性（註16）。

Ⅲ、動產擔保交易法與讓與擔保之法制化

a、讓與擔保之弊端與法律規制之必要

將原來被視為脫法行為之動產讓與擔保合法化，承認其具有「習慣法」之效力，雖能部分滿足了經濟的需要，但如此「遷就現實」，難免同時犧牲原來強行法規（禁止不占有質、流質約款）所欲達成的理想（註17）——保護經濟上的弱者——，而將脫法行為之弊端仍繼續留存在讓與擔保之制度裏。因此，一方面為了經濟的需要，另一方面又得不犧牲強行法規所欲達成之理想（註18）、解決法律體系化不圓滿的困境（註19），根本上實宜以法律修正或特別立法來代替「左支右絀」、「治標」的動產讓與擔保制度。

況且，從手段與目的是否相當的觀點來看，債務人將動

註14：參照洪遜欣老師著中國民法總則，頁 333，334。

註15：同註13。及洪滿惠著信託占有之研究，頁 165。

註16：黃著前揭論文，頁 125，126。

註17：參照洪遜欣老師著前揭書，頁 334。

註18：同註17。

註19：黃瑞明先生認為「若承認存在有廻避結果仍屬有效之脫法行為，將陷左支右絀，不能圓滿體系化之困境」，見氏著前揭論文，頁125。

產所有權讓與債權人，作為債務之擔保，手段顯然超過目的之需要。此於債權人違反信託約款，將該動產讓與第三人時，不問該第三人是否善意或惡意，該第三人均完全取得所有權，債務人將無法獲得救濟。如此，勢必影響債務人「讓與」擔保之興趣，而降低成立融資交易之機會。因此，為促進融資交易之成立，也有以法律修正或特別立法徹底「調整」讓與擔保制度之必要。另一方面，就債權人（擔保權人）之利益來看，債務人將動產所有權讓與債權人供擔保之同時，另與債權人訂立「租賃契約」或「借貸契約」，仍繼續占有、使用該動產，債權人完全缺乏對其權利之公示，善意第三人得從債務人手中善意取得該動產，債權人欠缺保障，也勢必影響其貸放資金之興趣，因此，為促進融資交易之成立，也有以法律修正或特別立法「調整」讓與擔保制度之必要。

b、動產讓與擔保法制化之困難

如前所述，為了明確化動產讓與擔保制度之法律關係，以及彌補其缺陷，實有將動產讓與擔保「法制化」（立法化）之必要。然而，讓與擔保制度因其本身具有前述「手段與目的不相當」之缺陷，不宜原原本本地法制化，故雖學說、判例承認動產讓與擔保之合法性已久，讓與擔保制度仍然無法完成法制化。換言之，縱使動產讓與擔保應予法制化，但須加以相當調整，其結果，動產讓與擔保恐怕已非讓與擔保矣，德國學者 Paul Oertmann 在分析討論讓與擔保之立法態度時，贊成以「動產登錄質」制度來替代動產讓與擔保制度（

註20），即爲此事之明證耶？

　c、動產擔保交易法與讓與擔保之法制化

　　其實，只要承認動產得不移轉占有而設定擔保物權，即可滿足經濟金融之需要，而不必輾轉解釋「不占有質」及成立「讓與擔保」。故當德日諸國迫於高度經濟發展之需要，與傳統法制之限制，如火如荼地於判例、學說上設法使動產讓與擔保合法化之時刻，我國則先以判例、解釋承認工廠中之機器得以從物之資格，與工廠一併設定抵押（註21），繼以工礦抵押法承認局部的動產抵押（註22），最後採取美國立法例，制定「動產擔保交易法」，動產擔保交易幾乎全面及於營業所需要之一切動產，並以書面、登記代替傳統上以占有爲動產權利表徵之方式，既能兼顧債務人用益之目的，也能滿足債權人爭取擔保之需要。如此，逼使讓與擔保在我國法制下似無存在之必要（註23）與機會。因此，今日或將來，動產讓與擔保在我國法制史上將不如德、日等國之發達。

　Ⅲ、小結

　　從以上機器設質之困難，到動產讓與擔保之創想，顯示企業利用其機器作擔保以爭取融資之迫切性，以及傳統法律制度之障礙，爲克服法律上之障礙，人們拐彎摸角地創想出

註20：參照洪滿惠著「信託占有之研究」，頁166，167。

註21：參照最高法院19年上字第1045判例，司法院25年院字1514解釋。

註22：參照王廷懋著「動產擔保交易法」，頁26，27，28。

註23：在我國現行法制下，讓與擔保無存在之必要。見同註21。

讓與擔保制度，不管開始時對讓與擔保充滿著如何「非法」的眼光，但迫於經濟上的需要，終究擋不住動產讓與擔保之合法化。我國法制仿效於德、日大陸法系，初則經濟發展程度不如德、日，動產讓與擔保合法化之運動未如德、日兩國迫切，後則因動產擔保交易法之制定，動產不移轉占有而設定擔保成為可能，是以動產讓與擔保制度較無發展之餘地。鑑諸此項法制史發展之過程，本文認為：為配合經濟之高度發展，應盡量使動產（機器）得不移轉占有而供擔保；對於一些新發生的擔保交易類型，應朝此原則，盡量使其法制化。如此，機器需要者、供給者以及資金供給者，得在明確的法制下，利益都受到照顧，間接促進融資交易、擔保交易與機器交易之頻繁，進而促進經濟發展。本文即在貫徹此觀點，用於檢討融資性租賃這一新的擔保交易類型所生之問題，並建議努力克服其在現有法制上的困難，早日將其法制化，納入動產擔保交易之一環，多為企業提供一個「以融資所籌置之機器本身作為融資之擔保」之機會。

C. 融資性租賃與近似動產擔保交易之比較

Ｉ、概說

綜上所述，以融資所籌置之機器本身作為融資之擔保，是動產擔保交易最經濟的模式（註24），在此模式中，一方面需用機器之企業得取得融資以達使用機器之目的，卻不必再為尋找其他擔保而費心；二方面機器供給者得藉第三人之融資以達銷售機器之目的，卻不必自己負擔資金上之壓力與

註24：參照頁26。

風險；三方面金融機構得完成貸款以達追求利潤之目的，卻不必為債權之擔保而煩惱。傳統之動產擔保交易及新近流行的融資租賃是否符合此種「以融資所籌置之機器本身作為融資之擔保」之模式？若否，吾人如何基於上述「從機器設質之困難、動產讓與擔保之創設到動產擔保交易」之啟示，在法制上應努力促使此一最經濟模式成為可能？本文即本此理想來觀察傳統之動產擔保交易及融資性租賃。在此有必要先將各種「以融資所籌措之機器本身作為融資之擔保」，且為「第三人融資」之各種類型，予以列示，以收「鳥瞰」之效，並比較出融資性租賃之相似性。

II、動產擔保交易類型

a、消費借貸＋動產抵押

法律行為：

1. 消費借貸
2. 機器買賣
3. 設定動產抵押

如上圖所示，由機器需要者與機器供給者訂立「機器買賣契約」，由機器需要者檢具訂購機器合約影本，向金融機構申請「購置機器貸款」，金融機構經過徵信核可後，即以機器價款之七成貸出。申貸人需以貸款所購置之機器設備提供金融機構辦理動產抵押權設定登記，而後由申貸人分期平

均攤還（註25）。

　　b、消費借貸＋讓與擔保

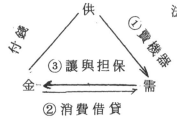

法律行為：
1. 機器買賣
2. 消費借貸
3. 讓與擔保
4. 使用借貸或租賃
5. 返還讓與擔保物（移轉）

註25：以上參照台銀、台北市銀、一銀、華銀、交銀等銀行「購置國產機器貸款辦法」，各該銀行辦理此項貸款後，尚得依「中央銀行對國內廠商採購國產機器資金融通辦理要點」（64.3.19台央業放字第21號函）向中央銀行轉融資。除此購置國內機器貸款外，央銀尚透過各銀行辦理①生產企業進口機器外滙資金融通，②美國進出口銀行直接貸放外滙資金融通，③對機電工業購買新技術及進口研究發展設備外滙資金融通。以上各貸款辦法參見黃茂榮、呂榮海編著，爭取融資與確保債權（上），頁136～171。在此，本文舉台灣銀行機器業內銷分期付款貸款辦法爲例，用供參考：

一、本貸款照擔保放款方式辦理。

二、由出售或購買廠商檢具訂製合約逐案申請核貸。

三、應經本行徵信查明買賣廠商之信用資料。

四、暫按機器價值七成範圍內核貸。

五、本貸款最長期限不得超過五年，自貸款核撥六個月起，每六個月償還本金一次爲原則，由購買廠商出具分期償付本票，交本行按期歸收。

六、提供新購機器辦理動產抵押登記。

七、應由本行認可之保證人一人作連帶保證人或另覓本行認可之廠商一家在本票背書。

八、利率按中央銀行核定擔保放款利率計算，每月結付一次，由申貸廠商出具分期償付本票，交本行按月兌付。

九、貸款案中，如發生未能按期償還者，應取銷分期權利，借款人應負責將餘欠一次償清。

如上圖所示，由機器需要者與機器供給者訂立「機器買賣契約」，由機器需要者向金融機構申請貸款，並將該新購之機器「讓與」金融機構作為擔保，至於該機器仍基於「使用借貸」或「租賃契約」由機器需要者占有使用。機器需要者則分期攤還借款，還清後，金融機構再將機器讓與（返還）機器需要者。此種方式，得以達成以融資所籌置之機器本身作為融資擔保，以及機器需要者得立即使用機器之理想。

c、分期付款＋保留所有權

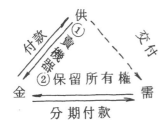

法律行為：

1. 機器買賣（供、金之間）

2. （分期付款）機器買賣（金、需之間）保留所有權

如上圖所示，機器需要者在機器供給者那兒「看中」了機器，申請金融機構付款購買該機器，而後由金融機構以「分期付款」「保留所有權」（附條件買賣）之方式再賣予機器需要者（註26）；在機器需要者繳清分期付款以前，機器由機器供給者直接交付需要者占有使用，直至需要者繳清分期付款（條件成就）時，機器需要者始取得機器之所有權。此種方式得以達成以融資所籌置之機器本身作為融資之擔保，以及機器需要者得立即使用機器之理想。

註26：參照曾如柏著，商事法大綱，頁332。

d、租買＋所有權

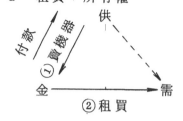

法律行爲：

1. 機器買賣

2. 租買契約

3. 行使買賣選擇權

如上圖所示，機器需用者在機器供給者那兒看中了機器，申請金融機構付款購買該機器，而後由機器需用者向金融機構「租買」(Mietkauf, hire-purchase) 該機器，機器於契約期間內交付租買人占有使用，租買人得於租賃期間或租期屆滿時，依一定條件行使購買選擇權 (Optionsrecht)，以取得機器之所有權（註27）。在機器需用者行使此項具有形成權性質之購買選擇權以前，機器之所有權屬於出租人，而具有擔保之作用，如此得以達成以融資所籌置之機器本身作爲融資之擔保，以及機器需要者取得融資，立即使用機器之理想。

Ⅲ、融資性租賃

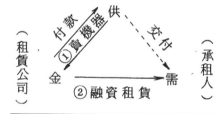

法律行爲：

1. 機器買賣

2. 融資性租賃

註27：參照 K. Larenz, Lehrbuch des Schuldrechts, Band Ⅱ B.T. 11A, S 409。另租賃買賣，參照鄭玉波老師，民法債編各論，上冊，62 年 8 月三版，頁 108。租賃買賣之類型及其與融資性租賃之區別，參照本文第二章二，頁 77

如上圖所示，機器需用者在機器供給者那兒看中了機器，申請金融機構（租賃公司）付款購買該機器，而後由金融機構將該機器「出租」給機器需用者，按期收取相當於購貨資金、利息、利潤、手續費之「租金」，該機器直接由供給者交付需要者占有使用，而機器之所有權則一直屬於金融機構。

Ⅲ、小結

以上，比較融資性租賃與動產抵押、讓與擔保、附條件買賣、租賃買賣（租一買）等「動產擔保交易」（廣義），吾人當可發現融資性租賃與動產擔保交易，不論在外形、結構上相似，即在功能上亦同樣可以達成「以融資所籌措之機器本身作為融資之擔保」之目的。為了促進交易（融資、買賣），吾人應基於前述「由質權到讓與擔保、動產擔保交易」之啓示，盡量促使融資性租賃法制化。

為更精確了解融資性租賃此一新型交易，在完成本章「背景」、「外形」方面之觀察後，下一章將進一步探究融資性租賃之特徵與法律性質。

本節位置

第 二 章 融資性租賃之特徵與法律性質

※一、從租賃之分類看融資性租賃

二、融資性租賃與分期付款買賣之區別

三、融資性租賃之法律性質

本節問題要點

1. 動產租賃有那些分類？其分類有交集的情形！

2. 融資性租賃具有「間接租賃」的性格。

3. 融資性租賃之出租人（租賃公司）為了追求融資利益！

4. 融資性租賃具有「Net Lease」的性格。

5. 融資性租賃屬於「全額收回租賃」。

6. 融資性租賃屬於「長期租賃」。

7. 雙方當事人了解了融資性租賃具有上述性格，將影響融資性租賃之法律性質。

第二章　融資性租賃之特徵與法律性質

融資性租賃，從其形式上之名稱來看，其名爲「租賃」，不禁令人對其與一般租賃有何不同之處，感到興趣！另一方面，從其實質上之內容來看，其以「分期給付」以取得機器之「實質所有權」，又令人對其與分期付款買賣有何區別，也感到興趣。本章以下卽針對此二問題，說明其區別，並於指出其區別之後，嘗試定性融資性租賃之法律性質。

一、從租賃之分類看融資性租賃

就融資性租賃加以定義，例如：「租賃公司應承租人之要求，購入租賃標的物，以融資方式出租予承租人使用」（註1）；「企業於籌措機器設備時，租賃公司不以資金貸放，而直接出租企業所需之機器」（註2）；「企業於需要機器及設備時，經與銀行（我國未辦）或租賃公司簽訂租賃契約，由該等機構直接購入企業所需的機器及設備，轉而出租該企業，以代替企業向金融機構貸款而自行購置，亦卽以機

註1：參照69.9.3財政部頒佈「金融機構對租賃公司辦理融資性租賃業務授信要點」。

註2：參照周慶生，我國融資性租賃之研究，載輔仁學法第7期，頁187。

器設備的融通代替資金的融通」（註3）（註4）……；皆有助於人們在很短的時間內了解融資性租賃之意義，然而，經由定義之了解，常常只是粗略、大概地了解，在此情況下，往往使人們對於一個具體的案例，無法或不易判斷該實例係融資性租賃或其他類似形態之租賃。為此，本文擬從類型的觀點，由租賃的類型來觀察融資性租賃。

A. 動產租賃之各種分類

機器設備係動產，故僅分析動產租賃之諸類型即可達到本文之目的。在此，須注意以下所述的各種分類並非在同一標準觀點下所作之分類，而是從各個不同的角度所作的分類，因此，勢必發生在某一標準下的某類租賃，同時就是在另一標準下的某類租賃，以及互相交疊利用之現象。

Ⅰ、營業性租賃與融資性租賃

從出租人辦理租賃之獲利意圖來看，租賃可分為營業性租賃 (Operating lease) 與融資性租賃（註5）。營業性租賃是

註3：參見洪國賜，租賃會計，頁2。

註4：其他關於融資性租賃之意義，參見袁明昌，融資性租賃及相關法律問題之研究，頁28～32。

註5：關於營業性租賃與融資性租賃之區別，參照李孟茂，租賃之涵義結構型態及效益之檢討，產業金融季刊28期，頁88以下，陳永誠，設備租賃法律問題之研究，頁29以下。 Richard F. Vancil，leasing of industrial equipment，p.8,9。庄政志，リースの實務知識，頁38以下。其說明方式與本文不同，例如，陳永誠先生說明融資性租賃與營業性租賃之方式如下：

　　1.融資性租賃

融資性租賃就是指所謂狹義的「設備租賃」；是企業要籌設機械設備時

，租賃公司不以資金貸放，而直接出租機械設備「融物」形式的方法。租賃公司與其說是機械設備的出租專業者；毋寧說是具有金融機關的性格。

因此，一如融資時，要將貸放金額，連本帶利的收回那樣，租賃也要從①購買出租機械設備所用的資金；②該資金應付利息；③租賃公司的手續費；④租賃期間終了時的殘餘價值等四個因素中，將①至③項的和減去④項的金額，定為租金而於租賃契約期間內分期收回。

至於契約期間，通常是和對象物件的經濟性耐用年數或與租賃公司的資金回轉期相同，而且原則上，在契約期間中，無論是租賃公司或用戶都不能單方終止契約。

由於有這種金融性格做基礎，租賃公司是任由用戶任選對象物件，而對其機能和物理性質，包括陳舊化的風險，則一概不負責任。

日本之租賃公司所施行的租賃，大都屬於這種融資性租賃，簡單地說，出租人只管收租及出借物件；而原則上，物件的修理、保養、保管、管理、則由承租人承擔。

2.營業性或操作性租賃

營業性租賃是指融資性租賃以外的一切租賃，從機能上來說，融資性租賃是屬於「融物」性的金融手段；而營業性租賃則是，服務性格較強，其對象物件的陳舊化固然要由出租人承擔；保養、管理的費用也要由出租人來負擔。

唯其如此，營業性租金要比融資性租賃貴，而且，經一定的預告期間之後，可在契約期間中途終止租約，這一點也有很大的差別。

這從用戶方面來說，由於有避免陳舊化風險的明顯優點，其租賃對象物件都具有：

①保養和管理，需要高度的專門技術。

②有技術革新所帶來的陳舊化之虞。

③是泛用機種。

④購買時需要高額的資金。

具體的說，如電子計算機、電子複印機等壟斷力較強的廠商製品，以及在出租人有二手市場或轉手用戶的汽車或部份建設機械等，才成為對象。

外國文獻上的名稱（註6），其實卽爲我們日常生活中所了解的一般租賃，例如汽車出租是出租人在辦理此類租賃時，係將汽車當作「謀財」工具，其獲利之意圖，是先擁有各式各樣的租賃物，以待承租人上門承租，而從中收取租金利潤，此項租賃「營業」係重覆不斷的進行，一件租賃物租出越多次，出租人所獲利潤愈豐富，是故，出租物常是泛用性較高之物品，並且應宜允許承租人定期催告後中途解約（註7）。反之，融資性租賃出租人獲利之意圖，在於提供資金之估算，出租人並無擁有租賃物以供承租人挑選，而係由承租人逕自廠商處挑選自己合用之租賃物，由出租人代爲出資購買，出租人意圖在預訂的租賃期間內，收囘資金及利潤，因爲租賃物係承租人自己選購的，所以不具泛用性，鮮有可能再租出去，因此不容許承租人中途「解約」（註8）（終止）。

Ⅱ、直接租賃與間接租賃

租賃依其是否由租賃物之供給者（製造者或其他供應商）出租或有第三者介入，可分爲直接租賃 (direct leasing)與間

註6：參照 Richard F. Vancil, Leasing of industrial equipment, p.8,9

註7：催告後解約(giving due notice of cancellation)，參見 Vancil 著前揭書，頁8。依我國民法第450條第一項規定觀之，定有期限之租賃，承租人於租賃期間似無此權利。惟基於誠信原則，租賃物於解約後，很容易地又租出去（相對於融資性租賃），只須承租人負擔再租出前之損害賠償，應無不許承租人「解約」（終止）之理。

註8：中村武認爲，解約權之有無爲融資性租賃與營業性租賃區別之標準，見氏著リース契約の理論と實務，比較法8號，頁50。似有倒果爲因之嫌。

接租賃 (indirect leasing)。直接租賃係由租賃物之供給者直接出出租，又稱製造者租賃，反方，間接租賃則於供給者與承租人間介入第三人之商人，作為出租人（註9）。

Ⅲ、Gross lease 與 Net lease

依出租人是否負擔「附帶給付」(neben-Leistung) 而分，租賃可分為 gross lease 與 net lease 兩類。凡附隨於所有權所生之義務，如保有、修繕及保險等義務由出租人負擔者，即為 gross lease，又稱全套服務租賃 (full-service-lease)；反之，附隨於所有權所生之保有、修繕、保險義務歸由承租人負擔，出租人只負責提供租賃物之義務者，為 net lease（註10）。以上 gross lease，因出租人須負擔保守、修繕等義務，故亦有稱之為「維護租賃」(maintenance lease)（註11）。

Ⅲ、部分收回租賃與全額收回租賃

租賃依在租賃期間，出租人是否收回購買租賃物之全部價款，可分為全額收回租賃 (full pay out lease, Vollamortisation-lease)，與部分收回租賃（non full pay out lease, Teilamor-tisation-lease)，出租人於租賃期間收回租賃物之全部價款者為

註9：直接租賃與間接租賃，參照中村武，リース契約の理論と實際，載比較法第八號，頁50，及 Carsten Thomas Ebenroth, Konstanz, Der Finanzierungs-Leasing-Vertrag als Rechtsgeschäft zwischen Miete und Kauf, Jus 1978，頁589。

註10：參照中村武前揭文，頁53。及 Graf von Westphalen, Der Leasing-vertrag，頁3。

註11：參照庄政志，リースの實務知識，頁40，41。

全額收回租賃，反之，則為部分收回租賃（註12）。

V、短期租賃與長期租賃

依期間之長短，可分為長期租賃（long-term lease）與短期租賃（short-term　lease），惟此並無絕對性的區分標準，有認為在動產租賃一般以三年為其區分標準，分為短期租賃與長期租賃（註13）。惟此區別標準終不如以各類租賃物之「耐用年限」為標準（註14），凡租賃短於耐用年限者為短期租賃，租期長於耐用年限者為長期租賃，較具有實際意義。

VI、其他分類

其他關於動產租賃之分類，尚有：①設備租賃（equipment lease）及整廠租賃（plant lease），前者以個別設備為租賃之標的物，後者以整套工廠設備為標的物（註15）。②個別租賃（individual lease）與總括租賃（blanket lease），前者為數量、件數於契約中固定約定之租賃，租賃物固定為該約定之物；後者則約定租賃物件之最高額，在此額度內，出租人應承租人之要求，供給物件予承租人使用（註16）。③期間租賃（term lease）與轉換租賃（Revolving lease），前者為就一定之租賃物在一定期間之租賃，出租人租賃物之交付一次即為完成

註12：參照庄政志前揭書，頁49；及李孟茂，租賃的涵意、結構、型態及效益之檢討，載產業金融季刊，28期，頁90。

註13：庄政志認為，此區別僅在會計上及財務報表上具有意義，而不具有法律適用上之意義，見同上，頁37。

註14：參照中村武前揭文，頁52。

註15：中村武前揭文，頁51；及 Graf von Westphalen，前揭書，頁4。

註16：中村武，前揭文，頁54，55。

；反之，後者則爲在一定期間內基於承租人之請求而更換租賃物之租賃，出租人須繼續地供給租賃物（註17）。④批發租賃(wholesale lease) 與零售租賃(retail lease)，前者像製造者批發給批發商一樣，將租賃物數千件、數百件一次彙總租予承租人；反之，僅以數件或一件租予「小戶」用戶則爲零售租賃（註18）。⑤直線租賃 (straight lease) 與比率租賃(percentage lease) ，前者於租賃期間承租人支付一定數額（不一定每期相同）之租金；反之，後者則由承租人按其每期營業額之一定比率支付租金，或約定營業額低於一定數額時，承租人亦應支付最低租金，營業額大於一定數額時則按一定比率之租金（註19）。

B. 從租賃之各種分類看融資性租賃

以上從各種不同角度、標準，對動產租賃加以分類，難免會因爲標準、角度之不同，而發生在某一標準下的某類租賃，同時就是在另一標準下的某類租賃或互相性質交集的現象。本文認爲，融資性租賃具有間接租賃、 net lease 、長期租賃與全額收回租賃之「性向」，從這些性向中可以指出融資性租賃之特徵，以助吾人對融資性租賃之了解。但是，顯然地，所謂具有相同的「性向」，只是在某角度上是相同的

註17：中村武，前揭文，頁 54。在此，轉換租賃較爲特別，可利用在技術革新特別快之電腦。

註18：庄政志前揭書，頁37，38。李孟茂前揭文，頁90。在此，批發租賃較爲特別。汽車或電腦銷售公司得將庫存整批售予租賃公司，再予租回(sale and lease back)，於獲取流動資金之同時，仍得繼續其銷售業務。

註19：同註18。

，它並不意味著二者完全相同。

Ⅰ、融資性租賃具有間接租賃之性格

如前所述，融資性租賃之出租人本身並不先擁有租賃物，其於租賃契約中的任務是：從機器供給者取得機器，使承租人於租賃契約存續中使用機器成爲可能，出租人介於機器供給者（經銷商或製造者）與承租人之間，係第三人，故在直接租賃與間接租賃此一分類當中，融資性租賃具有間接租賃之性格（註20）。因爲具有此種間接租賃之性格，才使得出租人能夠發揮金融機構「第三人融資」（Drittfinanzierung）之功能（註21），打破資金問題由生產事業——非承租人，即爲機器供給者——負擔之困境，以促進交易之頻繁。

爲此，吾人可將間接租賃作爲判斷租賃是否爲融資性租賃之標準之一。可是，在租賃公司（出租人）與機器供給者間具有密切關係之場合，例如由機器供給者投資設立租賃公司，以辦理租賃時（註22），究竟是否爲純粹的間接租賃或典型的融資性租賃，恐非絕對毫無問題（註23），此認定將影響出租人將一切契約責任「轉嫁」給供給者（出賣人）之合理性（註24），關係甚爲重要。對此似難完全從形式上作

註20：參照 Graf von Westphalen, Der Leasingvertrag ，頁7。

註21：關於金融機構發揮第三人融資之功能，參見本文頁　　。

註22：例如，建弘租賃股份有限公司主要由國際關係企業所投資。在日本，日立賃公司由日立企業所投資。

註23：關於間接租賃是否限於出租人係獨立的第三人 (unabhängiger Dritter)
參 Graf von Westphalen前揭書，頁7。

註24：參見本文頁118。

一般、二分法式的認定，而宜從實質、具體情況予以認定，其中，銷售利益或融資利益可以作為另一項標準：

Ⅱ、融資性租賃之出租人追求融資利益

與間接租賃相對之直接租賃，其租賃物由租賃物之供給者（製造者或供應商）直接出租，又稱為製造者租賃 (Hess-teller-leasing)。製造者（其他供給者亦同）之所以辦理機器租賃，其根本目的在於促銷其機器，換言之，即在追求產品之銷售利益 (Absatzinteresse)；反之，間接租賃、融資性租賃之出租人所追求者為融資利益 (Finanzierungsinteresse)（註25），為了融資承租人之目的而提供資金，並藉資金之提供而追求於「租賃」期間中收回資金之成本及利潤。為此，出租人所追求者究為銷售利益或融資利益，可以作為判別是否為融資性租賃之一項重要標準，如果出租人之利益主要著眼在機器供給者及產品上之銷售利益上，而著眼在其顧客——承租人——及資金上只是次要的目的，那麼此件租賃在概念上就不是典型的融資性租賃（註26）。

然而，如同上述間接租賃與直接租賃之間存有「混合」類型，以致令人難於判別融資性租賃一樣，出租人所追求之利益，也常常屬於不是純粹的銷售利益或融資利益，從而發生欲憑融資利益來認定融資性租賃並非易事之現象。例如，租賃公司為了發展業務，維持其「沒有櫃台」的美譽，除了須主動地至客戶處拉生意以外，常與機器供給者保持長期的

註25：參照Graf von Westphalen前揭書，頁6，8。

註26：參照Graf von Westphalen前揭書，頁8。

業務連繫，由供給者那裏引上成立租賃交易的機會，相反的
也「介紹」機器供給者藉著租賃銷售其機器，此種長期的業
務連繫，是否影響認定融資性租賃呢？基於長期營業之連續
為經營融資性租賃所不能避免，以及長期營業連繫之方式或
態樣千變萬化，有僅口頭鬆散之約定者，有成立書面契約者
；有僅純粹相互合作者，有相互授受「佣金」者，不一而足
，因此，長期營業之連繫只是各種參考之一而已，認定融資
性租賃仍須就具體情況細心審查之，如果機器供給者只是居
於介紹人之地位，指出與某某租賃公司締結融資性租賃契約
之優點，吾人絕不能用此來否認該租賃契約為融資性租賃。

Ⅲ、融資性租賃具有 net lease 的性格

典型的融資性租賃，其出租人只擁有「資金」，而未擁
有庫存之租賃機器；只懂錢，而不懂機器。所以，出租人於
整個租賃交易之活動中，只負提供資金購買機器供承租人使
用之義務，而不負（能力也不足負）保守、修繕租賃物之義
務，就此點而言，融資性租賃具有前面所述 net lease 的性格
（註27），此種性格是出租人於租賃契約中免除自己保守、
修繕租賃物義務（註28），係屬合理之理由（註29）。

Ⅲ、融資性租賃應屬全額收回租賃

融資性租賃，其出租人係應承租人之要求，出資購買承

註27：參照安藤次男，アメリかにおけるファイナンス・リース制度の發展，載民
　　　商法雜誌78卷3期，頁285。

註28：參見國泰租賃合約第8條，中國租賃合約書第6條。

註29：參見本文頁135。

租人所選擇、特定之機器，該機器勢必具有只適合該特定承租人使用，不再適合其他不特定客戶使用之傾向，換言之，不具有泛用性。因此，出租人必僅能在該特定承租人之身上打主意，計劃在這一承租人身上收回資金之成本與利潤，亦即必須在這一個租賃契約上收回全部資金之成本與利潤，由此觀之，融資性租賃應屬於全額收回租賃。融資性租賃具有此種全額收回之性格，所以，出租人於租賃契約中與承租人約定不許承租人中途解約（註30），應是合理的。

Ⅴ、融資性租賃應屬長期租賃

融資性租賃出租人意圖在一個租賃契約中收回全部資金之成本與利潤，則對承租人而言，必須租期愈長，才能減輕負擔以及收到接受融資之利益，所以融資性租賃應屬於長期租賃，由此觀之，我個信託投資公司辦理機器及設備業務辦法第 11 條規定「機器及設備之租賃期限，不得少於三年」是合理的，惟所謂長期短期之概念極為不確定，因機器種類之不同亦將有所異，以三年為分界標準，終不如以租賃物之經濟耐用年數為標準來得實在（註31），比利時租賃事業法第一條第 3 項規定「契約規定之租賃期限，須與租賃物被推定之經濟耐用年數一致」（註32），便是此意旨之實現。目前國內租賃公司所辦理之租賃期限通常在三年至五年，但以

註30：見國泰租賃合約第 2 條第 2 項。中國租賃合約第 15 條第 1 項。另參李孟茂，租賃企業之結構，載台灣經濟金融月刊 6 卷 12 期，頁 6。

註31：參照外間國男，リースの利用に關する一考察，載經濟論集第 5 號，頁 21。

註32：參見南部二三雄，リースの實務，頁 246。及陳永誠，設備租賃法律問題之研究，頁 76。

三年者爲多（註33），並常受經濟景氣變動之影響，景氣較差時，即訂較短期之租約（註34）。此租期通常短於所得稅法所規定的「法定耐用年限」，依照租賃業者之說法，承租人按租期繳納之租金可當費用提列，租期短於法定耐用年限，承租人可藉此享受加速折舊之好處（註35），可是，從爭取融資的角度來看，倘若租期可以同法定耐用年數一樣長，承租人豈不能享受更大的融資利益。

註33：參照莊月清，租賃業爲何發展得這麼快，經濟日報68.4.18，及趙妍如，租與買那一樣合算，69.9.30經濟日報。

註34：參照陳永誠前揭文，頁76，77。

註35：參黃深潭，租賃業的流弊與適當管理的探討，65.5.30經濟日報。

一、從動產租賃之分類看融資性租賃

本節位置

第 二 章 融資性租賃之特徵與法律性質
一、從租賃之分類看融資性租賃
※二、融資性租賃與分期付款買賣之區別
三、融資性租賃之法律性質

本節問題要點

1. 租賃公司與分期付款公司有何區別？

2. 融資性租賃是否為分期付款買賣之脫法行為？

3. 租賃公司根據「租賃關係」請求返還租賃物，法院卻以「分期付款買賣」關係予以駁回！這種判決根本否認租賃公司之地位！

4. 在何種情況下，稅務機關將從實質課稅、經濟觀察法之觀點，將名為「租賃」之契約視為分期付款買賣！

5. 融資性租賃與分期付款買賣究竟有何不同。

二、融資性租賃與分期付款買賣之區別

A. 問題之所在

Ⅰ、租賃公司與分期付款公司

國內專業辦理融資性租賃之租賃公司，肇始於民國 63 年，至今已獲得蓬勃發展，實際開業經營者已超過三十家（註 1 ）。稍晚在民國 67年有所謂之「分期付款公司」設立，此類分期付款公司更是如雨後春筍般地發展，而有不下於租賃公司之勢（註 2 ）。並且，令人覺得有趣的是，投資租賃公司之企業集團，大抵同時投資設立分期付款公司。

考分期付款公司之運作方式與租賃公司雷同，當客戶從買賣標的物供給者（製造商、經銷商）那兒看上了某物品，便申請分期付款公司買下該物品，然後由分期付款公司將該物品再以分期付款之式賣與該客戶（註 3 ）。倘若，分期付款公司為了確保債權不嫌煩雜，就該買賣標的物附「保留所有權」之約款，客戶須至完全付清分期付款後，始取得所有權時，那麼，卽發生融資租賃和分期付款附保留所有權之買

註 1　參照本書附錄。

註 2　分期付款公司有誼信、泰昶、富邦、霖園（以上國泰系統）。華財企業、股僑公司、僑鑫公司（以上華僑信託系統）、台財公司（新光）、迪和公司（中國信託）、昭信公司、南紡企業（以上統一企業）、聯財公司（亞信）、中賢企業（三陽機車）、及為邦、中南、高林、德資、財成、企營等家，參見陳遜易，分期付款公司的行銷策略，載經濟日報70. 7. 15.第十二版。

註 3　參照陳遜易，前揭文。

賣二者間有何區別之問題，究竟承租人支付租金的目的與買受人支付分期付款買賣價金之目的有何不同？有謂：一船租賃公司所「租」的是屬於生產財的機器，而分期付款公司所「賣」的是屬於耐久性的消費財。不過，這只是形式上標的之不同，而非本質、性質上之差異，不能作為二者間之區別（註4）。果爾，二者之間究竟有何差別呢？

　Ⅱ、融資性租賃與分期付款買賣之脫法行為

以上問題，不僅涉及人們對租賃公司與分期付款公司之了解而已，更重要者，它還涉及承租人與租賃公司法律上之利害關係。例如，我國民法第389條規定「分期付價之買賣，如約定買受人有遲延時，出賣人得即請求支付全部價金者，除買受人有連續兩期給付之遲延，而其遲付之價額已達全部價金五分之一處，出賣人仍不得請求支付全部價金」，以及第390條規定「分期付價之買賣，如約定出賣人於解除契約時，得扣留其所受領價金者，共扣留之數額不得超過標的物使用之代價及標的物受有損害之賠償額」，皆為保護買受人之強制規定（註5），此規定是否得類推適用於融資性租賃？以及當事人將實為分期付款買賣之行為，利用融資性租賃之形式以逃避以上強制規定時，可否將其視為分期付款買賣之脫法行為？此些問題均涉及融資性租賃與分期付款買賣之區別。尤其在分期付款附保留所有權之情形，除民法以外

註4　參照拙著「不像當舖的銀行」，載工商時報，70. 8. 3.第九版。
註5　參見史尚寬，債法各篇，頁91～94。

，動產擔保交易法尚有許多保護買受人之強行規定（註6）
，亦發生與上述民法規定相同之問題。

此類保護買受人之規定，在德國分期付款買賣法下更為
週到（註7），因此，出賣人設法逃避該法律適用之傾向更
為激烈，從而，如何區別融資性租賃與分期付款買賣，以及
如何認定名為租賃之行為實為分期付款買賣，便被激烈地展
開。

Ⅲ、租稅法上之差別待遇

租賃與分期付款買賣，在租稅法上最明顯之差別待遇為
，承租人因租賃所支付之租金得作為「費用」以扣減稅款
(deduction for rent)，反之，分期付款買賣之買受人僅得以利
息及折舊來扣減稅款 (interest and depreciation deductions)（註
8），因此，只要租賃期間短於折舊年數時，承租人利用「
租賃」即可達到相當於加速折舊的好處。目前租賃公司推展
業務，即以此「加速折舊」為最大之號召口號。從而，區別
租賃與分期付款買賣，乃有其實務上之必要性。

Ⅳ、訴訟上請求權基礎之問題

融資性租賃之出租人，於承租人怠於給付「租金」時，

註6　動產擔保交易法第14.條，契約約定動產擔保交易之債務人，拋棄本法所規定
　　　之權利者，其約定為無效」，關於債務人之權利參照同法第30.條、18.條、22.
　　　條。
　　　例如，出賣人解除契約應返還價金、加重出賣人表明付現款及分期之價格等
註7　之義務、解除契約時出賣人得請求賠償之範圍、同時履行返還等見陳榮宗，
　　　前揭書，頁226以下。
註8　Thomas F. Cunnane, Tax aspects of buying and leasing
　　　business property and equipment, 1974,p.37。

若欲訴請承租人返還租賃物、相當於租金之損害賠償，其請求權基礎之法律關係如何？一般租賃公司均根據「租賃關係」，請求返還租賃物，反之，承租人多以「融資性租賃契約具備所有權移轉與價金分割給付之實質」為抗辯，企圖將其間之法律關係說成「分期付款買賣」，好讓依據「租賃關係」請求之租賃公司在舊訴訟標的理論下，受到敗訴之判決。

　　a.認為應依租賃關係請求之判決

　　對於此問題，台北地方法院就同一被告、同一案情，而原告分別為兩家租賃公司之兩件「返還租賃物」案件，竟為完全不同之判決。七十一年訴字第六九四號判決認為融資性租賃契約為「典型之有名租賃契約」無疑，其判決理由為：

　　「解釋契約，固須探求當事人立約時之真意，不能拘泥於契約之文字，但契約文字業已表示當事人真意，無須別事探求者，即不得反捨契約文字而更為曲解，最高法院十七年上字第一一一八號著有判例可按，斯乃民法第九十八條規定之原意，本件依兩造所不爭執之原證一、二、三號租賃合約書觀之，不僅契約訂明為租賃，且有一方以物租賃他方使用、收益，他方支付租金之約定，依民法第四百二十一條規定應為典型之有名契約無疑，且簽訂該契約時又係雙方親自為之，足見被告前開辯稱系爭契約實為分期付款之買賣及契約無效為不可採。」

　　b.認為應依分期付款買賣之判決

　　反之，台北地院七十年度訴字第一一一九一號判決則認為系爭之融資性租賃契約為「附所有權保留之分期付款買賣」，租賃公司依據「租賃關係」請求為無理由，其判決理由

要旨如下：

㈠租賃關係與分期付款買賣關係，雖同具有一造給付對價，他造交付物之外觀，惟其實質內容却截屬不同，即分期付款買賣中之出賣人係以讓予所有物之意思將物交與買受，其於買受人完全給付價金前保留所有權之目的僅為擔保分期付款之各期價金債權而已，買受人亦係以所有之意思占有使用標的物，因此標的物毀損滅失之危險於交付時即由買受人負擔，民法第三百七十三條定有明文。反觀租賃關係中，出租人自始即僅有使承租人取得租賃標的物之用益權限，因此租賃物之毀損滅失之危險仍由出租人負擔，稅捐亦應由出租人負擔，且因承租人支付租金係使用租賃物之對價，因此出租人負有使用租賃物於交付時合於約定之使用收益之目的，並應於租賃關係存續中保持合於約定之使用收益狀態，故而出租人負有修繕之義務，此有民法第四百二十三條、四百二十七條、四百二十九條、四百三十五條明文可按。

㈡按解釋私人契約應通觀全文，有十八年上字第一七二七號判例可資參照，而系爭契約約定：

⑴第二條交付與驗收第二項：「……標的物發現不合承租人之需要，或與原定貨單或採購合約不一致，或有其他瑕疵，其一切之危險與所受之損害同意由承租人負擔而不與出租人相涉。」足徵原告不負出租人使租賃物於交付時合於使用收益目的之義務。

⑵第五條維護、修繕及更改第一項：「承租人應以自己費用維護標的物，使其經常保持良好狀態，並以自己費用修繕之……」足見原告亦不負出租人於租賃存續中保持租賃物

合於使用收益狀態及修繕等義務。

(3)第七條毀損與滅失：「標的物之任何部分，不論是否因不可抗力或其他原因而遺失、被竊、毀壞、損害至無法修復或永久喪失其使用價值，或被沒收、沒入、盜難、扣押、公用徵收、徵用而發生之危險負擔，全部由承租人負擔。」顯見系爭標的物之危險於交付時即已移轉於被告，與分期付款買賣同與租賃異。

(4)第九條賠償：「……承租人同意負擔……目前或將來政府就標的物之出售與使用所課之所有各種稅捐……。」

本件原告不負擔稅捐，與出租人之義務異。執此而論，系爭契約雖使用「租賃」字樣，惟其內容並不具租賃之實質，應認係分期付款買賣。

㈢本件原告雖以：系爭契約文字業已表示當事人真意，無須別事探求，且原告已開立租金發票予被告，並將應收租金列帳開立發票，被告亦將租金發票以費用列帳，而吾國經濟建設委員會亦認融資性租賃僅十分類似分期付款買賣，但仍不盡相同等語，主張系爭契約為租賃。惟查：

(1)解釋私人契約，應通觀全文，並斟酌立約當時之情形，以期不失立約人之真意，有前開判例可按，是本院參酌系爭契約之全部規定，認定系爭契約為買賣，核法並無不合。

(2)被告支付原告之款項，兩造以何名稱列帳，並不影響兩造實質之法律關係。

(3)經濟建設委員會僅認融資性租賃與分期付款買賣不盡相同而已，並不否認其具買賣性質。是原告之主張，並無可採。

c.區別之重要性

前述認為融資性租賃契約係「典型之有名租賃契約」，固然失之保守，租賃公司依典型租賃之觀念請求相當於租金之損害，僅限於「至交還之日止」之部分，而不及於全部未到期之租金（註9），惟如此認定，尚能使租賃公司立於「勝訴」之地位。反之，認為融資性租賃為「附所有權保留之分期付款買賣」之看法。卻使租賃公司一敗塗地。到底融資性租賃於被認為非典型之租賃契約以後，是否即應被認為分期付款買賣？於典型租賃與分期付款買款買賣此二類型之中，難道無法存在獨立的「融資性租賃契約」類型？果真如此，當今經濟活動中將近七十家之租賃公司等於立在全面被否定之地位？從而可知，區別融資性租賃與分期付款買賣是一件最重要之課題。

B. 各種可能之區別標準

I、租稅法之觀點

a.美國

美國國稅局 (Internal Revenue Service) 為處理何時應將「租賃」視為買賣，公佈了許多解釋 (revenue ruling)，其中以 55－540 號解釋 (Revenue Ruling 55-540) 最為重要。該解釋首先建立了區別的一般標準，然後又列舉許多具體實例，此些實例再加上一些法院的案例，均可供參考，以下詳述之：

註9 在台北地院七十年訴字第一一一九一號案件及同年度訴字第六九四案件，租賃公司均請求承租人拒付之日起至交還租賃物止，按月等於月租之損害賠償。而非請求自拒付之日起全部未付租金之損害。

1. 一般標準：當事人之意圖

該解釋認為：

一項在形式上為「租賃」之契約，其實質是否為附條件買賣，決定於當事人之意圖，而當事人之意圖須依契約條款認定之，以及斟酌訂約時所存在之事實及環境。決定當事人之意圖並無一般規則得適用於任何案例，而必須依各該案例之具體情況認定之。該解釋更進一步指出，具有下列一種或多種情況，並且無其他強而有說服力之因素足以證明相反之意圖時，一項為稅之目的而成立之交易通常會被認為係買賣而非租賃：

1. 分期給付之部分，在使承租人取得相當之衡平利益 (equity)。

2. 承租人於契約所規定「租金」之一定金額後，即得取得標的物之所有權。

3. 承租人於使用標的物之短期間內所須支付之總金額，占取得所有權所須支付之對價之絕大比例時。

4. 雙方約定之「租金」給付，實質上超過現行合理的租金。

5. 承租人得行使選擇購買權，以一締約時已訂定之價格取得標的物所有權，該價格與得行使選擇權時標的物之價值相較係屬形式上之價格，或與全部給付之租金相較係屬相當小之金額者。

6. 定期給付中之某部分金額係被當做利息或足以認為相當於利息者（註10）

註10　Thomas F. Cunnane，前揭書，頁27.28.。

2 具體實例及決定因素

在建立一般標準以決定一項交易究為租賃或買賣之後，五五～五四○號解釋接著列舉下列例子，以說明一般標準之適用：

A關於流動性設備或較小物件設備之短期契約，其使用之報酬通常為以小時、日或週來表示之租金，並且該租金較標的物之價值為高。承租人可能擁有以預先固定之價款購買之選擇權，該價格接近於行使選擇權時標的物之公平市價。在此類型之契約中，所有修繕、維護、稅捐、保險等費用皆由承租人負擔。此類型之契約通常被認為係真實的租賃。

B由從事於將動產出租於他人之納稅人（不管租賃係其主要或附帶業務）所引訂之契約，契約中之應付金額為租金(rental rates)，其計算之基準通常為正常操作或使用之代價，加上超過正常使用之附加價款，亦有一些案例係以單位產出或操作哩數作為計算租金之基準。於所訂之日期屆至時雙方得通知他方終止契約。如果，該契約包括一項選擇購買權之條款，該行使選擇權之價格亦與已付之租金無關，此種契約通常會被認為係真實的租賃。

C契約之期間較標的物之耐用年限為短，而所付之租金却高於此期間應付者。此租金之給付已逾正常之買賣價格及利息。標的物之所有權通常於下列兩種情形下移轉予承租人：

①於承租人給付相當於所約定租金之金額時。

②於承租人給付接近於正常之買賣價格及利息之金額（加上已付之租金）而終止租約，此種交易通常會被視為買賣

，而非租賃。

D契約中給付租金之期間短於標的物預期之耐用年限，惟另有附帶條款約定繼續使用標的物至實際上已逾剩餘之耐用期間。在「原始」租賃期間內所支付之租金已接近於買賣時之價格及利息，而後期或更新期或其全部期間之租金與「原始」租期所付之租金相較係微不足道者。此種契約可能有或沒有賦予承租人於原始租期或其他約定時期終止租約以取得標的物所有權之選擇權，此類型之契約通常被視為買賣。

E契約相似於上述D，惟多加一項事實：標的物之製造商將標的物出售予一信用或融資公司，而由該信用或融資公司受讓該已存在之契約或自己與使用者訂立契約。另有一些案例，出租人可能係一為原始出賣人之利益而經營之受託人 (trustee)，此種交易通常被視為買賣。（註11）

此外，法院亦有許多案例解決此問題，也許，檢證此問題之最佳方法係列舉與討論法院及國稅局在決定一項交易到底係租賃或買賣時所指出之「法定因素」，以下依此「因素」分項詳述之：

(1)付完租金即取得所有權

契約中訂有承租人於完成所有租金給付時，得取得標的物之所有權或有權取得標的物之所有權時，係租賃被視為買賣之案例中最明顯之例子。

例如：納稅義務人以年租金三千美元承租一機器八年，租約中約定在第八年年底時，該機器之所有權自動移轉予承

註11　Thomas F. Cunnane 前揭書，頁28.29.。

租人。

在此情況下，承租人在形式上雖非買受人，但在實質上顯然係買受人，而應被視為買賣。

(2)將已付租金抵作買價之權利 (Right to offset rental payments against purchase price)

在另一稍為不同之案例中，承租人享有以已付之租金抵作購買價金而購買標的物之權利。

例如：納稅義務人以年租金二萬美元承租一建物十年，在任何時期，承租人有權以價金二十五萬美元購買該建物，並以先前已付之租金抵作買賣價金。

如此約定雖不保證所有權將移轉予承租人，卻給予承租人各種衡平利益 (equity interest)，並且引起關於此種交易之真正性質為何之嚴肅問題。其結果，極有可能致所有允許承租人以已付租金抵作買賣價金之交易，被國稅局詳予審查，而引用五五～五四○號解釋，不允許租金扣減稅負之不可避免之結果。

以上國稅局長的不允許扣減政策是否為法院所支持端視所涉案件之特別情況。有學者建議，當一項租賃明示所有或一部租金之給付得抵作行使選擇權之價金時，那麼，該給付本可作為租金扣減稅負現則十之八九不允許作為租金。雖然此說法相當正確，但吾人須認識，並非所有以已付租金抵作購買價金之案例，已全部被作不利於納稅義務人之決定。最近有一些案例，主要在稅務法院 (Tax Court)，法院不管承租人有權將已付租金抵作行使選擇權之價金，仍支持其為租賃。例如，在 Norman Baker Smith 此案例中，承租人以月租三五

美元承租一增值之不動產，租期五年，在租期中之任何時期，承租人有以價金七五、〇〇〇美元選擇購買該不動產之權利，並且，得以已付租金之百分之二十五抵付部分購買之價金。

以上，雖然只有部分已付租金得被抵作買賣價金，法院並未以此為據而為有利於納稅人之判決。反而，法院認為此約定係租賃，因為此交易在整體上具有租賃之特性，並特別指出實際給付超過抵付之租金，係行使選擇權所必須者。

在 Estate of Clara Stundun 案中也有相似之結果。納稅人以月租二千二百美元承租一公寓，租期二十五個月。承租人得以所有已付之租金抵付價格為二十四萬美元之選擇購買之價金。儘管承租人有以已付租金抵作購買價格之權利，法院仍認為該交易係租賃，並再次指出實質增加之給付係行使選擇權所必須者。此外，法院為此決定所依據之另一事實為：出租人＝出賣人之所以特別堅持之租後選買 (lease - option) 之方式來完成交易，而不以一單一之買賣形式來完成交易，其目的在於獲得擔保地位 (security position) ，以防止承租人＝買受人於前期中無法支付應付之價金。

以上案例所示之規則似乎是：只要實質上超額之給付係必須的，且該交易有租賃之性質，則縱使行使購買選擇權之價格決定於承租人當初可購買之價格，且承租人得以已付租金抵作買賣價金，該交易亦將被認為係一租賃交易。

例如：某 A 承租一座以十五萬美元即能購得之大樓，年租金一萬美元，租期五年。在租期中之任何時期，某 A 有選擇以價金十五萬美元購買該大樓，並且得以已付之租金抵作

買賣價金。倘此交易有租賃之性質，則承租人以已付租金抵作買價之權利不會導致租賃被視為買賣。但若年租金為二萬八千美元時，某A得以已付租金抵作買賣價金，將使租賃被視為買賣。（註12）

(3)選擇購買之權利 (Option to Purchase)

縱使承租人無以已付租金抵作選擇購買之價金之權利，該選擇購買權(option)存在之本身已足以導致該交易為人所爭論。

因為預先決定是否將行使選擇購買權通常是不可能的，所以有人建議為了稅收目的，宜將定性「租賃」之工作延至承租人已決定是否行使選擇購買權，此即意味：在確定選擇購買權是否行使，而本此得定性該交易為真實租賃(true lease)或附條件買賣 (conditional sale) 以前，承租人不能獲得以租金扣減稅額、出租人之租金所得不被課稅。第四巡迴法院 (The Fourth Circuit)在著名的 Kitchin 案例中實際上有一段時期即採用此看法，後來，因為存有許多問題（例如，誰能獲得折舊），第四巡迴法院乃改弦易張，認為一項交易究為租賃或附條件買賣應自始地被定性。

不幸地，定性附有選擇購買權之「租賃」究為真實租賃或附條件買賣，經常不是一件簡單的事。其中最清晰之案例為選擇購買之價金顯係形式上之價金者：

例如，納稅人以年租金一萬美元租一土地十年，在十年結束時，承租人得以一美元之價金行使選擇購買權。

註12　Thomas F. Cunnane 前揭書，頁30.31.。

一項形式上的選擇購買價金必然將導致將一項租賃定性為附條件買賣。因此，在 Oesterreich V. Comm'r 案件中涉及租期為六十八年的不動產租賃，因承租人有權於租期屆滿時，以十美元取得所有權，因此，第九巡迴法院毫無困難地將其定性為買賣。同樣地，對於一項月租八九五美元、租期一年，承租人得於租期屆滿時以一美元行使選擇購買權之「租賃」，稅務法院 (the Tax Court) 亦毫無困難地將其定性為附條件買賣。

到底選擇購買價金需多少，始為實質而不被視為形式的選擇購買價金，係一件很難說之事。換言之，選擇購買之價金是否「實質」(substantial) 其本身並非毫無爭論的。真正的關鍵點應在「當事人之意圖」究竟係在訂立租賃或附條件買賣，如果經查得知當事人之意圖係附條件買賣，則選擇購買之價金係「實質的」，亦不妨礙該交易之為附條件買賣。此點在 Berry 案件中已被法院詳細說明，該案之租期兩年、全部租金三萬美元，縱使承租人行使選擇購買權之價金高達十萬美元，仍被認為係附條件買賣。

既然認為選擇購買之價金為「實質」，其本身並不足以保證一項交易獲得「租賃」之待遇，那麼到底何種選擇購買之價金將獲得租賃之對待？答案是，該選擇購買之價金必須是標的物被預期的合理市價 (expected fair market value)。於行使選擇購買權時進行鑑價，係使價金達到合理市價的一種方

惟鑑價並非一定必須，當事人於訂立租約時亦可預先約行使選擇購買權之價金，只要此價金足以反映標的物於選擇購買權得行使時之合理市價，則此預先約定之價金將會

被支持,至於後來合理的市價發生變化可以置而不論。

例如:A與B協議一租期十年、年租金一萬美元之辦公大樓租賃。A堅持其欲獲得於十年租期屆滿時選擇購買該大樓之權。有一獨立的不動產經紀商接受諮詢後建議他們,該大樓於十年之後的預期合理市價為十萬美元,最後,雙方訂立之契約,包含A得於租期屆滿時以十萬美元行使選擇購買權。惟於第七年時,有一公園設於該大樓旁邊,致該大樓之價值於三年後租期屆滿時將顯著地超過原先預期之十萬美元。儘管斯時行使選擇購買權之價格將達不到合理市價,此租賃亦不致被重新定性為買賣,蓋租賃契約訂立時,該約定選擇購買之價格已顯示出預期之合理市價。(註13)

(4)租期與耐用年限之關係 (Relationship of lease term to useful life of property)

選擇購買權之存在固然會引起租賃是否為真實租賃之爭論,但是,相反地,選擇購買權之不存在並不能擔保「租賃」獲得租賃之對待?租賃之期間接近於租賃時之耐用年限,「租賃」仍有被視為買賣之嚴重危險,其適例為納稅人承租標的物九年,而該標的物僅有十年之預期耐用年限。

當租期超過標的物之預期耐用年限時,顯然地,出租人實際上已出售標的物,因此,一項租期十年之租賃,該標的物僅有八年之耐用年限時,該租賃將被認為係買賣而非租賃。此正如某位學者所謂「……吾人難予置信為何租期實質上等於或超過標的物耐用年限之租賃,不應被視為一項買賣。」

當然,並不需要為了將租賃視為買賣而將租期明顯地延逾標的物之耐用年限,並且,此二者之間能有多少距離始能

註13　Thomas F. Cunnane 前揭書,頁32.32。

避免國稅局將該交易視為買賣，也是一個問題。

　　關於此問題，已公佈之解釋只有第五五一五四一號該解釋牽涉一耐用年限十年到十五年之設備，而被出租十三年，國稅局認為該「租賃」為附條件買賣，而非租賃。雖然於五五一五四一號解釋中尚有其他因素足以導致相同之結果，但是該解釋卻建議，為免於被視為買賣，標的物之耐用年限應合理而清楚地逾越租賃之期限。（註14）

　　(5)選擇續租之權利 (Option to renew)

　　租約訂有續租之選擇權時，縱使租期不接近於標的物之耐用年限，亦會發生爭論。

　　如果續租之租金與原租相同，還不致發生爭論，但如果續租之租金顯然少於原租之租金，則國稅局有可能非難此項交易。對此問題，國稅局於六〇一一二二號解釋 (Revenue Ruling 60-122)　　中予以闡明，其事實如下：

　　「在一長期租約下，Ｃ公司提供一套設備租予Ａ公司，租期三十六個月後無限續租、租金每年三〇美元，包括每年二二美元之維護費在內。而該套設備若以現金購買，需三七〇美元」。

　　國稅局認為在此情形下，此交易應被視為買賣，而非租賃。其理由有二：①三十六個月之總租金已超過現金購買之價金；②無限期續租之租金除去維護費用，已屬形式的租金，承租人事實上有權於標的物之耐用年限內使用標的物。綜合以上二原因，國稅局認為當事人之意圖係在訂立附件買賣

註14　　Thomas F. Cunnane 前揭書，頁33。

，而非租賃。

雖然國稅局之見解有其顯著之價值，但在 Gem, Inc 案件中，地方法院(district court) 却提出一個關於適用六○～一二二號解釋之問題，在該案件中，納稅人承租一廠房，租期二十年，並有以形式上之租金續租七九年之權利。其前期二十年之租金足以支付為建築該廠房所發行債券之本金及利息。此點連同續租期間之形式價金，導致和上述六○～一二二號解釋中之案例幾乎相同的結果，國稅局乃基於租金之一部係當作獲取標的物之衡平利益(equity interest) 之對價為理論，而非難納稅人以租金扣減稅負(rental deduction)。

夠有趣的是，法院竟然駁斥上述國稅局長之理論，而基於國稅局無法證明納稅人有欲行使續租權之確定性，而允許納稅人以租金扣減稅負。此種賦予國稅局舉證責任之看法，恰與六○～一二二號解釋相反，該解釋係假設在系爭情形下，選擇續租權將被行使，進而賦予納稅人舉出反證之責任。

除了 Gem 案件，需注意國稅局長為了非難附有選擇續租權之租賃，並不需要去證明納稅人就標的物已取得衡平利益(equity) （即系爭契約係附條件買賣，而非租賃），因為，縱使租賃係一真實租賃，在前期租賃期中（非續租期間）已付租金之一部，係屬續租期間之「預付租金」(advance rentals)，國稅局長仍得以此為由非難租賃。（註 15 ）

(6)租金與合理租值之關係(Relationship of rent to fair rental value)

註15 Thomas F. Cunnane ，前揭書，頁34。

租金與當時之合理租值(fair rental value)間之關係，顯然係決定一項租賃究為真實租賃或附條件買賣之諸因素中，最為重要者之一（如果不是最重要）。有學者指出：

「若能確定所付租金相當於標的物之合理租值(fair rental value)　，或建立在其他合理基礎(rational basis)上，則政府很難維持將交易視為附條件買賣之立場」。

縱使在有其他因素足以導致租賃實為附條件買賣之場合，以上之看法仍屬的論。例如，在Kitchin案件中，承租人擁有選擇購買權，並得以先前給付之租金抵作購買之價金。雖然此種約定，常會導致租賃被視為附條件買賣之結果，但該租賃仍被第四巡迴法院(the Fourth Circuit)認定為真實之租賃，因為在該案件中定期給付之租金，顯為使用標的物之合理對價(fair return)。

當然，租賃中所要求之租金與標的物合理租值之關係，並非永遠有利於納稅人。當租約合理地顯示，於租期中所付之租金超過合理租值，並且有像選擇購買權等前述因素中之一項存在時，則法院必認為當事人所意圖者為附條件買賣。

如果租賃所需之租金超過標的物之合理租值，而無本章所討論之任一因素時，則過多之租金可能係雙方計算租值錯誤或承租人討價能力低劣之結果。不管原因為何者，在此情況下，因為當事人之意圖係在真實租賃，則企圖將租賃重新定性為附條件買賣，顯係不當的。（註16）

註16　Thomas F. Cunnane　，前揭書，頁35。

⑺眞正的返還請求權 (true reversionary right)

出租人不具有眞正的返還請求權(true reversionary right)，亦常導致名爲「租賃」之契約實爲買賣。此爲Starr案例所顯示，在該案中，承租人以年租金一二四〇美元「承租」一自動滅火器裝置，租期五年。承租人並享有於租期屆滿時，另以年租金三二美元「續租」另五年之選擇續租權，倘若不續租，出租人須於六個月內自承租人之不動產上移走該滅火裝置。

因爲，自動滅火器裝置係爲特定財產而特製的機械，並且拆走裝置之成本也很高，因此，出租人之拆卸、返還請求權顯無實益，法院乃以此爲由，認爲當事人間之意圖爲買賣，而非租賃。（註17）

c 日本

爲處理租賃(lease)之稅務問題，日本國稅廳於昭和53年7月20日公佈「關於租賃交易法人稅及所得稅之適用」之通告，凡是昭和54年1月1日以後締結之租賃(lease)契約，均適用該通告以解決稅務問題。

依據此通告，下列五種類型之「租賃」，應被認爲係「買賣」（註18）：

1.附無償（或實質無償）讓與、續租條件之租賃

租賃（リース, lease）期間屆滿時，就租賃標的物，當事

註17 Thomas F. Cunnane ，前揭書，頁36。

註18 參照齋藤奏，リースの法律、會計、稅務，第一　　出版株式會社，昭和57年5月，第5刷，頁97～107。

人爲如下特約時，該「租賃」原則上將被視爲買賣：①以無償或形式上之對價讓與「承租人」時，②以形式上之租金續租，而該租金與無償並無不同。以上「形式上」之租金，低於原租賃期間租金之十二分之一，將被視爲與無償並無不同（註19），而所謂「特約」，除以「契約書」明白約定外，尚包括當事人間非以契約書方式約定之其他事先約定（註20）。

2. 土地、建物之租賃

以土地、建物、建物附屬設備、工作物爲標的物之租賃，原則上視爲「買賣」，例外地，爲建築工程而使用之簡易建物、廣告等工作物除外。將土地、建物之租賃視爲「買賣」之理由，在於土地、建物對承租人之業務而言，係必須之資產，不能予以返還（註 21 ）。

3. 專用標的物之租賃

機械裝置等標的物之主要部分，係依照承租人之用途、設置場所之狀況，所製作之「特別式樣」，原則上視爲「買賣」，蓋此依「特別式樣」而製作之機械裝置，租賃公司欲受領返還再出租於他人，根本是不可能之事。惟判斷一項機機裝置是否爲專用標的物，係困難之事，國稅當局認爲下列標的物非「專用」：

(1)出租人產品目錄上明示之式樣機械

註19　參見オリエント・リース株式會社，リース取引に係る法人稅および所得稅の取扱いについてのご案內，頁9。

註20　齊藤奏，前揭書，頁104。

　　包括：①依平常所散發產品目錄所示之式樣而製作之機械裝置，以及②主要部分係依照產品目錄所示之式樣而製作，而其附屬部分則具有特別式樣者。

　　⑵不需爲重大改造之機械

　　包括①不需要改造，及②僅需爲一部改造，而易於爲同業所實際使用者。

　　⑶租賃期間超過標的物法定耐用年數百分之八十（未滿一年者，不算入）以上者。

　　⑷一筆租賃交易，其租賃期間所收之租金在一百萬以下者，雖標的物爲「專用」，亦不視爲買賣（註 22 ）。

　　4. 標的物不可能特定之租賃

　　如建設工事所用之暫設資材，從承租人使用或消費之狀況來看，無法管理、特定究爲租賃公司之物或建設人之物，此種不可能特定之物之租賃，原則上視爲買賣。在此，所謂特定是否可能，非就標的物之性質而定，而係從承租人之立場，依照標的物之性質，使用條件爲適宜合理之管理，是否得以特定，爲其判斷標準（註 23 ）。

　　5. 租賃期間遠短於法定耐用年數，且有選擇購買權。

　　非上述 1 至 4 之租賃交易，而其契約符合下列要件者，亦被視爲買賣：①租賃期間在標的物法定耐用年數百分之七十以下（法定耐用年數在十年以上者爲百分之六十），②就

註21　同上。

註22　オリエント・リース株式會社，前揭文，頁4、5。及齋藤奏，前揭書，頁104～106。

註23　齋藤奏，前揭書，頁106。

租賃標的物約定「選擇購買權」者（租賃期間中或期間屆滿時，承租人有權及有義務購入標的物）。惟雖附有選擇購買權，如其購買價格高於依「定額法」算出未折舊殘值之價額者（以標的物之法定耐用年數爲基礎），仍不視爲買賣（註24）。

Ⅱ、私法上之觀點

a 締約時之意圖

有認爲「買賣」係交換財務之典型契約，以物權變動之履行行爲爲目的，反之融資性租賃則不以物權之變動爲目的，「承租人」只是意圖如同「經濟上的買受人」一樣，使用收益標的物（註25）。即融資性租賃不以承租人取得標的物之所有權爲最終目標（註26），直至最後，亦不預定使所有權發生移轉（註27）。

b 契約期間中與期待權

在附條件式的分期付款買賣，標的物所有權之移轉附「停止條件」，其成就繫於買受人之支付價金，在契約期間中，買受人先占有標的物，並得「期待」於支付所有各期之價金後，取得所有權，此種期待取得所有權之法律上地位，應

註 24　同註23。

註 25　參照中村武，リース契約の理論と實際，載比較法第八號，頁65。

註 26　白石裕子認爲「割賦販売との根本的な違いは、リースガ所有權の取得を最終的な目標としてはいないという點でめる」見氏著リース契約の基本構造，載早稻田法學誌第24卷，頁282。及 BGH. 12.12.1973. NJW 1974，頁365，及 Graf von Westphalen, Der Leasing-vertrag，頁187。

註 27　庄政志，リースをめぐる論點と課題，手形研究 No, 247，頁96。
。

受法律保障，稱爲期待權（註28）。反之，在融資性租賃之期間中，承租人並無取得所有權之期待權（註29）。

c 期間屆滿與所有權之歸屬

分期付款買賣（保留所有權者）與融資性租賃，均有相同之「分期給付」之形式，惟於給付期間屆滿，且「債務人」均按期給付時，分期付款之買受人卽因「停止條件」成就，而取得標的物之所有權，反之，於融資性租賃，「承租人」雖均按期給付，於期間屆滿時，卻不能取得標的物之所有權（註30）。

d 取回標的物之意圖

有認爲，分期付款買賣之出賣人，無在使用一定期間後，由使用者（買受人）返還標的物之「預定」，反之，在融資性租賃則有此「預定」（註31）。

C. 本文之看法

I、融資性租賃異於分期付款買賣

本文原則上贊同上述私法上之觀點，認爲融資性租賃異於分期付款買賣（附保留所有權）。亦卽：分期付款買賣之買受人依契約被賦予獲取權 (Erwerbsrecht) （註32），於締

註28　參見王澤鑑老師，附條件買賣買受人之期待權，載氏著，民法學說與判例研究，第一冊。64年12月版，頁199以下。

註29　中村武，前揭文，頁66。松田安正，リース契約の法律的檢討，載自由と正義，第31卷第 2 期，頁29。

註30　松田安正，リース契約の法律的檢討，載自由と正義，31卷2期，頁29。

註31　參見向英華，分期付價買賣與設備租賃在法規上之比較研究（下），載法律知識第14期，頁21。

註32　Graf von Westphalen, Der Leasingvertrag ，1977，頁193。

約時即意圖以取得標的物之所有權爲最終目的，於契約期間中對取得標的物之所有權享有期待權，於契約期滿並已依約完成特定條件時即因條件成就而取得標的物之所有權；反之，融資性租賃之承租人則未被賦予獲取權，於契約期間中對標的物之取得無期待權，於契約期滿並已依約給付價金時，仍不能取得標的物之所有權。

II、對租稅法上觀點之檢討

上述私法上之觀點，較偏重於形式、法律上之觀點，反之，租稅法上之觀點則較偏向於實質、經濟上之觀察。惟二者並非絕對對立之概念，無寧，二者也有交集之可能。以下，本此態度來檢討對租稅法上之觀點：

a 付完租金即取得所有權：分期付款買賣

承租人付完租金即取得標的物之所有權，此種交易在形式上雖爲「租賃」，實質上實爲分期付款買賣（註33）。蓋「承租人」對標的物有獲取權，於締約時意圖以取得標的物之所有權爲最終目的，於契約期間中享有期待權，於契約期間期滿並依約給付「租金」時即取得標的物之所有權。

惟我國現行租賃公司所用之租賃定型化契約，均無此約款，因而應不生混淆之問題。

b 承租人有選擇購買權：非分期付款買賣

承租人附有選擇購買權，並不導致一項融資性租賃成爲

註33　庄政志認爲，附讓與條件之租賃爲實質之買賣，有割賦法（分期付款法）之適用或類推適用。見氏著，リース契約をめぐる諸問題，載日弁連協會載昭和55年特研修叢書，頁167。

分期付款買賣，其理由有三：

1. 承租人不一定行使「買受」權

承租人在租賃期間屆滿時是否實施選擇購買權(Optionre-cht)繫於各種不同之因素，包括：對承租人而言於租賃期間屆滿時，買賣契約之訂立在經濟上是否尚有意義？其投資是否還有價值？以及租賃物既存之維持持況及應支付買賣價金之高低。此些因素大部分在契約期間中才顯現出來，於締約時通常係無法確定者，故附有選擇購買權並不使一項融資性租賃成為分期付款買賣（註330）。

2. 相當於英國法上之租一買，不同於買賣

融資性租賃承租人有選擇購買權，亦僅相當於英國法上之租一買契約(hire-purchase agreement)其與買賣契約(Contract of sale)為截然不同之概念：

(1)租一買契約之意義

英國消費者信用法 (Consumer Credit Act 1974) 對租一買契約提供了一個詳細而精確之定義（註34）。依據該法第一

註33a Graf von Westphalen, 前揭書，頁190、191

註34 另外1938及1965年租一買法 (Hire-Purchase Act)一買契約另有定義：Hire-Purchase Act 之定義：租一買契約係一種動產信託(bailment of goods) 契約，在此契約下，受託人得買受標的物，或標的物之所有權將或可能移轉於受託人。

八九(1)條規定，租一買契約係一種協議（不同於附條件買賣
conditional sale ），在該協議下，受託人 bailee 以定期給付（
Periodical payments）　換取標的物之受託，並在符合下列一項
或數項之情況下取得標的物之所有權：(1)受託人行使選擇購
買權 (option to purchase)，(2)任何一方完成契約所定特定事項
時，例如受託人給付最後一期分期付款時，(3)其他契約所特
別約定之事項發生時（雙方所不能控制之特定事項，因為若
雙方可控制，則為上述(2)所述條件之完成）。結果使得一些
不尋常之契約能符合此定義，例如，在 R.V.R.W. Proffitt Ltd.
一案中，承租人在某項須立法之法律經立法之條件下，有權
於租期屆滿時選擇購買標的物。此項「立法」(enactment)　就
是上述(3)所謂特定事項之發生，雖然，人們爭論此特定情事
是如此不可預期以致於不應被如此慮及。而事實上，Jones J.
即認為，因為承租人之選擇購買權只有在該項立法通過時
始能獲得，並且該項立法是否通過、於何時通過皆不清楚，
所以承租人並未被賦予是項購買之權利，並以此為據，認為
此契約不在1938年租一買法定義範圍之內（註35 ）。

註35　參 J.M.I. Ckleburgh, Consumer Protection, 1979，頁 23、24 。

(2) 租一買與買賣之區別

當標的物之所有權人基於租一買契約將標的物交付承租人，則無可置疑地，雙方當事人均企圖，在承租人行使選擇購買權或依特約給付最後期租金時，將使承租人終極取得標的物之所有權。的確，此為雙方心中之目的，並且因此可認為租金即係分期給付之買賣價金、承租人同時享有所有及使用標的物之利益，承租人所為之總給付當然高於現金給付，其差額可說是其延期給付的信用成本。

然而，不論租一買契約之實際如何，其在法律上並不能構成動產買賣法(Sale of Goods Act) 上之買賣契約 (contract of sale) 。因為，一項買賣法上之買賣必須有出賣人與買受人，然而在租一買之場合，吾人雖能主張標的物之所有權人已基於「拘束」自己之意思，「同意出賣」標的物及移轉所有權；但吾人却不能說承租人是買受人，蓋其並未買或同意買受標的物，依契約其並無取得標的物所有權之義務。租一買契約可能賦予承租人選擇購買之權利，但在本質上，此選擇權之享有人（即承租人）完全可隨其所好自由買受或不買受標的物。此外，租一買契約雖亦有可能約定承租人於給付最後一期款項取得標的物之所有權，惟在此情形下，因承租人擁有「終止」租約之權利，並不負有給付最後期款之義務，因此，並非不可避免地須取得標的物之所有權。

　　爲判斷一項特定之契約，究爲買賣或租一買，法院將視契約之實質及雙方合意的特殊情況在契約前後文句中，決定性的條款在於決定系爭標的物所有權由一方移轉至另一方所需「條件」之條款。如果（且僅如此）一方有義務去滿足該「條件」，則該方爲買受人。否則，他僅是一租一買契約下之承租人而已。因此，在 Lee ．Butler 一案中，所有權人透過一項「租及買」(hire and purchase) 契約，將傢俱「出租」予承租人，承租人分兩期給付「租金」，該傢俱則於承租人完成給付時歸屬於承租人，判決認爲此契約爲買賣，財產之移轉以最後期之給付爲條件，且承租人有義務爲該給付，因此，承租人爲買受人。相反的案例見 Helly v. Matthews 一案，在該案中一架鋼琴出租，其對價爲承租人給付多達三十六期之租金；在承租人給付第三十六期之款項時，標的物之所有權即歸屬於承租人，惟承租人於任何時期得自由「終止」契約。最高法院 (The House of Lords) 認爲此契約係租一買契約，而非買賣契約；蓋承租人並未買受該鋼琴。就如同 Macnaghten 法官所言，承租人並無義務去履行契約所定之「條件」，在契約上只有所有權人承擔「出售」，承租人並無義務一天或一時去保有鋼琴，於簽約之後亦無買受鋼琴之義務。（註 36、註 37 ）

註 36　J.M.I. Ckleburgh 　，前揭書，頁24、25。

註 37　在英國法上區別租一買與買賣之實益在於：無人能將大於自己之權利移轉予他人，是法律的一項原則。惟爲商業之便利，此原則已有例外，1889年 Factors Act 第九節已通過此例外（買賣法二五(2)節實質上亦同），依據第九節之規定，買受人(buyer)依買賣契約已取得標的物之占有，惟尚

c 承租人有選擇續租權：非分期付款買賣

契約附有選擇續租之權利(Option to renew, Mietverlangrungs Option)，僅產生租賃關係可能的繼續(die mogliche Fortsetzung lines Mietverhalt nisses)，不會導致所有權之取得(Eigentumser-werb)（註38），因此不同於分期付款買賣。

III、法律・形式與經濟・實質之衝突

實則，上述私法與租稅法之爭執在於，前者堅持法律上形式之所有權，而後者則認爲應依經濟觀察法爲實質之認定，此爲「法律、形式」與「經濟、實質」衝突之問題。詳言之，①在附選擇購買權（或續租權）之情形，若其「價金」或「租金」僅爲「名義上」之價金（或租金）（註39），而非實質者，雖形式上承租人另以（名義上之）「價金」（或租金）向出租人「購買」（或承租）標的物之所有權，但在經濟上、實質上並不被認爲係在購買（或承租）。②在租金高於合理租值時，即在經濟上認爲承租人以「租金」名義支出者遠高使用標的物之對價，而係包括「實質上」取得標的物之對價。③出租人不具有「眞正」返還請求權時，所謂「

未取得所有權時，得移轉標的物之所有權予另一善意買受人(a bona fide purchaser)。但一個承租人則無此節規定之適用，蓋其非買受人(buyer)。所以，依據租─買契約占有標的物之承租人，將標的物「賣與」x時，應適用nomo dat規則，非但x不能取得所有權，承租人亦須對標的物之所有權人負侵權行爲之損害賠償責任。

註38　BGH 8.10.1975，引自 Graf von Westphalen，前揭書，頁188。

註39　關於價金或租金低到何種程度，即成爲名義上之價金，及判斷名義上之價金應考慮之因素，詳參陳永誠前揭文，頁128～138。

眞正」係從經濟之觀點，認爲出租人實際上不可能去取回標的物，再取回「所有權」。本文認爲，此種「經濟觀察法」及「實質認定」，含有某種程度之「價值判斷」，而非純粹邏輯、涵攝之問題。

Ⅳ、類型歸屬時之價值判斷

除上述「經濟觀察法」、「實質認定」融資性租賃涉及價值判斷以外，欲將融資性租賃此一新型之交易「歸類」（假如可能的話）爲分期付款買賣（附保留所有權者）此一「有名契約」本身，亦涉及價值判斷之問題。蓋附保留所有權之分期付款買賣係一種有名契約（註40），欲判斷融資性租賃是否屬於附保留所有權之分期付款買賣，一般以爲此屬於邏輯上涵攝之過程，惟由於涵攝推論以有足以供爲大前提之定義性概念之存在爲前提，該定義性概念（狹義概念）必須其指稱之法律事實之特徵已被窮盡地臚列，而有名契約並非定義性概念，它只是類型性概念，並未窮盡地臚列其所指稱稱之法律事實，因此，將一個生活事實歸類於特定有名契約，涵攝推論顯然不能圓滿達成任務，而必須作或多或少之價值判斷（註41）。

註40 動產擔保交易法第26條規定，稱附條件買賣者，謂買受人先占有動產標的物，約定至支付一部或全部價金或完成特定條件時，始取得標的物所有權之交易。

註41 定義性概念與類型性概念，涵攝推論與價值判斷，參照黃茂榮老師，法律事實的認定及其規範上的評價，載台大法律論叢，八卷二期，頁41，42。

Ｖ、融資性租賃應獨立於分期付款買賣之價值判斷因素

既然，如前述Ⅲ、Ⅳ所述，融資性租賃與分期付款買賣之區別（或同類型？），處處含有價值判斷之因素。則本文除基於前面Ⅰ所述認為融資性租賃有別於分期付款買賣外，更進一步基於下列之價值判斷，認為融資性租賃應別於分期付款買賣，獨立為一種新型之經濟活動：

ａ融資、擔保環境之需要與讓與擔保合法化之啓示

在金融制度尚未臻完善之我國，融資性租賃可以補充現行金融制度之不足，使需用機器、欠缺資金而無法從金融機構貸得款項之企業，得以利用融資性租賃，不必另外提供擔保，即得達到籌措生產財之目的。其既扮演如此「有用」之融資、擔保角色，吾人應鼓勵其存在，並記取如第一章、三所述「動產讓與擔保合法化」之啓示，盡量克服其在法制上之困難。否則，只要經濟上有其存在之必要與價值，縱使吾人於開始時對其抱著「非法」之眼光，也將擋不住其「合法化」之潮流。

ｂ事實上無法否認租賃公司之存在

此外，從既存之事實來看，目前實際營業之租賃公司已多達三十家，以民國七十年度而言，其租賃契約金額已達新台幣130億以上（註42）若認融資性租賃之法律性質實質為「分期付款買賣」，則無異否認此些租賃公司及交易行為。本文相信「法律人的法律觀點」，在此很難否認此些既存之事實。

註42　陳澄癸，租賃會計實務，71年8月版，頁7。

本節位置

第 二 章 融資性租賃之特徵與法律性質

一、從融資之分類看融資性租賃

二、融資性租賃與分期付款買賣之區別

※三、融資性租賃契約之法律性質

第 三 章 融資性租賃契約之融資性格

本節問題要點

1. 融資性租賃的法律性質如何？

2. 消費借貸說有何優點與缺點？

3. 特殊租賃說有何優點與缺點？

4. 無名契約說有何優點與缺點？

5. 採用動產擔保交易說可以兼容消費借貸說、特殊租賃說與無名契約說之優點，同時排除該三說之缺點。

三、融資性租賃契約之法律性質

A. 概　　說

於說明租賃之分類與融資性租賃之特徵，以及融資性租賃與分期付款買賣（保留所有權時）之區別後，對於融資性租賃之「特徵」（註1）已較「意義」式之解釋，有較多之認識。接著，應就融資性租賃契約之法律性質試作探討，以提供吾人適用法律之方向。

關於融資性租賃之法律性質，在大陸法系國家產生各個學說，以下先介紹各種學說及各個學說不足說明（或涵蓋）融資性租賃契約之處，然後針對其不足，發表本文一己之見。

B. 各種學說及其不足

I、消費借貸契約及其不足

消費借貸契約係當事人約定，一方移轉金錢或其他代替物之所有權予他方，而他方以種類、品質、數量相同之物返還之契約（民法第474條），依此規定，消費借貸可分為金錢消費借貸與代替物之消費借貸（以下簡稱物之消費借貸）。融資性租賃被視為消費借貸之說法，亦分金錢消費借貸說及物之消費借貸說二種：

a 金錢消費借貸說及其不足

註1　所謂「特徵」，座係指相對於近似類型而言，故本文籍本章一、二近似類型之區分，企業指出融資性租賃之特徵。

　　人們著眼於融資性租賃之經濟功能，認為融資性租賃具有金錢消費借貸之實質（註2），或認為融資性租賃契約之「本質」為租賃公司融通「買賣價金」之金融行為（註3），或認為租賃具有中長期資金融通之性質（註4）。在此，所謂「金錢消費借貸之實質」、「融通買賣價金之本質」、「金融行為」、「資金融通之性質」，無異認為融資性租賃係一種金錢消費借貸。

　　按金錢消費借貸之構成要件要素有三：①約定貸與人將金錢所有權移轉予借用人，②金錢之交付（要物性），③約定借用人返還同數量之金錢（當然，通常須另加利息）。融資性租賃欲作為一種金錢消費借貸，必須滿足此三項要素，即①約定「出租人」將金錢所有權移轉予「承租人」，②金錢之交付（要物性），③約定「承租人」返還同數量之金錢（附加利息）。惟查：就第①②項要素而言，「出租人」係將金錢所有權移轉及交付於出賣人，而非移轉交付予「承租人」，融資性租賃顯然不同於金錢消費借貸；吾人充其量僅能謂：「出租人」將金錢所有權移轉及交付予「出賣人」，「實質上」等於出租人移轉及交付予承租人後，由承租人再移轉及交付予出賣人，融資性租賃少了一道手續。然而，此

註2　東京地判昭52.3.31認為融資性租賃具有金錢消費借貸之實質，見中田裕康，リース取引をめぐる實務上の問題點（上），載　N．B．L．no.189 頁9。

註3　參見白石裕子，リース契約の基本構造，載早稻田法學會誌第24卷，1973，頁271。

註4　參見交通銀行調查研究處編印，舉辦機器租賃、發行信用卡及分期付款業務之研究，63年，頁3。

種「實質上」如何如何之說法，與上述「金錢消費借貸之實質」一樣，忽略了法律概念與當事人關係，將契約背後之經濟作用與為了達成該作用所利用之法律形式混為一談，顯然不能令人心服。其次，就第③項而言，「承租人」給付「租金」則相當於返還同數量之金錢（附加利息）。

另外，在融資性租賃除有上述關於金錢之「出」及「入」之問題，得與金錢消費借貸作比較外，融資性租賃尚有出租人保有租貸物之所有權以及承租人違約時出租人得取回標的物等關於租賃物之問題，皆為金錢消費借貸之概念所不能包容者。

b 物之消費借貸契約

人們主要著眼於融資性租賃之融資形式(Finanzierungsform)而將其勉強定性為物之消費借貸契約（德民法 607 條），即以物的授信(Sachkredit)代替金錢的授信 (GeldKredit)，只要所提供之租賃標的物係代替物 (Vertretbare Sache)即得作為消費借貸之標的物，例如連續製造之機器及汽車。

惟在（物之）消費借貸，借貸標的物經物權法上的所有權移轉，已成為借用人之財產，借用人並能終局地保有標的物，而只須於期限屆滿時返還同種類、品質、數量之物，反之，在融資性租賃，租賃物之所有權並未移轉予承租人，承租人必須返還該租賃物，從而，融資性租賃契約不能被定性為物之消費借貸契約（註 5 ）。

註5　參照 Carsten Thomas Ebenroth, Konstanz, Der Finangierungs-Leasing-Vertrag als Rechtsgeschäft zwischen Miete und Kauf - BGH, Betr 1977, 395 載 Jus 1978 頁 591 。

再者，物之「消費」借貸，其標的物具有消費物之特性，而融資性租賃之標的物爲耐久財，二者亦有不同（註6）。

Ⅱ、特殊租賃說及其不足

民法（421條）將租賃規範成雙方互負下列對價之契約：出租人負有准許承租人使用標的物之義務，承租人則負有於租賃期間中給付租金之義務。融資性租賃亦爲雙方互負對價之契約：出租人(Leasinggeber)負有准許承租人(Leasingnehmer)使用之義務，承租人負有給付租金之義務（註7），其具有民法上租賃所要求之要素，應視爲特殊之租賃（註8）。雖關於瑕疵擔保、危險負擔、修繕義務、使租賃物適於使用狀態之義務等，融資性租賃有特殊約定，但此爲排除民法任意規定之特約，並不妨碍融資性租賃之爲租賃（註9）。

惟從租賃公司（出租人）締約之目的及獲利之意圖來看，顯然租賃物係特別爲承租人之使用目的而購入，出租人意圖「僅」從特定承租人收回購置租賃物之成本及預計之利潤（註10），出租人係以「貨物」(Ware)換取金錢，而非以「使用」(Gebrauch)去換取金錢之收益（註11），換言之，出

註6　齋藤奏，リースの法律・會計・稅務，第一法規出版株式會社，昭和57年5月第5刷，頁39。

註7　Carsten Thomas Ebenroch Konstanz ，前揭文。

註8　參見來栖三郎，契約法，頁二九五。吉原省三，リース取引の法的性質と問題點，金融法務事情，No750，頁39。及台北地方法院七十一年訴字第六九四號判決。

註9　參照庄政志，リースの實務知識，昭和47年12月版，頁250～253。及陳永誠，設備租賃法律問題之研究，頁55～57。

註10　參照本文，頁4。

註11　同註7。

租人依「融資性租賃契約」錢一出手（即購買租賃物）即企圖從該使其支出金錢之特定承租人身上收回所有之成本與利潤，而不問金錢支出後，承租人是否使用租賃物，是否繼續使用租賃物，以及租賃物是否有瑕疵或發生滅失之危險等等因素，亦不容許承租人中途解約，拒付解約後之租金。從契約歸類應斟酌當事人締約目的（註12）之觀點來看，融資性租賃契約實不同於傳統之租賃契約。苟以傳統租賃之觀點來了解融資性租賃，將融資性租賃視為繼續性之契約，租賃公司按期繼續收取租金之「對價」係繼續使承租人使用標的物，當承租人不想繼續使用時，得拒絕繼續給付租金，此種「結果」將徹底摧毀租賃公司締約之目的與獲利之意圖，進而防碍融資性租賃此一新型融資‧擔保制度之發展。故為維護融資性租賃之發展，應重視融資性租賃此一特質，不認其具有雙務契約之繼續性關係，而認清租賃公司於交付租賃物或支付買賣價金時其義務已全部履行（註13），其不具備「繼續性債務」之特徵，缺乏傳統租賃必須具備「繼續性契約」之要件（註14），應認融資性租賃非租賃。

註 12　如何將契約歸屬於有名契約，應斟酌當事人之締約目的。參見黃茂榮老師，法律事實之認定及其規範上的評價，載台大法學論叢第八卷第二期，頁 43，44，

註 13　中村武認為，融資性租賃契約不見有雙務契約的繼續關係，出租人於將標的物交付後，實際上已全部免除其所負擔之義務。見氏著，リース契約の理論と實際，載比較法第八號，1970，頁 72。

註 14　有名契約（包括租賃）並非定義性概念，而只是類型性概念。其以定義的句式描寫所規範之生活事實之特徵（例如民法 421 條）而具有定義的外觀，但其實這些「定義」只是虛有其表，其所具有者僅是描述類型特徵之功能，而未達於描述

III、無名契約說及其不足

人們有重視融資性租賃之經濟性質，而將其視為具有金融本質之無名契約（非典型契約），其根據大抵如下：①融資性租賃契約大半排除民法上租賃一節之任意規定，其與通常之租賃相較，具有許多不能忽視之特徵。因既存之租賃概念無法處理融資性質；特別是在融資性租賃契約，出租人之主要義務如修繕義務、瑕疵擔保責任都不復存在，作為所有權人應負之責任幾乎都由承租人來負擔，故與其將融資性租賃解為特殊之租賃，不如將之解為類似於租賃之無名契約（非典型契約）為妥。②在融資性租賃契約，承租人實質上所負之義務，與其說是對使用標的物而支付租賃，不如說是無條件擔負分期償還租賃公司所支出購入標的物之價金及利息之義務（註15）。

無名契約說雖能洞察融資性租賃之特徵及固有租賃法制無法適用之問題，惟從適用法律之實用角度及法律進化之角度而言，將一生活事實定性為無名契約，僅屬消極的做法，尚未積極地解決問題。無寧，吾人應積極地找出「無名契約

概念之地步。在現代法學方法意義下之「概念」（狹義）意指：其所指稱之法律事實之特徵已被窮盡地臚列，反之，在類型式概念則未涵蓋所指稱法律事實之一切重要特徵。參照黃茂榮老師，法律事實之認定及其規範上之評價，台大法學論叢第八卷二期，頁41、42。依此，債各對租賃之「定義」（民法421條）僅屬類型性概念，尚未涵蓋租賃之一切重要特徵，本文認為繼續性契約為租賃之重要特徵，而融資性租賃非繼續性契約，故非租賃。

註15　庄政志，リースの實務知識，頁247，248。及陳永誠，前揭論文，頁53，54

約」中之特徵或其構成要素，嘗試去為該無名契約「命名」，甚至塑造出一新型的契約，引導立法，形成一新型之「有名契約」（典型契約）。在此「動機」下，融資性租賃同樣在無名契約說中，有下列種種看法：有認為融資性租賃為「負擔租金之特殊對價而設定之長期的利用權」之無名契約（註16），有認為「含有買賣及租賃之要件，而不屬於其中任何一者之特別契約」（註17），有認為「與一般租賃契約之條件有顯著不同，其不同足以變更租賃契約之本質，無寧，融資性租賃契約得視為一種無名契約」（註18）。衆說紛云，到底應如何，係發展融資性租賃之重要課題，亦為法律家應負之任務。

C. 本文看法：動產擔保交易

線上所述，除物之消費借貸說不可取外，金錢消費借貸說之長處在於指出融資性租賃之實質、本質為金融行為、與信行為，其缺點在於未能涵蓋信用供給者（出租人）對標的物享有權利，於債務人違約時得取回標的物）以及二者在法律形式上相異；特殊租賃說之長處則在出債務人（承租人）得占有、使用收益標的物之情形，其缺點則在「繼續性契約」之特徵，使債權人於債務人違約時，缺乏請求未到期租金之理論基礎；而無名契約說之長處雖亦在洞察出融資性租賃「金融性格」之特徵，為固有之租賃概念所無法涵蓋，與金錢消費借貸說之長處略同，惟其具有不具積極性之缺點，吾

註16　參見廣中教授，私法學會シンポジューム。轉引自庄政志，リースをめぐる論點と課題，載手形研究No247，頁97。

註17　中村武，前揭文，比較法第八號。頁74。

註18　松田安正，リース契約の內容とその法律的構成（上），載N.B.L.No.21，頁18。

人實不能僅滿足於無名契約說。

　　本文以為，倘若有一種學說（或假說）能夠兼容上述諸學說之長處，同時又能克服諸學說之缺點，則以其作為融資性租賃之法律性質最為恰當。

　　按融資性租賃在大陸法系國家（如德、日、我國）才發生所謂「其法律性質如何」之爭論，在美國則根本無此問題。蓋美國為融資性租賃之發源國，在融資・擔保法制史上，「租賃」作為動產擔保交易制度之一種，具有悠久之歷史（註19），現行統一商法 (Uniform Commercial Code) 更廢除各種動產擔保交易在形式、名稱上之區別，明文規定租賃得意圖作為擔保之用 (a lease is intended as security)（註20）、契約所創設之擔保利益包括意圖供擔保之租賃 (security interests created by contract including lease intended as security)（註21），融資性租賃之法律性質為動產擔保交易，不成問題。反之，在大陸法系國家，德、日兩國，受「物權法定主義」及動產擔保原則上須移轉占有之限制，融資性租賃新傳入，固有的法律即發生無法適應之情形，而產生融資性租賃此一新型經濟活動之法律性質究竟如何之困擾與爭論。我國法制大抵上近似於德、日兩國，惟在動產擔保交易方面，則仿效美國動產抵押法 (Law of Chattel Mortgages)、統一附條件買賣法

註19　例如信託租賃 (bailment lease)、鐵道設備信託 (railroad equipment trust)，參見本文第一章，頁　　。

註20　U.C.C§1-201(37)

註21　參 U.C.C. §9-102(2)

(Uniform Conditional Sales Act) 、統一信託收據法 (Uniform Trust Receipt Act)三項單行法規,制定動產擔保交易法,使不移轉占有而得設定擔保之動產幾乎及於一般動產,與德日兩國不同（註22）而較接近於美國法制。然而,由於我國所仿效者係上述三項「舊」的單行法規,而非「新」的統一商法,致不移轉占有而得設定之動產擔保僅限於動產抵押、附條件買賣與信託占有三種,而不包括「租賃」甚至其他類型在內,因此,當融資性租賃流入我國之後,仍於我國發生其法律性質究為如何之疑問！

　基於此項動產擔保交易之法制背景（註23）,本文認為融資性租賃之法律性質為一種動產擔保交易。在此「動產擔保交易」說下,能夠兼容上述法律性質諸學說之長處,同時又能克服諸學說之缺點。詳言之,動產擔保交易同時具有三項特點:①融資功能:債務人得藉此擔保方式爭取融資;②擔保功能:債權人對標的物擁有擔保權益,得放心提供融資;③使用功能:債務人不須將標的物移轉供債權人占有,仍得繼續使用標的物。此即:動產擔保交易能夠達成「以融資所籌措之動產本身,作為融資之擔保」,同時,「接受融資者尚能夠占有、使用該動產」（註24）之功能。同樣地,在融資性租賃,承租人（債務人）得藉此方式爭取融資（融資功能）,同時,出租人（債權人）對租賃物享有所有權,得放心提供融資（擔保功能）,再者,承租人亦不須將租賃標的

註22　德日等國僅限於特定動產,如日本之農業動產信用法、汽車抵押法、建設機械抵押法、航空機抵押法。

註23　關於各種動產擔保之演進及法制史上之意義,詳見本文第一章三。

註24　參見本文第一章,頁26。

移轉供出租人（債權人）占有，仍得繼續使用標的物（使用功能），其「以融資所籌措之動產本身作為融資之擔保，同時接受融資者尚能占有、使用該動產」之特徵與一般動產擔保交易並無兩樣。因其具有「融資功能」之特徵，故能包容金錢消費借貸說及無名契約說之長處（指出融資性租賃之實質、本質為金融行為），並能克服金錢消費借貸說法律形式容有疑問之缺點，以及克服特殊租賃說「繼續性契約」之缺點（出租人提供融資後，本得收回融資，而非承租人有使用融資所籌措之機器，始得收回；亦即出租人收取「租金」係融資之收回，而非承租人繼續性地使用標的物之對價）。因其見有「擔保功能」之特徵，則能克服金錢消費借貸說未能涵蓋信用供給者對標的物享有權利，得於債務人違約時取回標的物之缺點。最後，因其具有「使用功能」之特徵，故能包容特殊租賃說之長處：指出債務人（承租人）占有、使用收益標的物之事實。

　　玆為明白起見，將動產擔保交易說包容各學說之長處及克服各學說缺點之情形，圖示如下：

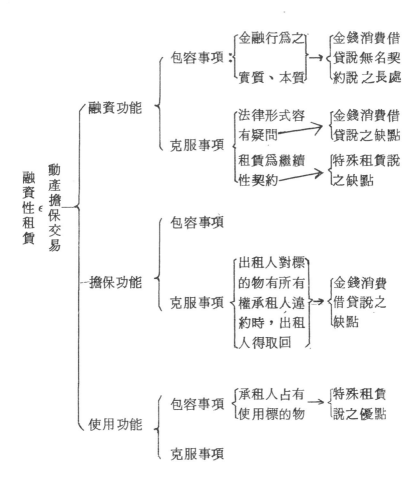

本節問題要點

1. 承租人選購機器係基於出租人之受任人之地位。

2. 出賣人遲延付租賃物之法律效果。

3. 承租人出具租賃物收據之法律效果。

4. 租賃公司不負瑕疵擔保責任是否合理？

5. 承租人可否主張「錯誤」撤銷租賃契約？

6. 承租人直接向出賣人為瑕疵擔保請求的法律問題。

7. 租賃公司不負修繕義務是否合理？

8. 承租人應負擔何種程度之修繕義務？

9. 租賃公司不負危險負擔是否合理？

第三章 融資性租賃契約之融資性格

融資性租賃既如其名稱一樣，強烈反映出金融上之性格，並成為一種新創的動產擔保交易，即不免導出出租人所重視的係資金之供給與回收之問題，而非重視標的物的供給與取回之問題，以下本文就此觀點來分析及檢討融資性租賃表現在融資性格上之法律問題：

一、出租人只負提供資金之義務

在整個融資性租賃交易中，出租人只負提供資金之義務，標的物之選擇與驗收由承租人自行負責，標的物之交付由機器供給者負責（註 1 ），其他關於瑕疵擔保、修繕義務等存在於「標的物」上之事務，要皆與出租人無關：

A. 承租人負責選購機器

整個融資性租賃交易過程的第一步是：承租人就其所需要之機器設備與供給者交涉，就機器設備之種別、廠牌、規格、價格成立起碼一致之合意，然後提供此些相關資料向出租人申請租賃，於出租人同意後，即由出租人與供給者簽訂買賣契約（註 2 ）。就此而言，出租人雖係買賣契約之買受人，但並未扮演一般買賣契約中買受人「東挑西選」之角色，出租人之作為買受人，只負責給付價金之義務，其負此項義

註1 參照 Graf von Westphalen, Der Leasingvertrag, ，頁 6。
註2 參照國泰租貸公司租賃要點。何敏璋，融資性租賃對工商企業的益處，載1980年代企業經營戰略，頁 219、220。

務，正如同金融機構負責融資一樣。

I、承租人係出租人之受任人

承租人負責選購機器而與機器供給者接洽交涉，雖係成立融資性租賃交易之第一步，但在此交涉前，承租人與出租人就融資租賃一事，可能已有口頭上之合意，或至少因選購機器事關重大，承租人須不時反覆與出租人及供給者交涉。在此情況下，承租人代出租人選購機器，係處於受任人之地位（註3），其不僅為自己使用機器及少付租金之利益，必須善為選購機器，努力談低價錢，更應基於民法第528條以下規定，為出租人善盡必要之注意義務，即應依租賃契約及出租人之指示選購機器，並與處理自己之事務為同一注意（註4），承租人應將處理進行之狀況，於適當時期向出租人報告（註5）。在此，有一較大之問題，即承租人因過失（註6）選擇一具有瑕疵或其他不合使用目的之機器設備時，

註3 參照白石裕子，リース契約の基本構造，載早稻田法學會誌24卷，頁26。
我國民法第528條規定，稱委任者，謂當事人約定，一方為他方處理事務，他方允為處理之契約。依此，出租人與承租人應成立委任契約。惟鄭玉波老師認為，受任人以自然人為限，法人不得作為受任人，見氏著民法債編各論下冊，頁413。

註4 民法第535條規定「受任人處理委任事務，應依委任人之指示，並與處理自己事務為同一注意。其受有報酬者，應以善良管理人之注意為之。」承租人處理選購機器之事務，首應依照租賃契約之約定，並參酌出租人之指示。雖此項委任為無報酬之委任，承租人只須與處理自己事務為同一之注意，不須盡善良管理人之注意，惟承租人係使用該機器之專家，所謂「與處理自己之事務為同一之注意」實際上即等於善良管理人之注意。

註5 參照民法第540條前段「受任人應將委任事務進行之狀況，報告於委任人」。

註6 在此，所謂過失是指具體的輕過失而言，不須至重大過失。無償受任人仍須負責。參照民法535、544 II. 以及最高法院六二年台上字第1326號判例。

出租人與承租人之法律關係如何？承租人應負如何之責任？出租人享有如何之權利得以主張？此時，承租人基於可歸責於自己之事由選擇具有瑕疵或其他不合使用目的之機器，除了可以作為出租人與承租人間免除出租人負瑕疵擔保責任之約定為有效之合理化理由以外（註7），出租人得否依據民法第 535、544 條之規定向承租人請求損害賠償？此問題涉及出租人究竟因此而受有何種損害之問題。如前所述，在融資性租賃，出租人所重視者為資金之供給與回收，而不重視標的物之供給與收回之問題，倘承租人仍依租約按期給付租金，此時出租人應無損害可言，似不得請求損害賠償。然而，由於出租人就租賃物一直享有擔保利益（註8），租賃物之具有瑕疵當然不免害及出租人之擔保利益，出租人得依據民法第213條之規定，請求承租人修補（回復原狀）。

Ⅱ、承租人與供給者間無直接的契約關係

承租人負責選購機器設備，而與機器供給者交涉，就買賣契約之內容為預先的討論，而定下實質的細節，但承租人與供給者之間並無直接的契約關係。誠然，承租人與供給者之間已先訂有買賣契約，而後再爭取到出租人之融資租賃是可能的，但此種情形通常會包含「如果融資性租賃契約成立，承租人與供給者間之買賣契約即為終止」之解除條件（註9），或者承租人於爭取到融資租賃後將買受人之地位讓給出租人，終究地承租人與供給者間還是無直接的契約關係。

註7　關於免除出租人瑕疵擔保責任為有效之理由，參見本章，頁108。

註8　關於出租人就租賃物所享有之擔保利益，參見本文第四章一　頁163。

註9　參照 Graf von Westphalen, Der Leasingvertrag ，頁17。

B. 出租人締結買賣契約之義務

出租人與承租人訂立融資性租賃契約，因其本身就租賃物並無庫存（註10　），此項「租賃」實屬於他人之物之租賃，出租人為履行獲取租賃物（註11），以交付承租人使用收益之義務，必須以前述承租人與機器供給者間之交涉為基礎，依約定之期限與機器供給者訂立機器設備之「買賣契約」。並基於買賣契約，對出賣人給付價金，以完成其為承租人提供資金之義務。此項買賣契約的訂立與價金之代付，係融資性租賃存續所不可缺之要素，亦為出租人在契約上之「主要義務」，倘若出租人怠於履行此義務，承租人得依債務不履行之規定，解除契約並向出租人請求損害賠償（註12）。出租人除負此締結買賣契約及給付價金之義務外，並不負擔使租賃標的物立於得使用收益之狀態之義務（不負瑕疵擔保、修繕義務，以下將詳論之）。換言之，出租人意圖於締結買賣契約及給付價金後已全部履行其義務，其不再願對承租人負擔任何義務。

C. 供給者直接將機器交付承租人

出租人與機器供給者訂立買賣契約，通常約定由供給者於約定之期日將租賃之機器直接送至承租人使用機器之地點，予以安裝，由承租人驗收後，將「租賃物收據」交付出租

註10　參見本文第一章一、CI，頁4。

註11　關於獲取義務，參照黃茂榮老師著，他人之物之買賣，載民事法判解評釋（　），頁201。此他人之物之買賣，出賣人所負之獲取義務，依民法第347條規定，得準用於融資性租賃。

註12　參照中田裕康，リース取引をめぐる實務上の問題點下載 New Business Law 191 期，頁15。

人（註 13）開始起算租賃期間（註 14）。在此情形下，顯然供給者（出賣人）將其依買賣契約應履行之義務（註 15）劃分爲二：①對出租人履行移轉所有權之義務，②對承租人履行交付標的物、提供售後服務之義務（註 16）。出租人將其交付租賃物之義務完全交由出賣人去履行，自己不予過問，正顯示出租人只負責提供買賣之「資金」，同時反映融資租賃在金融上之性格。

以下，本文進一步來探討租賃物由供給者直接交付予承租人之有關法律問題。

Ⅰ、供給者交付遲延時

機器供給者（出賣人）遲延將機器交付承租人，致承租人受到損害，承租人與出租人間之法律關係如何？承租人得否因此拒付租金甚至解除契約、請求損害賠償？

按理說，出租人將其交付租賃物予承租人之義務完全交由供給者代爲履行，供給者實爲出租人之債務履行輔助人（註 17），依民法第 224 條之規定，出租人就供給者之遲延應

註 13　參照中國租賃股份有限公司租賃合約書第二條第二項。國泰租賃合約書第五條第一項。

註 14　中國租賃合約書第三條第一項，國泰租賃合約書第三條第一項。

註 15　民法第 348 條第一項規定，物之出賣人負交付其物於買受人，並使其取得該物所有權之義務。

註 16　參照松田安正，リース取引，載手形研究 311 號，頁24。

註 17　參照，中村武，リース契約における諸問題，載國士館法學第 3 期，頁46。

與自己之遲延負同一責任（註18），惟融資租賃契約上經常有「租賃物由賣主遲延交付，出租人概不負任何責任」（註19）、「本約租賃期間，不因交付遲延…而受影響…」（註20），依照前述民法第224條但書「但當事人另有訂定者不在此限」之規定，出租人不必為供給者因故意過失而遲延之行為負遲延責任，承租人不得解除契約（註21），請求損害賠償。然而，此項特約只是免除出租人負遲延責任而已，基於雙務契約「同時履行抗辯」之原理（註22），在出租人之履行輔助人——供給者——交付租賃物以前，租賃期間不能開始、承租人得拒絕依原約交付租金（註23）。此事徵諸典型的資金供給契約——金錢消費借貸——的場合，強調消費借貸之「要物性」，以債務人收到金錢作為消費借貸契約生效之要件，借用人始有依約返還借款之義務，則具有金融性格之融資性租賃

註18　參照民法第224條規定，債務人之代理人或使用人關於債之履行有故意或過失，債務人應與自己之故意或過失負同一責任。但當事人另有訂定者不在此限。

註19　參見國泰租賃合約書第6條第1項。

註20　參見中國租賃合約書第3條第1項。

註21　惟中田裕康認為，衡量出租人與承租人間之利益，剝奪承租人之解除權之特約為無效，應認為承租人得解約，請求回復原狀（如前付租金之返還）。見氏著前揭文，載 N.B.L, No189，頁11。

註22　民法第264條「因契約互負債務者，於他方當事人未為對待給付前，得拒絕自己之給付。但自己有先為給付者，不在此限。

註23　中田裕康揭文，N.B.L 189期，頁11。

註24　最高法院48年台上第1807號判決「消費借貸係要物契約，除當事人有約定一方移轉金錢或其他代替物之所有權於他方，而他方以種類、品質數量相同之物返還之合意外，並須將金錢或其他代替物實行交付，始生效力」。另最高法院55年台上909號判決亦同，見黃茂榮、呂榮海編爭取融資與確保債權，第513頁以下。

，於出租人未交付「資金」之代替物——機器設備——時，承租人實無返還資金（即給付租金）之理。故事實上，租賃公司多另於租賃契約中訂定，租賃期間於承租人出具「租賃物收據」（註 25）交付出租人之日，或租賃物交付日（註 26）起算，係屬合理。

Ⅱ、承租人對供給者有無直接請求權

出租人與供給者訂立買賣契約係在融資性租賃契約訂立之後，在買賣契約上有下列約定：①承租人之名稱、交貨處所，②「本公司基於與承租人簽訂之租賃合約向貴公司訂購下列物品」，③有關履行義務、瑕疵擔保、保養服務……悉由賣主直接向承租人負責為之（註 27）。鑑於此種「由賣主直接向承租人履行」之約定，出租人與出賣人間之買賣契約實屬於一種「利益第三人契約」（承租人）（註 28），依民法第 269 條第一項規定，承租人對於出賣人享有直接請求給付之權。於出賣人債務不履行時，承租人得依一般原則請求損害賠償，於標的物有瑕疵時，依買賣之規定行使瑕疵擔保請求權（註 29）。由此觀之，不待出租人於租約明文規定出租人將其對出賣人之瑕疵擔保請求權讓與承租人（註 30）承租人即已取得此項請求權，從而，此項移轉之約定，較大之意義應在出租人因移轉而喪失請求權（註 31）。

註 25　參照國泰租賃合約第 2 條第 1 項。

註 26　參照中國租賃合約第 3 條第 1 項。

註 27　參見國泰租賃公司租賃物訂購單。

註 28　參見松田安正，リース取引，載手形研究 311 號，頁25。

註 29　參照史尚寬，債法總論，頁 599、600。

註 30　參見國泰租賃合約書第 6 條第 2 項。中國租賃合約書第10條第 1 項。

註 31　參照中田裕康，リース取引をめぐる實務上の問題點，載 N．B．L，No．191 頁15

Ⅱ、出租人取得機器所有權之根據

依照融資性租賃出租人、承租人及租賃物出賣人間共同之意思，租賃物雖由出賣人交付承租人占有使用中，出租人仍為該租賃物之所有權人。此目標究竟如何達成？出租人究竟於何時取得租賃物之所有權？

按民法關於動產所有權之讓與（移轉）非將動產交付不生效力，而交付之方式有：直接交付、簡易交付、占有改定與讓與返還請求權四種（註32）。在融資性租賃，出租人向出賣人買受機器，而其交付則由出賣人直接向承租人為之，出租人本身並未受直接交付，更無簡易交付、占有改定、讓與返還請求權之情事，則出租人達成上述取得機器所有權之根據何在？其於何時取得機器之所有權？並非毫無問題，此事關係出租人及其債權人之權益甚大。如前 A Ⅰ 所述，承租人負責採購、選購機器係基於出租人之受任人之地位，則就接受機器之交付而言，承租人同樣為出租人之受任人，於出賣人將機器交付承租人時，出租人即取得機器之所有權。

Ⅲ、承租人檢查、通知之義務

承租人接受出賣人交付租賃物，應立即代出租人對於出賣人履行民法第356條到358條檢查標的物之義務，即應按物之性質，依通常程序從速檢查其所受領之標的

註32　民法第761條規定，動產物權之讓與，非將動差交付不生效力。但受讓人已占有動產者，於讓與合意時即生效力。（簡易交付）

讓與動產物權而讓與人仍繼續占有動產者，讓與人與受讓人間得訂立契約，使受讓人因此取得間接占有，以代交付。（占有改定）

讓與動產物權，如果動產由第三人占有時，讓與人得以對於第三人之返還請求權，授權與受讓人以代交付。（讓與返還請求權）

物，如發現有應由出賣人負擔保責任之瑕疵時，應即通知出賣人；其不能即知之瑕疵，至日後發現者，應即通知出賣人。若怠於檢查、通知，除非出賣人有故意不告知瑕疵之情形，即發生承租人及出租人視為承認其所受領之物的效力。實務上，租賃公司多於租賃契約中約定承租人應於「檢查期限」內檢查租賃物（註33），若租賃物之規格、式樣、性能如有不符、不良或瑕疵等情事，承租人應立即通知出租人，或在「租賃物收據」上載明之（註34）。

Ⅴ、承租人出具租賃物收據之效力

承租人完成受領租賃物之檢查後，應填具「租賃物收據」（或驗收證明書）立即交付出租人（註35）。承租人一旦出具租賃物收據於出租人，即發生下列諸效力：①承租人承認受領租賃標的物，租賃期間開始起算（註36），②將租賃契約成立後尚未確定的租金債務予以確定，承租人開始負給付租金之義務；③承租人確認代出租人受領出賣人給付標的物，出租人給付買賣價金之義務因此而確定（註37）。

承租人交付租賃物收據，既然關係承租人及出租如此重大之利害關係，故承租人在詳為檢查、試車以及出賣人之其

註33　參見國泰租賃合約書第5條第1項。

註34　同上第5條第2項。

註35　國泰租賃合約第5條第1項，中國租賃合約第2條第3項。

註36　參國泰租賃合約第2條第1項。
　　　椎另有租賃公司以「租賃物」交付日為租賃期間起算日，參中國租賃合約書第3條第1項。

註37　參照松田安正，リース契約における借主の売主に對する損害賠償請求，載 New Business Law，No 243 頁22。

他附隨義務履行前，不應輕易出具租賃物收據（註 38）；在出賣人所交付之標的物有瑕疵、或其性能不適合承租人使用，以致於不能達成承租人訂約目的時，承租人應拒絕受領，並拒絕對出租人出具租賃物收據，從而，以此而免除給付租金之義務；在瑕疵係屬輕微，得請求修補或減少價金者（註 39），承租人應予租賃物收據中詳予記載，俾出租人或承租人得據以依關於瑕疵擔保之規定，向出賣人請求修補或減少價金（詳如 D II 所述）。

D. 出租人不負物之瑕疵擔保責任

I、免除出租人瑕疵擔保責任之約定

a、免除之約定

融資性租賃契約係有償契約，準用買賣中關於出賣人負瑕疵擔保責任之規定，出租人須負物之瑕疵擔保責任。惟出租人為企圖只負提供資金之義務，推掉與資金本身無關、存在於租賃物上的瑕疵擔保責任，多於融資性租賃契約中訂定「租賃物有瑕疵時，出租人概不負任何責任」（註 40）、「標的物不合承租人之需要，或有其他瑕疵，其一切之危險與所受之損害，同意由承租人單獨負擔而不與出租人相涉」（註 41），出租人並企圖藉著「將出租人對賣主之損害賠償請求權讓與承租人」（註 42），使自己置身於「租賃物糾紛」

註 38　承租人應有：等於自己與出賣人間訂立分期付款買賣時，自己將要為支付價金，開出遠期支票給出賣人的那種自覺。

註 39　參民法 359 但書，依情形（瑕疵輕微），解除契約顯失公平者，僅得請求減少價金。

註 40　參見國泰租賃合約書第 6 條第 1 項。

註 41　參見中國、統一、建弘租賃合約書，第 2 條第 2 項。

註 42　參見國泰租賃合約書第 6 條第 1 項。

之外。總之，出租人的企圖是：只過問錢（資金）的問題，絕不管關於租賃物之糾紛。並且，此事無寧已成爲一種「原則」，而非仍處於免除瑕疵擔保責任「特約」之地步，由此「特約」變爲「原則」，而其交易量仍然蒸蒸日上的現象來看，我們可以說，免除出租人瑕疵擔保責任已成爲融資性租賃契約此一「新類型」契約的性質之一（註43），出租人甚至承租人以爲如此，才能經營融資性租賃。

但融資性租賃此一「性質」也有例外：於出租人知租賃物有瑕疵而故意不告知承租人時，出租人仍須負瑕疵擔保責任（註44）。此種「故意不告知瑕疵」之現象，在租賃公司專門承做某類機器設備久後，已熟悉該類機器之性能，明知其不能達到承租人之使用目的，而事先不告知承租人時，最容易發生。其他有可認爲出租人保證租賃物之品質、性能之事實時，及出租人與機器供給者間有技術上、資本上緊密的連繫關係時，亦應基於誠信原則，否認免責約款之效力（註45）。

b、肯定免除瑕疵擔保責任之理由

租賃契約中，免除出租人負瑕疵擔保責任之條款爲有效

註43 參照昭和49.10.8大阪地裁第22民事部判決，載金融商事判例，No.451，頁19。

註44 民法第366條「以特約免除或限制出賣人關於權利或物之瑕疵擔保義務者，如出賣人故意不告知其瑕疵，其特約爲無效」，此規定透過民法第347條亦適用於融資性租賃契約。

註45 參照庄政志，リースをめぐる論點と課題，載手形研究No.247，頁97。

、合理之理由有下列諸端（註46）：

1. 融資性租賃之金融性格

融資性租賃雖於形式上類似於「租賃」，然於實質上則為承租人與供給者間間接買賣之媒介，在經濟上具有金融手段之性格，亦即出租人對於承租人見有信用供給之機能。

2. 出租人欠缺對租賃物之知識、情報

承租人是使用該機器之人，出租人只是擁有資金之人，對於租賃物之知識、情報，承租人較出租人懂得多，由其對供給者交涉，追訴責任較為容易。

3. 承租人之選擇責任

利用融資性租賃為承租人選擇之金融手段，租賃物之挑選、交涉，亦由承租人為之，承租人須對自己之選擇負責。

4. 確定租金

倘若由出租人負瑕疵擔保責任，出租人即較不易確定租金之負擔，而勢必將此費用及風險轉嫁在租金上，則承租人將負擔更高的租金（註47）。

5. 瑕疵擔保之任意規定性

民法關於瑕疵擔保責任之規定係任意規定，自容許當事人以特約予以免除。

6. 承租人已另外獲得保護

註46　關於合理化、合法化免除融資性租賃出組人瑕疵擔保責任之理由，參照中田裕康リース取引をめぐる實務上の問題，載 New Business Law, No. 191，頁15；及永井均，道本幸伸，リース契約における瑕疵擔保責任に關する一試論，N.B.L. No240 頁48；及松田安正，リース取引，載手形研究，No 311 頁22。

註47　本項理由參見中田裕康前揭文，N.B.L, NO191, 頁15。

　　當供給者交付租賃物時，承租人發現瑕疵，得拒絕交付租賃物收據，或於收據中記載瑕疵，對於隱藏之瑕疵得於日後發現時通知出租人，而獲得自衞。若其仍覺不安，不妨與出租人特約仍使出租人負擔瑕疵擔保責任。

　　其次，有瑕疵時，承租人得基於出租人讓與權利、利益第三人契約等向供給者（出賣人）直接行使瑕疵擔保請求權。何況，通常供給者有將「保證書」交與承租人。

7. 企業間之交易

　　承租人亦係一個企業，有能力衡量自己之利害關係，殊無必要以「保護消費者」之眼光給予承租人過份之保護（註48）。

　　C、否定免除瑕疵擔保責任之理由

1. 對金融性格之批評

　　融資性租賃雖具有金融之性格，但亦不能否認其具有對標的物為使用收益之一面（註49）。僅強調其金融的一面。而將融資性租賃視為實質的消費借貸，租賃公司僅負容許承租人使用之消極的義務，難免有所偏，事實上，在租賃期間屆滿時，租賃物之所有權並不移轉於承租人，租賃公司仍保有所有權，即不能將融資性租賃與金錢消費借貸同視。

　　將以上事實，對照現行租賃公司所使用之「租賃合約」基本條款，更可獲得深刻的印象：承租人不得變更租賃物之

註48　同註47。
註49　參照中田裕康，リース取引をめぐる實務上の問題點（下），New Business Law, NO191, 頁14。

原狀（註50）、變更使用用途（註51）、移動裝置地點（註
52）、讓與、設定擔保、及轉租（註53）；反之，出租人對
租賃物則具有「所有權」，得於租賃物上標識所有權人爲己
（註54），得隨時去檢查租賃物（註55），並得將租賃物讓
與他人或設定抵押（註56）。衡諸這些事實，吾人實不能僅
從信用供給、金融性格之一面來把握融資性租賃，無寧，融
資性租賃仍殘留許多傳統租賃之要素。

2.出租人欠缺知識情報之問題

　　支持出租人不負瑕疵擔保責任爲合理者認爲，融資性租

註50　國泰租賃合約第9條第1項，乙方（承租人）非經甲方（出租人）同意絕
　　　不將租賃物改造或附加其他物件，且不得變更租賃物之外觀，性能、機能
　　　及品質。中國租賃合約書第6條第2項，非經出租人書面同意，承租人對
　　　標的物不得爲任何更改或增設工作物。

註51　國泰租賃合約第7條第3項，對租賃物之保管使用，乙方（承租人）在其
　　　使用時間及使用方法等，除應盡善良管理之注意義務外，並應遵守政府之
　　　規定及指示。另參中國租賃合約第5條第1項。

註52　國泰租賃合約第7條第2項，乙方除徵得甲方之書面同意，不得將租賃物
　　　遷離附表第(3)項所記載之設置場所。另中國租賃合約書第4條第1項亦同。

註53　中國租賃合約書第4條第3項，承租人同意不將標的物或其在本約上之利
　　　益爲出賣、出讓、轉租、出質、抵押或其他處分或任受留置權之留置。另
　　　國泰租賃合約書第11條第1項，19條第1項亦同。

註54　國泰租賃合約第7條第1項，甲方對租賃物如認爲有標明甲方之所有權或
　　　設置標識等必要等，乙方應同意照辦。中國租賃合約書第4條第4項，承
　　　租人對標的物上表彰出租人名稱，所有權或租賃關係之任何標章、識別、
　　　烙印、廠牌及金屬片，應予維護，不得將其移離、塗沫或消滅。

註55　國泰租賃合約第12條，甲方得隨時派員前往設置租賃物之場所查看，租
　　　賃物現狀、情況、保管情形，乙方不得以任何理由拒絕。並應給予甲方各
　　　種方便。

註56　國泰租賃合約書第20條。

賃之出租人不同於一般租賃之出租人，其對機器設備並非專家，對於各式各樣的機器亦欠缺知識、情報。可是，從另一面來看，如果租賃公司反覆的承辦同一類、廠牌的機器設備，或者與機器供給者有長期的業務聯繫，甚至由機器供給者轉投資設立之租賃公司，其業務員實為機器供給者所協派者，即難謂出租人對租賃之機器設備欠缺知識、情報，而對承租人一概不負瑕疵擔保責任（註57）。

3. 承租人選擇責任之問題

雖說承租人為了追求融資性租賃在經濟上之優點，捨棄貸款購買、分期付款買賣等其他方式，而選擇融資性租賃，但在有瑕疵之場合，亦應容許其透過法律上之途徑，獲得救濟，否則，融資性租賃較諸其他交易方式，承租人顯然受較不利之對待，融資性租賃難免被譏為像賭博一樣（註58）；其次，從中小企業不易從銀行獲得貸款購買之困境來看（註59），謂承租人捨棄其他融資途徑，而選擇融資性租賃之經濟上優點，自應對其選擇負責，亦欠公允。最重要的，就租賃機器之選擇而言，在許多交易形態中，不乏租賃公司與機器供給者間有長期的營業連繫，不斷向承租人推薦機器之情形，於此狀況下，以承租人之「選擇責任」而完全否認出租人瑕疵擔保之責任，並不適當（註60）。

註57 參照永井均、道本幸伸，リース契約における瑕疵擔保責任に關する一試論（下），載 New Business Law, NO 240, 頁49。

註58 同上。

註59 關於中小企業融資之困難，是老生常談的問題。見莊月清，租賃業為何發展得這麼快，68.4.18 經濟日報。

註60 參照永井均、道本幸伸，前揭文，載N.B.L, NO.240,頁49。

4. 租金算定之問題

瑕疵擔保係基於公平之觀念，維持有償契約雙方之「對價均衡」（註 61），不使承租人支出金錢，卻無法獲得締約時所期待之價值、效用或品質，出租人收取租金本應負瑕疵擔保責任，不應謂若負瑕疵擔保則須增加租金。再者，租賃公司從事企業經營，應有估算成本、利潤，以確定租金之能力，不能謂若負瑕疵擔保則不易確定租金。

5. 瑕疵擔保為任意規定之問題

雖然民法關於瑕疵擔保責任之規定，係任意規定，得依特約予以排除，惟特約仍應受誠信原則、公平原則之限制，要求具有實質的妥當性，民法第 366 條規定「出賣人故意不告知瑕疵時，免除瑕疵擔保責任之特約無效」即為其表現，承租人在與租賃公司訂立契約時，對於免除瑕疵擔保之約定，並未有充分的認識，也未接受詳細的說明，即在密密麻麻、印刷好的契約中簽字，對於契約之內容，根本未能於締約前作充分的檢討，此種依出租人自已獨自之意思而免除瑕疵擔保責任，實為不合理（註 62）。

6. 承租人已另外獲得保護之問題

固然，承租人於受領租賃物時，應謹慎檢查租賃物，於發現瑕疵時，應於租賃物收據上詳予記載，倘其疏於檢查，亦自負其責，此在承租人係直接向機器供給者購買時亦然，

註 61　關於瑕疵擔保係基於「對價均衡」之原理，參照黃茂榮，買賣法，頁279以下。

註 62　參照永井均、道本幸伸，前揭文，N.B.L, NO 240, 頁50。

承租人並未因訂立融資性租賃契約而受特別之不利。惟在機器供給者故意不告知瑕疵之場合，倘承租人係直接向機器供給者購買者，雖承租人（即買受人）怠於檢查，承租人亦得依民法第356條規定，向機器供給者行使物之瑕疵擔保請求權，但在融資性租賃之場合，即不能因此而對抗出租人，故謂承租人已另外獲得保護即成問題。其次，關於承租人若覺不安，不妨與出租人特約使出租人負擔瑕疵擔保，在承租人極力要求融資租賃之情況下，此種要求不太可能。至於說，租賃物有瑕疵時，承租人得本於出租人讓與之權利，向機器供給者直接行使權利，也將因為承租人須負擔訴訟費用、律師費用，以及供給者破產之風險，而遭受不利（註63）。

7. 企業間交易之問題

雖承租人亦係一家企業，應有能力衡量融資性租賃之利害關係，似無以保護消費者之觀點予以保護。惟衡諸實際，技術、投資觀念尚未上軌道之中小企業比比皆是，誰說無予保護之必要。

d、檢討

1. 承租人對融資性租賃之了解實態

融資性租賃因具有金融之性格，出租人與承租人間之法律關係，舉凡修繕義務、瑕疵擔保、危險負擔，均大異於吾人所熟知的「租賃」。在一般企業尚未了解融資性租賃之前，租賃公司所使用的融資性租賃標準契約，其抬頭皆冠以「租賃」合約書，更使承租之企業以對傳統租賃之了解，去了解融資性租賃。以下舉一交易實例說明之：

註63　參照中田裕康，前揭文，N.B.L, No.191 頁16。

(1)訂約之情形

　　A中小企業從同業、新聞廣告等媒介，得知電腦會計機之常識，某日有B電腦公司的外務員來到A公司，向A公司推銷、說明各種電腦會計機之好處、使用方法，打動了A公司想要購置的念頭，但A公司一聽及價金須新台幣八十萬元，即面露難色。靈巧的外務員一看便知A公司之困難，馬上建議A公司可以透過租賃公司，採用「租賃」之方式，每個月付少許租金，就可達到用電腦會計機之目的。此時，A公司始第一次聽人提及「租賃公司」、「租賃」一事，「每月只須付少許租金」打動了A公司，於是B公司便介紹其訂有業務合作契約之L租賃公司給A公司，讓雙方去商談租賃，最後A公司決定採用租賃引進電腦。於是L租賃公司與A公司訂立「租賃合約書」，A公司並未詳細熟讀合約中密密麻麻的條款，即使讀了也不甚了解其內容及作用，只憑著對傳統「租賃」了解之印象，即簽了約，大概以為：承租人於租賃期間按期給付租金，出租人供給租賃物之使用，就是所謂的租賃了。

(2)瑕疵發生後之態度

　　假如，租賃物具有A公司所期待的性能，A公司於租賃期間中順利地使用該租賃物，並於期間時返還，那麼，A公司對融資性租賃的「誤解」大致還不會發生問題。然而，一旦租賃物不能發揮承租人所期待的功能時，一切問題就發生了。例如，該電腦會計機有瑕疵、故障或操作繁雜，普通會計處理效率反而較高時，立即使A公司陷於困擾之狀況，於是，A公司難免會想到他付錢的對象——L租賃公司——向L

租賃公司抱怨、交涉，交涉急了，Ｌ租賃公司指出租賃契約中的某條款，謂租賃公司對於瑕疵不負擔保責任，亦不負修繕義務，並「建議」Ａ公司去找出賣人Ｂ公司，要求Ｂ公司修繕或協助，此時，Ａ公司方深刻地對這樣的租約條款感到不安。Ａ公司與Ｂ公司交涉之結果，起初Ｂ公司會派事務員來查看、修繕、改良，但只能一次又一次的治小病，終究不能解決根本上的性能不良，久之，在Ｂ公司派出這麼多人次的事務員當中，Ａ公司難免會聽到類似以下的反擊：「這種機器的性能本來就是這樣，根本沒什麼瑕疵」「此機器係賣給租賃公司的，我們只對租賃公司負責，不對你們負責」，最後，導致Ａ公司與Ｂ公司決裂，Ａ公司所剩唯一的手段便是：對Ｌ租賃公司拒付未付的租金。在Ａ公司基於對傳統租賃之了解，在心目中認為，租賃物不能使用，又不能修理，因而拒絕給付租金是合情合理的，最多Ｌ租賃公司前來將該部電腦會計機搬回去而已！

(3)拒付租金之結果

承租人Ａ公司拒付租金後，出租人Ｌ租賃公司即依據租賃契約中，出租人不負瑕疵擔保責任、不負修繕義務，以及縱使租賃物有瑕疵承租人仍須給付租金之約定，訴請承租人Ａ公司給付全部未到期之租金、違約金、遲延利息、損害賠償，以及返還租賃物，這些請求高出Ａ公司之想像甚多，Ａ公司才仔細研究租賃契約中密密麻麻的條款，才發現條款對自己皆屬不利。不得已，在訴訟中僅能提出下列較高層次之抗辯理由：①契約中免除出租人責任之約定違反公共秩序、善良風俗、誠實信用原則，應屬無效；②除書面之租約外，

租賃公司尚於口頭積極地保證租賃物之利用價值；③承租人一直信賴租賃物之性能，租賃契約因承租人之錯誤而得撤銷。無奈，此些高層次的抗辯，不易為保守的法院所接受，最後A公司敗訴。從而，A公司遭受物質及精神上的嚴重打擊。

2 從承租人對融資性租賃了解之實態檢討免除出租人之瑕疵擔保責任

如上例所示，承租人之所以處於極為不利之地位，係因為：①承租人初聞（融資性）租賃，以對傳統租賃之印象來了解融資性租賃；租賃公司對於承租人又未盡詳細之說明義務。②租賃公司與出賣人有長期的業務往來關係，對租賃物有相當之了解，卻未盡說明義務；對出賣人之售後服務情況應有相當了解，卻未盡注意義務。其因此可能發生之問題，茲詳述如下：

(1)錯誤與說明義務

如同一位資深的融資性租賃專業人員表示，推廣融資性租賃業務，客戶開口問的第一個問題總是「什麼是租賃」，然後，租賃公司的人員必須一次又一次地向不同的客戶解說融資性租賃之特色及好處。顯然，融資性租賃自從七十年代初期被引進我國以來，雖有著蓬勃的發展，但一般企業仍未普遍認識融資性租賃。上例中的A公司即因第一次接觸到（融資性）租賃，在未了解其特殊內容的狀況下，即以傳統一般「租賃」之概念去理解融資性租賃；加以，租賃公司所使用的定型化契約抬頭又冠上「租賃」二字，與一般租賃並無兩樣，承租人復無足夠的時間、知識去深刻地體會契約中密

密麻麻的條文；租賃公司於訂約時，又只強調「付少許租金，即可達到長期使用收益之目的」之一面（直到糾紛發生，才強調融資性格之一面，主張不負瑕疵擔保係屬合理），此等事實皆可能影響承租人之意思與其表示不一致，是否構成「錯誤」之問題，殊值研究。

按民法第 88 條前段規定，意思表示之內容有錯誤，表意人得將意思表示撤銷之。所謂錯誤包括：(a)法律效果之錯誤，即誤認所締結契約之法律效果，以致所引起之法律效果與所欲者不相一致；(b)不詳閱文件而簽字之錯誤，即不詳閱文件之內容而簽字，而導致系爭文件所表示者與簽著文件人所欲表示者不一致；(c)契約類型引用上之錯誤（註 64）。本案承租人所了解之法律效果（一般租賃）與表示之法律效果（融資性租賃）不一致；承租人又不詳閱文件而簽字；並將融資性租賃引用一般租賃之類型，承租人已構成錯誤，似無可疑。從而，承租人得撤銷融資性租賃契約。撤銷之後，雙方應回復原狀（返還不當得利），又因租賃公司「可得而知」得撤銷（熟知融資性租賃之內容，卻冠用租賃名稱等），須對承租人負損害賠償責任（註 65），如此，對租賃公司極為不利。

以上所以發生承租人得撤銷融資性租賃契約，以及租賃

註 64 以上三種錯誤之類型及其處理，參照黃茂榮老師，民法判解之理論基礎：民法總則，頁 300～303。

註 65 撤銷法律行為後之效果，因法律行為視為自始無效，雙方應依不當得利之規定回復原狀，並不以當事人知其得撤銷或可得而知為要件，至於損害賠償則須以之為要件。民法第 114、113 條規定，在立法上顯有缺失，參照黃茂榮老師上註前揭書，頁 476、477、480。

公司（出租人）因此而受到不利之原因，實出於租賃公司未善盡其說明義務，倘租賃公司對於融資性租賃之特色，與一般租賃之區別、免除瑕疵擔保責任之後果、意義等對承租人予以詳細說明，即不致導致此項結果。當然，此項說明義務之存在，與目前工商社會中一般企業對融資性租賃之生疏性有關，直到那麼一天，大家對融資性租賃之了解像對附條件買賣一樣，也許租賃公司之說明義務即為不存在。

（2）業務聯繫與性能之告知

如上例，L租賃公司與出賣人B公司訂有長期的業務合作契約，各自派出業務員拉攬生意，當B公司接到需用機器者希望透過融資租賃之方式籌置機器時，B公司即「介紹」L租賃公司承做；反之，L租賃公司拉到融資租賃之生意，即推薦、介紹B公司之廠牌予承租客戶。經過長期間如此業務之聯繫，L租賃公司對B公司所生產、經銷機器設備之性能、品質、效用，可謂已知之甚詳，若其明知承租人A公司須承租某種高性能（或品質、效用）之機器，始能達成契約之目的，B公司所出賣之機器在性能上稍差，恐不能達成A公司之目的，L租賃公司竟不告知承租人A公司，此時應基於誠信原則、公平原則，認為租賃契約無效（註66）；或雖未至無效之程度，亦應認為L租賃公司與出賣人B公司係屬「一體」，而令承租人A公司直接向L租賃公司，為瑕疵擔保之請求（註67）。至於，其他之瑕疵，在L租賃公司不告

註66 參照永井均、道本幸伸，前揭文。載 N.B.L, NO 240，頁51。
註67 松田安正，リース契約における借主の売主に對する損害賠償請求（下），載 N B L No 243，頁26。另有直接認為，租賃公司與出賣人間有業務合作之關係，實質上二人即應視為一體，參見庄政志，リース取引契約の

知瑕疵之場合（註 68），擔保品質以及租賃公司與出賣人間有技術上、資本上的密切合作關係時，亦應認為免除瑕疵擔保責任之約定違反誠信原則而無效（註 69），允許承租人向租賃公司為瑕疵擔保之請求。

要之，基於誠信原則，租賃公司對承租人負有說明、告知之義務，此義務於租賃公司與出賣人間有密切業務聯繫（甚至合作契約）之關係時，租賃公司更應善為履行，否則，租賃公司仍不免須負瑕疵擔保之責任。

(3)業務聯繫與對出賣人之徵信義務

如上例，最後導致承租人Ａ公司拒付租金之原因係：出賣人Ｂ公司一次又一次派技術員前來查看、修繕、改良機器，但僅能治治小毛病，而不能根本解決性能上的不良，然後推說「機器之性能本來就是如此，根本沒有瑕疵」、「我們只對Ｌ租賃公司負責」云云。這些實係牽涉到①關於售後服務能力之問題，②關於售後服務誠意之問題。

融資性租賃既具有金融之性格，則租賃公司似應像一般金融機構一樣，具有高度的「徵信」能力，對於出賣人Ｂ公司售後服務之能力以及售後服務之誠意，應為相當之調查與了解，並本此了解，促承租人注意，始能謂已盡其締約之附隨義務——協力義務。若租賃公司未盡此協力義務，而欲對承租人主張免除瑕疵擔保責任，則為誠信原則所不許（註 70

法的構造，所引幾代通教授之意見，載 New Business Law, NO 100, 頁 14。
註 68　即民法第 357 條之規定。
註 69　參照庄政志，リースをめぐゐ論點と課題，手形研究 No .247，頁 97。
註 70　參照永井均，道本幸伸前揭文，ＮＢＬ，No 240, 頁 52。

）。此項協力之義務，在租賃公司與出賣人間有業務聯繫（甚至合作契約）時，更應如此。

3. 結語

目前，融資性租賃於我國工商社會中，仍屬於一種新的契約類型，尚未為一般企業所普遍了解，在承租人因不了解，而以對傳統租賃之印象來了解融資性租賃之情況下，常會引起「錯誤」之現象，因此，作為融資性租賃專家之租賃公司，必須對承租人善盡說明義務，使其透澈了解融資性租賃契約中免除出租人瑕疵擔保約款等內容及意義，如此，基於誠信、公平原則，始有完全肯定免除出租人瑕疵擔保責任效力之餘地。另外，由於租賃公司與機器出賣人間可能存在長期的業務聯繫，對機器之性質、品質、效用知之甚詳，必須其對承租人善盡說明義務，基於誠信、公平原則，始有完全肯定免除出租人瑕疵擔保責任效力之餘地。

從這些觀點來看前述肯定、否定免除出租人瑕疵擔保責任之諸理由，吾人當可發現雙方所述上項理由，並非獨立互不相關者，事實上，它們以(2)出租人是否欠缺對租賃物之知識、情報，以及(3)應否由承租人獨自負擔選擇責任為基礎，只要決定此二事項，即得進一步確定另外五項理由，何方有理。亦即，出租人是否欠缺知識、情報，以及應否由承租人獨自負擔選擇責任，不能一概而論，須依具體交易情況認定之，如前述所舉承租人不甚了解融資性租賃以及出租人對租賃物甚為了解之例子而言，應採否定說之理由，本此認識，以誠信原則為基礎，其餘五項理由之爭論，亦將趨向於否定說矣。

Ⅱ、承租人直接向出賣人為瑕疵擔保請求之結構

在出租人免除瑕疵擔保的情勢下，承租人只有努力向出賣人行使瑕疵擔保上之權利，以彌補自己之損失。為此，本文以下詳述承租人直接向出賣人為瑕疵擔保請求之依據及其內容。藉以保障承租人。

a、承租人直接向出賣人請求之依據

承租人係出租人之債權人，出租人復為出賣人之債權人，倘出租人（買受人）怠於向出賣人本於買賣之法律關係行使瑕疵擔保之權利時，承租人為保全自己之債權，得代位出租人向出賣人行使瑕疵擔保上之權利（註71），惟此種代位權所行使者係出租人之權利，非承租人直接向出賣人請求之依據。承租人直接向出賣人請求之依據計有：利益第三人契約及出租人讓與瑕疵擔保請求權。

1 利益第三人契約

出租人與機器出賣人所訂立之買賣契約上若有「有關履行義務、瑕疵擔保、保養服務……悉由賣主直接向承租人負責為之」之約定（註72），則此種買賣契約係屬於一種「利益第三人契約」（註73），依據民法第269條第1項規定，承租人對於出賣人有直接請求給付之權。此項直接請求給付之權，除指請求履行債務之權以外，尚包括給付之後所轉換成的瑕疵擔保請求權（註74）。

註71　參見松田安正，リース取引，手形研究 No 311，頁24。

註72　參見國泰租賃公司租賃物訂購單。

註73　松田安正前揭文載手形研究 No.311，頁25。

註74　參照史尚寬，債法總編，頁599、600。

2.出租人讓與瑕疵擔保請求權

融資性租賃契約，出租人為避免將自己捲入關於租賃物之糾紛中，一方面與承租人約定免除自己為出租人之瑕疵擔保責任，已如上述；另一方面將租約中明示將其對出賣人之瑕疵擔保上之權利轉讓予承租人（註75）。對此已成為慣例之瑕疵擔保權轉讓約定，首應研究者為：瑕疵擔保請求權是否得脫離買賣契約而獨立讓與？民法第294條第一項第一款規定，依債權之性質不得讓與者，債權人不得將其債權讓與。買受人對出賣人之瑕疵擔保請求權之性質是否得讓與呢？查瑕疵擔保請求權（包括契約解除權、請求減少價金以及主張不履行之損害賠償）具有「形成權」之性質（註76），而形成權具有不得單獨讓與之性質（註77），故應認為買受人瑕疵擔保之請求權不得脫離買受人而單獨讓與他人（註78）。此問題在德國，亦被認為瑕疵擔保 (Gewährleistung) 中之解除契約及減少價金請求權(Ansprüche aus Wandlung und Minderung)係附屬的形成權，不能獨立的讓與（註79）。惟依我

註75　中國租賃合約書第10條第1項規定，出租人同意在可能範圍內將標的物上製造廠商或出賣人所為之擔保或保證轉讓與承租人。國泰租賃合約第6條第2項則規定，承租人如因瑕疵受有損害，出租人將其對賣主之損害賠償請求權讓與承租人。

註76　瑕疵擔保請求權為形成權，所謂「請求」應解釋為「主張」，即主張解除契約，主張減少價金，主張損害賠償，三者間為選擇之債之關係。參照，黃茂榮老師，買賣法，頁309、310。另史尚寬先生認為契約解除權，請求減少價金為形成權，見氏著債法各論，頁35。

註77　參見，洪遜欣，中國民法總則，頁57。

註78　史尚寬先生認為，減價請求權及解除權惟買受人或買賣代價債務承擔人得使之，受讓人不得行使之。見氏著法總論，頁687。

註79　參見Graf von Westphalen, Leasingvertrag，頁46。

國民法第112條規定，無效之法律行為，若具備其他法律行為之要件，並因其情形可認當事人若知其無效，即欲為他法律行為者，其他法律行為仍為有效。即所謂「無效法律行為之轉換」。在融資性租賃，承租人受讓瑕疵擔保請求權，可視為被授權行使瑕疵擔保請求權（註80），本來，所謂授權包括授與代理權與委任兩種形態，承租人似得基於「代理」之法律關係，以出租人（即買受人）之名義向出賣人行使瑕疵擔保請求權，或基於「委任」之法律關係，以自己之名義向出賣人行使瑕疵擔保請求權；不過，鑑於出租人不欲涉入關於租賃物糾紛之企圖，委任之法律關係，尤其是以受任人之名義處理委任事務之形態，更能符合當事人之真意，故結果應視為承租人受任以自己之名義行使瑕疵擔保請求權。

b、承租人直接向出賣人請求之內容

1概說

肯定融資性租賃之承租人得直接向租賃物之出賣人為瑕疵擔保上之請求後，須進一步探究其得請求之內容，始能確實了解承租人、出賣人以及出租人間之法律關係，究竟出租人避免牽涉到關於租賃物糾紛之企圖，是否可能？承租人直接對出賣人請求，對融資性租賃契約之本身，將發生如何之影響？

按所謂「物之瑕疵擔保上之請求」，在我國民法上可能

註80　Graf von Westphalen 前揭書，頁46、47。

　　另史尚寬先生就解除權之讓與這一方面，認為解除權為債權關係之從權利，故不得僅讓與解除權，解除權得使他人代行之，因之，得使發生與讓與同樣之結果，當事人僅訂立讓與解除權之契約，則可視為關於解除權行使之代理權授與契約，認為有效。參氏著債法總論，525。

有①解除契約，②請求減少價金，③損害賠償，④另行交付無瑕疵之物等四種。亦即：一般減少效用、價值之瑕疵，買受人得解除契約或請求減少價金，但依情形解除契約顯失公平者，買受人僅得請求減少價金（註81）；於買賣之物缺少出賣人所保證之品質或出賣人明知有瑕疵而不告知買受人者，買受人得不解除契約或請求減少價金，而向出賣人請求不履行之損害賠償（註82）；買賣之物僅指定種類者，買受人得請求即時另行交付無瑕疵之物（註83）。因此，本文擬就此四種可能之權利，分別探討融資性租賃承租人直接向租賃物出賣人為瑕疵擔保請求之內容：

2.解除契約

出賣人所出售之融資性租賃機器有瑕疵時，承租人得行使民法第359條所規定買受人擁有契約解除權，並於契約解除後請求出賣人回復原狀及損害賠償。惟此項契約解除權受到下列限制：

(1)返還不能時，解除權消滅：

民法第262條規定，有解除權人，因可歸責於自己之事由，致其所受領之給付物有毀損滅失或其他情形不能返還者，解除權消滅。所謂「不能返還」，包括他方當事人所給付

註81　民法第359條：買賣因物有瑕疵，而出賣人依前五條之規定，應負擔保之責者，買受人得解除契約，或請求減少其價金。但依其情形，解除契約顯失公平者；買受人僅得請求減少價金。

註82　參照民法第360條。

註83　參照民法第364條規定。綜合以上，民法第360條為359條之延申規定；364條為359及360條之延申規定，詳參黃茂榮老師，買賣法，頁308。

之物已移轉於第三人，或將給付物為第三人設定權利（註84
）。在融資性租賃「三面法律關係」之下，承租人雖有權對
出賣人行使瑕疵擔保上之契約解除權，惟租賃標的物（出賣
人所給付之物）之所有權一直屬於出租人，此種情形是否屬
於「給付物為第三人所有」，而認為承租人已因返還不能，
而喪失解除權？尤其是，出租人為了向金融機構「再融資」
，通常已將租賃物之機器設定動產抵押給金融機構（註 85 ）
，顯然屬於「為第三人設定權利」，於承租人不能使此項設
定之權利消滅時，承租人即喪失對出賣人之解除權。因此，承
租人為達到解除契約之目的，得要求出租人履行協力之義務
（註 86），同意將租賃物返還於出賣人，以及促使取得動產
抵押權之金融機構同意「拋棄」抵押權，就此而言，出租人
欲完全脫離關於租賃物之糾紛，似有困難。並且以上問題涉
及承租人、出賣人、出租人及金融機構間之法律關係，極為
複雜。第一、承租人解除「買賣」契約後，其與出租人間之
融資性租賃契約處於何種狀態？出租人須爭取到何種權利，
始宜允許承租人返還機器予出賣人？本文認為，在沒有任何
約定之下，基本上承租人不得拒付租金，出租人亦不得請求
承租人一次給付租金，而使承租人喪失期限、融資利益，此
時，若出租人對出賣人尚未給付價金，出租人一方面得以「

註84　參照史尚寬，債法總論，頁 546。

註85　依據財政部頒佈：金融機構對租賃公司辦理融資性租賃業務授信要點，第
　　　5 條規定：金融機構對於租賃公司授信時，原則上應徵取該租賃物為擔保。

註86　關於承租人要求出租人協力，參見松田安正，リース契約における借主の
　　　売主に對する損害賠償請求（下），載 N.B.L, No 243頁24。

解除契約」為由，對出賣人拒付價金，另一方面在該價金之融資額度內，有義務為承租人融資性租賃之利益，遵循承租人之意思再與他人訂立買賣契約，使承租人獲得使用機器之目的。此時，若出租人對出賣人已付價金，承租人於解除契約後，得請求出賣人返還（回復原狀）該筆價金，並以該筆價金以出租人之名義另購機器設備，一方面保全出租人因擁有新購機器設備之所有權而享有「擔保利益」，另一方面使自己得使用機器設備。第二、就出租人與金融機構間之法律關係而言，出租人欲使金融機構同意「拋棄」動產抵押權，須付出何種對價，始為合理？本文認為，從擔保物權「物上代位」（註87）之精神來看，於出租人尚未對出賣人給付買賣價金時，出租人得以「解除契約」為由，對出賣人拒付價金，並遵循承租人之意思再購機器出租予承租人，出租人應同意將該新購機器設定動產抵押權予金融機構；倘若出租人已給付價金予出賣人，承租人於解除契約後對出賣人之返還價金請求權應設定「權利」質權予金融機構，而於承租人以該返還之價金以出租人之名義，另新購新機器時，復設定動產抵押權予金融機構。

　　倘若出租人不同意承租人返還租賃物、或不能促使金融機構拋棄動產抵押權，致承租人無法對出賣人行使解除權，承租人如何救濟？承租人得否因此而拒付租金？本文認為，

註87　民法第881條規定，抵押權因抵押物滅失而消滅，但因滅失得受之賠償金，應按各抵押權人之次序分配之。第899條規定，動產質權因質物滅失而消滅，如因滅失得受賠償金者，質權人得就賠償金取償。以上為擔保物權上代位之典型。

出租人「讓與」瑕疵擔保請求權係融資性租賃契約重要事項之一，其與出租人免除瑕疵擔保責任之約款一樣，同為融資性租賃性格之表現，吾人不得忘記：出租人「讓與」瑕疵擔保請求權會促使免除出租人瑕疵擔保責任合理化；倘出租人不同意承租人返還租賃物予出賣人及不協助促使金融機構拋棄其動產抵押權，致承租人無法行使出租人所「讓與」之瑕疵擔保請求權（即解除契約），顯示出租人自願陷入關於租賃物之糾紛中，承租人得以此為由，拒付租金。

(2)解除契約顯失公平者，僅得請求減少價金

民法第359條但書規定，如依情形，解除契約顯失公平者，買受人僅得請求減少價金。是否顯失公平，應考慮權衡瑕疵」於買受人所生損害與解除對出賣人所生損害，以及出賣人之特別承諾及買受人之祈求，凡瑕疵致不能達到契約之目的，因有瑕疵而於買受人已無利益、不合買受人預定之效用，均為買受人得解除契約之適例（註88）。在融資性租賃，權衡解除買賣契約是否顯失公平，所應斟酌之情事非如一般買賣之存於「買受人」及出賣人身上，而係存於「承租人」及出賣人身上。並且，因為出租人已免除瑕疵擔保責任，租賃物有瑕疵，承租人仍須依約給付租金，此對承租人極為不利，故在斟酌解除契約是否顯失公平時，應較一般買賣，更偏向利於承租人之立場。

3.請求減少價金

承租人向出賣人請求減少價金，首先可與出賣人進行「協議」，以決定減少之額度，協議不成而以訴訟決定時，法

註88　參照史尚寬，債法各論，頁36。

院應依下列公式，以決定減少之額度：

$$減少額度＝約定價金 \times (1 - \frac{該瑕疵之機器實際上現有之價值}{買賣標的物無瑕疵時之價值})$$

至於，價值決定之時點，在「期貨」買賣，應以出賣人依約應交付於承租人之時為價值決定之時點；在非期貨買賣應以買賣契約締結時為價值決定之時點（註89）

　　於承租人與出賣人「協議」出減少價金額度之場合，承租人、出賣人與出租人間之法律關係如何？若出租人尚未將價金交付出賣人（或尚未將相當於減少額度部分之價金交付），出租人得以以上「協議減少價金」為由，對出賣人拒付該減少部分之價金，應無疑問，成問題的是，承租人得否請求出租人交付該減少之價金？出租人得否不交付，而主張依減少之額度重算租金？此二問題為承租人「融資利益」與出租人「擔保利益」爭執之問題，若認為承租人得請求出租人交付該減少之價金，承租人即可多獲得一筆融資（不較該融資性租賃契約獲得較少之融資），反之，出租人提供與融資性租賃契約相同之資金，卻因租賃物有瑕疵而減少「擔保價值」（註90），本文認為除非有特別約定，出租人依融資性租賃契約提供特定數額資金之義務，沒有理由因不可歸責於承租人之「機器瑕疵」而減少，且出租人已將瑕疵擔保請求

註89　黃茂榮老師著買賣法，頁323。

註90　承租人違約不給付租金時，出租人得取回租賃物；倘租賃物有瑕疵，出租人在租賃物上之擔保價值即較少。本文之所以強調租賃物之擔保價值，而不謂出租人對租賃物所有權之價值減少，係因為出租人透過收取租金以換回租賃物之價值，租金不因租賃物之瑕疵而變更，出租人對所有權之價值即不減少。

權「讓與」承租人，故應認為承租人得請求出租人交付該減少部分之價金，至於，出租人減少「擔保利益」之問題，似應認為出租人為免除自己之瑕疵擔保責任而讓與其對出賣人瑕疵擔保請求權之結果或「代價」，況且出租人亦可透過「物上代位」的途徑而獲得補償，即承租人以該減少之價金另購之物，應設定擔保物權予出租人（租賃物→瑕疵擔保請求權→減少價金請求權→出租人少付之價金→金錢→新購之物），果如此，於出租人拒絕給付該筆金額時，承租人得訴請出租人給付，或主張與到期之租金抵銷。其次，於承租人與出賣人協議減少價金之數額時，出租人已將買賣價金交付出賣人者，出賣人應將該協議減少之金額交付承租人，至於，出租人因物之瑕疵所減少之擔保利益之問題與上述同。

於承租人無法與出賣人「協議」減少價金之數額（包括出賣人不承認瑕疵）時，承租人得訴請法院解決之。此時，若出租人已將價金全部給付出賣人，承租人僅訴請出租人返還減少之價金於己即可；反之，若出租人尚未將價金給付出賣人，則稍為複雜，承租人必須以出賣人及出租人為共同被告，一方面向出賣人請求減少價金，一方面向出租人請求給付該減少之價金，如此，在訴之聲明的寫法上，對出租人之部分寫「○○○應給付○○○新台幣若干元」即可，但對於出賣人之部分，即構成困難。

4. 不履行之損害賠償

依照我國民法第360條之規定，關於物之瑕疵，只有在①買賣之物缺少出賣人所保證之品質，或②出賣人故意不告知物之瑕疵等二種情況下，買受人始得向出賣人請求不履行

之損害賠償。所謂「保證品質」是指，出賣人對於買賣標的物之品質爲擔保之意思表示，與買受人達成合意（擔保約款、擔保契約），一經擔保，則不問瑕疵是否嚴重，出賣人均須負責（註 91）；其次，所謂「出賣人故意不告瑕疵」，則包括「故意告知標的物事實上不具備之品質」（註 92），「故意炫示其他某種之品質，而事實上欠缺該品質」（註 93）。在融資性租賃之場合，出賣人「保證品質」、「告知事實上不具備之品質」以及「炫示品質」之對象，不僅及於出租人（即買受人），亦及於承租人；亦即承租人基於出租人之受任人之地位，就機器設備之選擇、採購，直接與出賣人交涉，出賣人對承租人有上述之行爲，均構成須負不履行之損害賠償責任之原因。

　　從這些較爲嚴格之要件來看，不禁令人對「不履行之損害賠償」有何特別之處，而感到興趣。因其與上述減少價金之區別較爲明顯，可置而不論，於此僅須說明「不履行之損害賠償」與「解除契約後，請求回復原狀並請求損害賠償」有何區別？本文贊同「不履行之損害賠償」以「給付利益」爲範圍，「解除契約後之損害賠償」以「信賴利益」爲範圍。詳言之，因契約之訂立，當事人間之利益狀態因而獲得強化或增益，當事人可因對方之履行，如所約定地滿足其在經

註 91　參見黃茂榮老師，前揭書，頁325。

註 92　同上，頁328、329。另參王澤鑑老師，商品製作人之責任與消費者之保護，頁23。

註 93　參見，史尚寬，債法各論，頁40。至於，關於保證品質與廣告、招待之宣揚等區別，以出賣人是否有負擔義務之意思，廣告之內容是否具體明確爲斷，參見王澤鑑老師，前揭書，頁16、17。

濟上的利益（給付利益），但契約一旦解除，當事人間之特別利益狀態已不存在，其欲藉此「契約」而達到之利益狀態已失其依據，只有因信賴契約之有效成立，被忠實的履行所作的「花費」，因解除而落空，所造成的損害，可以要求對方填補（信賴利益）（註94）。「給付利益」之典型例子如「開設紡織公司，預計每月可獲利若干」（註95），「信賴利益」之例子如到締約場所花費之交通費、爲準備履約給付價金向銀行貸款所花費之利息及其他準備受領給付所支出之費用（註96）。惟由於民法第216條概括地規定，損害賠償除法律另有規定或契約另有訂定外，應以填補債權人「所受損害」及「所失利益」爲限，容易使人不區別給付利益（所失利益）與信賴利益（所受損害），遂認爲解除後之損害賠償及不履行之損害賠償均包括所受損害及所失利益，於請求不履行之損害賠償時，同時請求信賴利益之損害賠償（註97），反之，於解除契約後請求損害賠償之場合，亦同時請求

註94　參照黃茂榮老師，前揭書，頁316、317、330。其他關於給付利益、信賴利益之意義，參見王澤鑑老師，民法學說與判例研究第一冊，頁89、429、430，史尚寬先生，債法總論，頁278。

註95　參照戴森雄，民法案例實務，頁456。

註96　參照黃茂榮前揭書，頁316。

註97　最高法院54年台上字第740號判決「……損害賠償之目的，在於回復被害人損害發生前之原狀。故斟酌被害人實際所受損害時，凡在相當因果關係內，由責任原因所生之一切損害，無論其爲積極的或消極的，均應在賠償之列。上訴人（台糖公司）基於事先計劃，爲生產一定數量之外銷鳳梨所支出之費用，如因果農短交生果，致該項費用成爲虛擲，即屬上訴人所受積極損害之一，能否謂其不得對於短交之果農請求賠償，非無疑問。」

給付利益之損害賠償（註98）。然而，從相當因果關係的觀點來看，在請求不履行之損害賠償之場合，縱使債務人已履行契約，債權人仍不免須支出「花費」，信賴利益之損害實與債務人之不履行無相當因果關係，債務人實不必賠償，此亦表示，債權人支出「花費」以換取「給付利益」，在經濟活動中十分自然。至於，在解除契約後亦同時請求給付利益之損害，因將使民法第360條與359條不同之規定，喪失意義，而顯出其不妥當（註99）。

在融資性租賃之場合，租賃物之機器設備因有瑕疵，可能造成承租人之損害計有：①承租人對出租人支付之租金（已付、未到期）、保證金及手續費，②廠房改裝費、租賃契約買賣契約簽訂費用，③未如計劃生產所失之利益、對他人違約之賠償，④承租機器應節省而未節省之人力、物力損害，⑤臨時改用他機器之費用……等等，應就出賣人是否保證品質及故意不告知瑕疵，而決定承租人所得請求之損害賠償。於出賣人保證品質，承租人得請求不履行之損害賠償的情形，上述①、②屬於信賴利益之損害，縱使出租人交付之機器無瑕疵，承租人仍須支出，承租人就此部分似應不得請求

註98　台灣台北地方法院70年訴字第6328號判決「……按解除權之行使，不妨礙損害賠償之請求，損害賠償，除法律另有規定或契約另有訂定外，應以填補債權人所受損失及所失利益為限，民法第260條、及216條第1項分別定有明文，本件原告之請求經審核如下：㈠貨物折價改售之損失：……，㈡利息之損失：如被告如期交付信用狀，原告於69年9月15日至20日裝船後，取可辦理押匯取得貨款，但因被告之不履行債務，致原告不能取得貨款，其貨款利息之損失，為其所失之利益……」。另台灣高等法院70年上字第2794號判決，亦支持第一案之判決。

註99　黃茂榮老師前揭書，頁316。

損害賠償；而③、④、⑤之部分則為「給付利益」之喪失，倘出賣人給付無瑕疵之機器，承租人即可於「租賃期間」內獲得此項給付利益，其損害承租人自得請求損害賠償；反之，在解除契約後請求損害賠償，承租人僅得向出賣人請求①、②之損害。

就此類瑕疵擔保損害賠償之案型而言，在日本有名之「濠綿事件」中（註100），L租賃公司將一台電子會計機租與承租人U公司，由出賣人S直接交付予U公司，該機在機能上有問題，致U公司無法達到預定節省作業時間、人力之目的，U公司乃停付租金，不幸，該機又因颱風水害而成為不能使用，L租賃公司乃訴請U公司即時清償所有未付之租金、違約金，U公司除抗辯免除L公司瑕疵擔保責任違反公序良俗無效外，並基於租賃契約之債務不履行（瑕疵物之給付所造成的不完全給付），向L租賃公司請求損害賠償，更進一步地，基於「性能保證」之擔保契約，向出賣人S公司請求賠償已付租金及其他經費之損害，以及倘對L公司之訴訟敗訴時所須支付金額之損害。大阪地方法院昭和51.3.26判決，免除L公司瑕疵擔保責任之規定有效，L公司勝訴；U公司請求S公司損害賠償之部分，因U、S之間存有品質保證之擔保契約，U公司得向S公司請求已付租金、其他經費、以及因前訴敗訴（對L公司）所須支付租金等損害，惟承租人U公司已取得相當於買賣價格之「實質價值」應自損害額中扣除，至於颱風水害係特別情事，不能作為斟酌賠償額

註100　參見松田安正。リース契約における主の売主に對する損害賠償請求—濠綿事件の紹介とその檢討，載N.B.L.No. 240，241、243。

之理由（註101）。大阪高等法院，駁回U公司對L公司之上訴，對U公司請求S公司賠償之部分，則認為U公司因租賃所獲得之實質價值並不等於買賣價格（租賃期滿須返還租賃物或再訂約續租），U公司所獲得之實質價值係獲得S公司協力而得使用租賃機器之期間所支出之租金，得自損害額中扣除，最高法院亦支持大阪高等法院之見解（註102）。對此，倘依照前面所述債務不履行之損害賠償以「給付利益」為範圍之觀點加以檢討，已付租金及未付而須付之租金為承租人所損失之信賴利益，承租人不得請求，承租人所得請求者為引進電子會計機於租賃期間內所節省人力、時間等利益上之損失，此兩種思考方式，實大相逕庭。

5. 另行交付無瑕疵之機器

特定物買賣之標的物有瑕疵時，出賣人原則上並不構成債務不履行，買受人僅得依民法第359、360條之規定獲得救濟（即上述(2)、(3)、(4)所述），而無請求除去瑕疵，另行交付無瑕疵之物的權利（註103）；但在僅指定種類之種類買賣之案型，由於出賣人未依民法第200條第1項規定給付當事人所欲之品質或未定品質時之中等品質，而被認定為有瑕疵時，出賣人即已構成債務不履行（註104），買受人得逕行請求另行交付無瑕疵之物（民法364條），藉以除去瑕

註101　大阪地裁昭51.3.26第一、三民事部判決全文（即昭和四七年（ワ）第1488號、第4342號，リース租金及損害賠償（合併）事件）參見金融法務事情No. 788，頁28〜38。

註102　參照松田安正前揭文（上），N.B.L.No.240，頁11、12。

註103　參照史尚寬，債法各論，頁45；黃茂榮老師，前揭書，頁339。

註104　黃茂榮老師，前揭書，頁331、332。

疵。

　　在融資性租賃，機器由承租人選擇、採購，大抵上都有指定特定機器，承租人不得向出賣人請求另行交付無瑕疵之機器。但只要出賣人同意，以另行交付無瑕疵之機器為解決紛爭之方法，亦無不可，此時，出租人應無不同意之理。

E. 出租人不負修繕義務

　　融資性租賃之出租人不僅不負修繕租賃物之義務，且更進一步反過來要求承租人負修繕之義務。其合理之理由何在？承租人負修繕義務之程度如何？以及承租人應如何獲得救濟等問題，均值得研究：

　　　　Ⅰ、出租人不負修繕義務之理由

　　如第二章一、所述，在機器租賃的分類中，有一種分類係 Gross 租賃 (Maintence　租賃)與Ｎｅｔ租賃，前者，出租人須負擔保持、修繕等「全套服務」(full-service)　或「附帶給付」(neben-Leistung)，後者則否。融資性租賃之出租人只擁有「資金」，未擁有「機器庫存」；只懂「錢」，不懂機器；只想過問資金之提供與回收，不想涉及關於租賃物之糾葛，因此具有Ｎｅｔ租賃之性格（註105）。以此性格為出發點，出租人便於租賃合約上設法載明「承租人應以自己費用維護標的物，使其經常保持良好狀態，並以自己費用修繕之……」（註106），以達成其「只提供資金，不願涉及關於租賃物之糾葛」之企圖，此種企圖與一般「融資購買」，金融機構只管貸款與回收，並無兩樣（註107），只要承租

註105　參見第二章一B Ⅲ，頁48。

註106　參見中國租賃合約書第6條第1款，國泰租賃合約書第8條。

註107　參照吉原省三，リース取引の法律的性質と問題點，載金融法務事情，750，頁31。

人明白出租人此企圖，雙方基於「契約自由」，排除傳統租賃契約所「遺傳」過來關於修繕義務之任意規定（註108 ），出租人並藉此易於估算租金（註109 ），則免除出租人修繕義務是極其自然、合理的。

Ⅱ、承租人負擔修繕義務之理由及程度

關於修繕義務之約定，融資性租賃最大之特色並不在於租人消極地免除修繕義務，而係在積極地課承租人修繕租賃物之義務，承租人應盡善良管理人之注意義務以保管租賃物（註110 ），平時應對租賃物善加保養，使租賃物保持正常狀態，發揮正常效能（註111 ），因維護租賃物需要更換零件、部份機件、附屬品，其所需費用由承租人負擔（註112 ）。出租人之所以必須課承租租以修繕、保持之義務，係因為其對租賃物擁有擔保利益 (Security Interest) ，課承租人修繕、保持之義務，正可以維持租賃物之正常價值（註113 ）。

由此延申，關於承租人負擔修繕、保持義務究應達到如何之程度，始為合理？對此問題有三說：①只要修繕可能，

註108 同上。以任意規定為理由之前提是將融資租賃之法律性質視為傳統租賃，本文予以存疑，故曰「遺傳」。

註109 預先預估修繕費用極為困難，出租人免除修繕義務，租金中始得未計入修繕費用，參照陳永誠前揭文，頁84。及庄政志，リースをめぐる論點と課題，載手形研究 No.247，頁95。

註110 國泰租賃合約書，第7條第3項。

註111 國泰租賃合約書，第8條第1項。

註112 國泰租賃合約書，第8條第2項。

註113 關於租賃物之擔保機能，參照松田安正，リース取引，載手形研究No.311，頁23。吉原省三，前揭文，載金融法務事情，No.750，頁31。

承租人須負全部修繕義務；②除無法預見之大修繕外，承租人須負全部修繕義務；③只要達到能夠維持擔保價值之程度（即租賃物之價值等於未付租金及殘值之總和），承租人即已盡其修繕之義務（註114）。若依上述合理化承租人負修繕義務之理由觀之，應以第三說為妥（註115），苟如此，修繕後租賃物之價值超過擔保利益之部分，承租人得依不當得利之規定請求出租人返還其價值（註116）。不過，本文認為在實務上，由租賃物之泛用性不高，已影響租賃物處分之價值，再加上租金高出價金甚多，租賃物之價值（尤其拍賣之價值）欲達到維持擔保價值（再出售之價格達到未付租金總額）之情形，實屬不多，故「維持擔保價值」說並無實益。從而，從按近於第二說，以依機器之性質為一般的修繕，通常的修繕為準。

　　Ⅲ、承租人之救濟

　　以上，出租人不負修繕義務，難免害及承租人使用收益租賃物之利益；承租人反過來須負積極的修繕義務，更加重承租人之責任。為此，承租人除期待租賃物不須經常修繕外，實有要求租賃物之出賣人加強售後服務之必要。在承租人與出賣人間訂有直接的售後服務契約的情形，承租人與出賣人間關於修繕售後服務之法律都係極為明確，但在沒有直接的售後服務契約之場合，承租人僅能依據出租人讓與之請求權出賣人請求售後服務，若遇有修繕困難之情形，出賣人常

註114　參照庄政志前揭文，壬形研究，No.247，頁98。

註115　幾代通教授於日本私法學會第39回大會報告。參照庄政志，リース取引契約の法的構造，載N.B.L，No.100，頁15。

會以其與承租人間無直接關係爲理由推拖，故爲保障承租人，出租人應要求出賣人直接對承租人發行品質、性質、修繕、售後服務保證書，以減少事實上所發生的紛爭（註117）。

F. 危險由承租人負擔

I、承租人負擔危險之內容及理由

一般所謂危險負擔，是指標的物因「不可歸責於雙方當事人之事由」致毀損、滅失時，標的物之對價（在買賣爲價金、在租賃爲租金）之危險，應由誰負擔之問題（註118）。在融資性租賃所發生危險負擔之問題，則表現在租賃中，租賃物因不可歸責於雙方當事人之事由致毀損、滅失時，承租人是否仍須依約支付租金上。如前所述，融資性租賃之出租人一直企圖：只負提供資金之義務、關心資金回收之問題、不願涉及關於租賃物之糾紛。所以，均於租賃契約中與承租人約定「標的物之任何部份，不問是否因不可抗力或其他原因而遺失、被竊、毀壞、損害……而發生之危險，全部由承租人負擔，承租人依本約應履行之各項給付，不因標的物遭受損害而減輕」（註119），並且，承租人就毀損之情形負有修復或更換租賃物之義務（註120），就滅失之情形負有即時清償所約定「損失金」之義務（註121），此項約定

註117　吉原省三，前揭父。載金融法務事情No.750 頁31、32。

註118　關於危險是指「價金」危險，及危險負擔之特徵在於「非可歸責於雙方當事人」參見黃茂榮老師，買賣法，頁500～502。

註119　參照中國租賃合約書，第7條前段。

註120　國泰租賃合約書，第13條第2項。

註121　國泰租賃合約書，第13條第3項。

之「損失金」通常為未付租金之總額扣除中間法定利息，加上租賃物之殘值（註122），而非滅失時租賃物之價值（註123）。此二項義務，尤其是後者令承租人喪失期限利益之約定，已逾越固有危險負擔之領域，論者多以為此係考慮租賃物擔保機能喪失之問題，恐未付之租金難於確保所為之措施（註124）。至於，毀損時之修繕義務，則相當於我國民法第872條「抵押人回復抵押物原狀」之義務。由此觀之，融資性租賃由承租人負擔危險之約定，與一般租賃物全部滅失時租賃關係終止承租人不再受有給付租金之義務（註125），以及租賃物一部滅失時承租人得請求減少租金，其餘部分不能達租賃之目的者得終止租約（註126），大相逕庭。

Ⅱ、危險負擔移轉之時點

關於危險負擔移轉之時點，必須確立「利益之所在即危險之所在」之原則，於標的物入於一個人之事實管領下時，該人始可能去進行使用收益，並始能對該物所可能發生的不測事件進行必要之防範，而從該時起負擔危險（註127）。融資性租賃物之危險何時由出賣人移轉予出租人？何時再由出租人移轉於承租人？因為出租人立於買受人之資格自出賣人受領買賣標的物，係由承租人代為受領，由出賣人直接交

註122　參照陳永誠著前揭文，頁109，註9。
註123　參照松田安正，リース取引，載手形研究，No.311，頁23。
註124　同上。及庄政志，リースをめぐる論點と課題，載手形研究，No.247，頁99。及幾代通教授於日本私法學會第39回大會報告，見N.B.L，No.100，頁14。
註125　參照司法院二九年院字第1994號解釋。
註126　民法第435條參照。
註127　參照黃茂榮老師。前揭書，頁504。

付於承租人，故此二問題應屬一致，即出賣人將標的物交付於承租人時起，承租人即負擔危險，交付前危險則由出賣人負擔，出租人並無「一刻」須負擔危險。從而，在租賃契約成立後，出賣人將標的物運交承租人以前，租賃物毀損、滅失時，出租人依民法第266條第1項規定，對出賣人得免負一部或全部給付價金之義務，據此，承租人相對地對出租人亦免負一部或全部租金之義務，由此觀之，國泰租賃契約規定承租人於將租賃物收據交付出租人時起，租賃期間開始起算（註128），開始付第一次租金（註129），符合於危險負擔之原則，反之中國租賃合約系統之租約規定「若有任何原因未於約定日完成交付……，其一切之危險及所受之損害，同意由承租人負擔而不與出租人相涉」（註130），則有違背危險負擔之原則。

註128　國泰租賃合約書，第2條第1項。

註129　國泰租賃合約書，第3條及附表(7)。

註130　中國租賃合約書，第2條第2項。

二、保證金與融資額度

依照融資性租賃交易之慣例，承租人於簽訂租賃合約之同時，應交付相當於租賃標的物價金二成至三成之「保證金」於出租人，以「擔保」承租人債務之履行，而由出租人於租期屆滿並承租人完全履行債務時，返還於承租人（註1）對於租賃公司此項「保證金」之收入，台北市稅捐稽徵處及財政部均認為，租賃公司出租動產，向承租人收取之保證金，與「押金」之性質無異，租賃公司應依照行為時「營業稅分類計徵標的表」、財政部（64）台財稅字第35817號函之規定，依出租期間與銀行於當期間之存款利率計算租金收入，按月自動報繳營業稅（註2）。對此，租賃公司則認為：①租賃保證金是否應按利息折算成租金收入，應視其保證金是否為實質租金之代替形式而定，租賃公司收存保證金僅係為租賃契約履行之確保，絕非以之代替租金收入；②財政部頒布金融機構對租賃公司辦理融資租賃業務授信要點第9條明定「……租賃公司已向承租人另收取保證金者，其借款金額應以……扣除保證金後之淨額為限」，顯見財政部已確認租賃公司所收保證金必須作為營業資金之一部，購置機器出租予承租人，保證金為購置機器成本之一，已為營業稅課徵之標的，若再就保證金部分按利息折算租金收入計徵營業稅，不無重複課稅之嫌；③財政部（67）台財稅字第38567號函釋，

註1　參照國泰租賃合約書第16條2、3、4項。
註2　參見行政法院七十年度判字第1230號判決。

「銀行業如將其出租財產所收押金混合資金，貸放他人收取利息者，無須另行計徵租賃業之營業稅，以免重複」，租賃公司所營租賃業，與銀行收取押金營業事實完全脗合，應得類推適用（註 3 ）。行政法院則支持台北市稅捐稽征處及財政部之見解，認爲租賃公司所收保證金，既屬爲確保租賃契約之履行，其性質自屬押金，不因其收取後如何運用而有異，即使混同資金購置機器，不啻其增加資本，與向銀行貸入款項而無須利息之支出無異，顯已獲得實際上利息之利益，自不能免除具有與行爲時營業稅法第二條前段同等效力之營業稅分類計徵標的表租賃業附註規定之適用；②銀行業出租財產收取押金所生孳息，原則上仍應按租賃業之稅率（較低）繳納營業稅，而於將所收押金混同營業資金貸放時，因兩者之利息無法區分，故一律按銀行業之稅率（較高）報繳營業稅，免再就出租財產所收押金孳生之利息，按租賃業之稅率計徵營業稅……，租賃公司爲專營租賃業之營利事業，並無經營貸放款業務，無由適用較高稅率之銀行業計徵營業稅……（註 4 ）。

　　本文擬從「融資額度」的觀點來理解融資性租賃保證金之法律性質。按一般「以融資所籌置之機器本身作爲融資之擔保」的機器融資類型，由於金融機構就該機器實行擔保權時，拍賣機器之價格往往較原來融資訂購時之價格爲低，金融機構爲完全或接近於收回融資款項，莫不僅以新購價格之五成至八成貸放於融資申請人，而責由申請人自行籌足二成

註3　同註2判決事實欄。

註4　同註2判決理由。

至五成之資金（註5）。拍賣價格較原購價值爲低之原因大致有二：①機器因時間之經過而折舊，②因機器泛用性之問題，原先融資申請人爲特定用途所特別選定（也可能含有主觀上的偏好性）的機器，未必十分切合拍買人之使用目的；前者折舊之成數大致與債務人分期償還之成數相若，不宜作爲降低「融資額度」之原因，相對地，機器泛用性之考慮，應成爲合理化降低融資額度之理由。如前所述，融資性租賃基本上亦係一種「以融資所籌置之機器本身作爲融資之擔保」的動產擔保交易類型，並且，租賃之機器，其廠牌、規格、性能、品質，由承租人自行選擇、採購或定作，此項承租人爲特定用途而採購或定作之機器，十分切合拍買人或再承租人使用目的之可能性，可說是極爲低微，因此，租賃公司提供資金爲承租人購買機器，並企圖以擁有該機器之所有權作爲其租金債權之擔保，較諸一般機器融資，更有理由降低提供資金之額度，而要求承租人自行提供較高成數之資金。基此，本文認爲，承租人於締約時繳付「保證金」之慣例，正是承租人自行籌足某成數資金之表現。在前述保證金孳生利息計徵營業稅之案例中，租賃公司一再強調「保證金爲購置機器成本之一」，「以保證金作爲營業資金之一部」，皆

註5　台北市銀行對生產企業採購國產機器設備貸款辦法第3條規定，貸款之額度按機器設備之購價，最高五成核貸，其餘五成之價款，應自行籌措，參見黃茂榮、呂榮海編，爭取融度與確保債權（上），頁166。中央銀行指定（台銀、華銀、彰銀、中國信託投資公司等）銀行參加美國進出口銀行直接貸款外滙資金融通辦法，規定借款人必須自籌百分之二十之款項配合，參見前揭書，頁145～152。其餘機器貸款，借款人以須自籌三成之資金爲多，參見前揭書，頁137～171。

足以顯示出租人收取保證金作爲購置機器成本一部之意圖，絕不亞於確保租約履行之意圖；又財政部在「授信要點」第9條指示（明定），金融機構對租賃公司（再）融資，以購置機器之價款扣除所收保證金爲限，亦認爲租賃公司收取保證金，已用作營業資金之一部，此部分租賃公司不宜再向金融機構轉融資。因此，將承租人繳付之保證金視爲承租人自行籌足之資金，應有相當的理由。果爾，對於此項承租人自籌資金之本身及利息自無課徵營業稅之餘地。

然而，對於保證金，租賃公司於租賃契約中明文約定，承租人違約時保證金任憑出租人無條件沒收，面對此約定，吾人終究不能否認保證金具有押金之性質。從而，稅捐機關及行政法院依據押金須按銀行存款利率計算收入計徵營業稅之規定，要求租賃公司繳納營業稅，可以說是極其自然，租賃公司欲費口舌說服之，絕非易事。因此，本文認爲租賃公司必須面對「融資額度？或擔保作用？」作一抉擇。如果，租賃公司於契約上將「保證金」之交付改頭換面，設計成承租人自行提供之資金，例如，由承租人自行籌措三成資金，租賃公司提供七成資金，共同購買租賃物，承租人應有部分 $\frac{3}{10}$，租賃公司應有部分 $\frac{7}{10}$，而由租賃公司將其應有部分出租予承租人（註6），並由承租人將其 $\frac{3}{10}$ 之應有部分設定「權

註6 關於應有部分之出租資格，參見黃茂榮老師。應有部分之出租資格及其征收對其他共有人之影響，載民法判解評釋（Ⅰ），頁208～210。雖姚瑞光先生、最高法院59年台上字第2019號、58年台上字第1152號、60年台上字第3748號判決認爲應有部分無出租之資格，但此係基於租賃必須占有、使用租賃物，應有部分之出租有害他共有人利益之考慮；在共有人將應有部分出租與其他共有人，不發生有害他共有人之問題，應不必採否定之見解。

利質權」予出租人，則不知稅捐稽關如何就承租人自行籌措三成資金之部分課徵營業稅，以及如何對該三成之資金依據銀行存款利率核算利息收入計徵營業稅？不過，此種做法在業務作業、會計處理上恐會增加一些工作，以及租賃物應有部分十分之三屬於承租人，與保證金計息課徵營業稅之方式相較，是否合算，就要租賃公司自作決定了。至於，由承租人自行籌措三成資金，而租賃物所有權全部歸屬租賃公司之方式，仍脫不出行政法院所謂「與向銀行貸入款項而無利息之支出無異，顯已獲得實際上利息之利益」，恐不能免除營業稅之課徵。

本節位置

第 三 章 融資性租賃契約之融資性格

一、出租人只負提供資金之義務

二、保證金與融資額度

※三、資金之收囘

本節問題要點

1. 租金之結構。

2. 租金隱含之利率是否違反利率管理條例。

3. 應將租賃公司納入銀行法予以規制。

4. 承租人為何不得終止租約？

5. 承租人破產時，其破產管理人亦不得終止租約。

6. 租賃公司應負權利瑕疵擔保責任。

7. 期限利益喪失約款存在之理由。

三、資金之收回

　　融資性租賃之出租人提供資金之後，預期在租賃期間中收回所提供之資金，並獲得一些利潤。依照租賃期間收取「租金」，便是其收回所提供資金及賺取利潤之方法，故出租人爲收回足夠之資金及利潤，絕不允許承租人終止租約。倘承租人有債務不履行之情形，出租人擁有即時清償請求權，得請求承租人一次清償所有未到期之租金，凡此種種約定，均與一般貸款無殊，強烈地反映出融資性租賃是「融資」性格。以下分述之：

A. 租金：資金成本與利潤之回收

I、租金之計算

　　出租人辦理融資性租賃所支出之成本包括：①購置租賃物之價金，②前項價金於租賃期間之利息；出租人提供前二項資金成本所獲得之利潤爲：①預期利潤，②手續費。以上成本及利潤扣除租期屆滿時收回租賃物之殘餘價值（約買價之百分之三、四），即爲承租人所應支出之租金總額，除以租期，即爲每月（或季）應付之租金。茲將其計算公式簡列如下：（註1）

$$租金 = \frac{（租賃物購買價格）+資金利息+預期利潤+手續費}{租賃期間}$$

註1　70.3.9工商時報第二版。

　　如此算來，新台幣 100 萬元，租期三年之機器設備租賃，承租人須支出租金 135 萬元，每月 37470 元（註 2 ）。如前述二、所述，出租人於租賃契約訂立時，都收取相當於最後三期租金之保證金，加上第一期租金，共四期約 15 萬元，出租人實際上支出 85 萬元，於三年內連手續費，共收回 121 萬元，折合利率已達 28 ％以上，並且，此利率是租賃始期之利率，隨著租賃期間之經過，出租人收回資金愈多，租賃末期折算利率還要攀高。（註 3 ）

　　此項租金，實務上出租人均要求承租人於租賃開始日簽發全部支票或本票，一次交付出租人，按期兌取租金。出租人並持此客票，再轉融資爭取資金。

　　Ⅱ、所涉利息限制與脫法行爲之問題

　　如前所述，融資性租賃具有強烈的金融性格，出租人所重視者爲資金之提供與回收，則將租金按提供之資金折算成利息，已高達利率百分之二十八以上，高出中央銀行核定之利率甚多，不禁令人想起關於限制利息之法律及其脫法行爲之問題（註 4 ）。利率管理條例第 5 條規定，銀錢業以外之金錢債務，其約定利率不得超過訂約時當地中央銀行核定之放款利率，超過者債權人對於超過之部分無請求權（民法第 205 條亦同），此於融資性租賃之「租金」有無適用？關於

註 2　參照拙著，不像當舖的銀行，工商時報，70.8.4 第九版。

註 3　關於租賃利率之計算及其實務，陳澄癸於其所著，租賃會計實務一書中有詳細之說明與舉例。

註 4　參見庄政志，リースの實務知識，頁 256。

此問題，司法院及最高法院曾就三種類似之案型著有解釋及判例，可供參考：①甲將土地設定抵押權予乙，向乙借款；同時將土地出租予乙，以乙應付之「租金」扣抵押應付之利息，該「租金」應受法定最高利率之限制（註5）。②甲將土地出典（設定典權）於乙，向乙借款（典價）；同時乙（

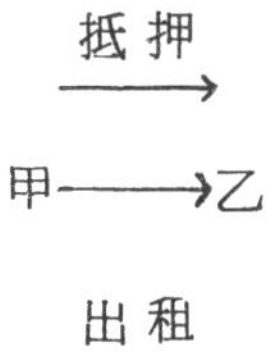

抵押
———→

甲———→乙

出租

圖①

出典
———→

甲←———乙

出租

圖②

典權人）將該土地出租予甲（出典人），其約定之「租金」，係典權人就典物行使使用收益權之結果，不得視為利息，不受法定最高利率之限制（註6）。③甲方以「田業」向乙方收取「押銀」，該田業仍由甲方耕作，而由甲方按年向乙方給付「租穀」，若雙方之「真意」係在借貸金錢並就田業設定抵押權，而由甲方交付租穀作為支付利息之方法者，應受法定最高利率之限制；若雙方之「真意」在就田業設定典權，而甲方之耕作係向乙方（典權人）承租者，其「租穀」不受法定最高利率之限制（註7）。綜合此三個案型加以分

註5　參照司法院30年院字第2147號解釋、27年院字第1792號解釋，最高法院33年上字第764號判例。

註6　參照司法院20年院字517號解釋。最高法院33年上字1497號，34年上字第4139號判例。

註7　參照司法院30年院字第2110號解釋。以上判解，參見黃茂榮、呂榮海編，爭取融資與確保債權（上），頁565～569。

析，可以獲得下列認識：①是否有法定最高利率之限制，不以形式上之名稱是「租金」、「租穀」爲斷。②爲行使典權使用收益之權利而將典物出租所收之「租金」非利息，不受法定最高利率之限制。③抵押人將抵押物同時「出租」予抵押權人，供抵押權使用收益，並以應收取之「租金」扣抵應付之利息，應受法定最高利率之限制。④以田業收取「押銀」，該田業仍由收取押銀人耕作，究竟是抵押或設典與租賃之混合，應依當事人之眞意定之。

在融資性租賃，承租人所支付之「租金」是否有法定最高利率之限制，不宜以形式上之名稱「租金」爲斷。若吾人強調融資性租賃承租人「使用收益」租賃之一面，認租賃物之所有權人——出租人——將使用收益租賃物之權利出租與承租人，相當於典權人使用收益典物之權利出租予出典人（即承租人），則其代價之租金，應無法定最高利率之限制；反之，若吾人強調融資性租賃「金融」—金錢借貸—之性格，認爲出租人所重視者爲資金之提供與回收，而不重視租賃物使用收益權之出租，則出租人所收取之租金應爲提供資金之代價，應有法定最高利率之限制。本文認爲，融資性租賃融資之性格強於使用收益之性格，但從實務上所使用之契約名稱、內容觀之，終究不能磨滅一切「使用收益」之痕跡，故此論爭就像「典權究爲用益物權或擔保物權」之爭論一樣（註 8 ），在吾國司法及法學界尚未熟識融資性租賃此一新

註 8　關於典權究爲擔保物權或用益物權之爭論，參見史尚寬，物權法論，頁 392、393。

「融資」制度、深刻感受融資性租賃「融資」—金錢借貸—性格以前，恐將偏向於使用收益之性格，而認為「租金」係使用收益租賃物之對價，出租人不必受法定最高利率之限制。惟本文認為融資性租賃之法律性質係一種動產擔保交易，「租金」應受法定最高利率之限制。

Ⅲ、租金負擔與間接融資

以上，爭論租金應否受法定最高利率限制時，必須顧及出租人（租賃公司）向金融機構轉融資之事實。亦即，出租人向金融機構轉融資之利息負擔係出租人成本之一，除了此成本須轉嫁於承租人身上以外，出租人在「生意」經營上當然必須在成本上加上預估之利潤，從而，只要預估利潤不致過高，則租金比銀行利率高出一些，係極其自然而合理之事，怎能稱其為「高利貸」，而應受法定最高利率之限制？因此，欲調合動產擔保交易之性質與此事實困難之矛盾，及減輕承租企業負擔高租金（利率）之壓力，提高投資之興趣（註9），根本之道應在：重新檢視租賃公司在金融上之功能，確認融資性租賃係一種新的融資暨擔保類型與為企業多提供一種「以融資所籌置之機器本身作為融資之擔保」之可能性，為了促進融資暨擔保交易，應將融資性租賃納入動產擔保交易之一環，將租賃公司視為銀行法所稱銀行成員之一，適用一般銀行利率之規定，若其須「轉」融資，亦應向中央銀行為之。如此在法制上之調整，尚有下列兩項重大意義：

註9　減輕利息負擔，提高投資之興趣，在經濟不景氣聲中，尤為重要。針對近年來之不景氣，中央銀行於71年4月又核定降低利率。

　　第一、由於租賃公司信用較一般企業優良、貸款額度大，基於風險及成本之考慮，一般銀行樂於利用租賃公司，將直接貸款改為間接貸款（註10），這樣一來，一般企業欲從銀行貸款，將更為困難；將租賃公司納入銀行體系後，可以防止間接貸款之惡化。第二、間接融資拉長了資金供銷之流程，多了一批資金「零售商」，「中間剝削」之結果，資金的消費者——申貸企業——難免受害；將租賃公司納入銀行體系，有保護消費者，提高金融效率之功能。

B. 承租人不得終止租約

　　出租人於租賃期間內，按期向承租人收取「租金」，是收回其所提供資金之成本（包括本金及利息）及利潤之方法。倘承租人於租賃期間中主張「終止」租約，返還租賃物、並自終止租約之日起不再繼續給付租金，勢必破壞出租人收回資金成本及賺取利潤之計劃，因此，出租人多於租賃約中與承租人約定，承租人不得中途「解除」契約（註11）。惟查：依照有償契約之性格來看，租賃契約「期間」之約定，既為承租人之利益而存在（融資之期限利益），同時亦為出租人之利益而存在（保障收取租金之期限利益），在雙方無特別約定得終止租約之情形下，本不待「不得中途解除」之特約，承租人依法已不得終止租約（註12）；若借用一般租賃之規定，定期租賃亦不得終止租約（註13）；因此，融資

註10　陳永誠，前揭文，頁75。
註1　參見中國租賃合約書第15條第1項。
註2　參照松田安正，リース取引，手形研究，No. 311, 頁22及庄政志，リースの效果的導入と法的留意點，N.B.L, No79 頁16。
註13　民法第450條第1項「租賃定有期限者，租賃關係於期限屆滿時消滅」。

性租賃契約中約定承租人不得終止租約之意義，應僅具有「強調」之作用。強調出租人依承租人之申請提供資金，購買承租人選用之機器設備，該機器只適合承租人使用，泛用性極低，出租人計劃只從該特定承租人收回所提供資金之成本及利潤（全部收回租賃）（註14），承租人所負之責任，與向金融機構融資一樣（註15）。承租人違約「中途解除」時，即爲債務不履行，出租人得請求立即付清全部租金及收回租賃物（註16），惟租金應扣除中間法定利息。至於請求給付全部租金與收回租賃物之關係如何？尤其是，出租人將收回之租賃物再出售或再出租另有所得，或怠於再出售或再出租時，應否自收回之全部租金中扣除，涉及「清算」問題？本文將於第四章三、C中詳論之（註17）。

於此須再比較，傳統定有期限之租賃，其法定終止事由於融資性租賃是否應一視同仁？傳統動產租賃承租人終止租約之法定事由計有：①出租人經催告不履行其修繕義務時（§430），②租賃物因不可歸責於承租人之事由全部滅失，或一部滅失而其餘部分不能達租賃之目的者（§435Ⅱ），③承租人死亡者（§452），④承租人破產，破產管理人之終止權（破產法第77條）。⑤因第三人就租賃物主張權利致承租人不能使用收益時（§436）。其中①、②終止租約之原因，因

註14　參照本文，頁49。

註15　庄政志，前揭文，N.B.L. No 79，頁16。

註16　參照國泰租賃合約第17條第1項；中國租賃合約書第12條第1項第2款及第2項。另參庄政志，前揭文，N.B.L, No. 79頁16。

註17　參見本文第四章，三，C以下，頁230。

為出租人免除修繕義務、承租人負擔危險之約定，如前所述係屬合理、有效，故融資性租賃人不得據以終止租約，極為明顯。其次，承租人死亡其繼承人得終止租約之問題，因現今實務上融資性租賃皆以企業為承租對象，應不發生承租人死亡而由其繼承人取得終止權之問題，若有，則僅可能發生在「獨資」企業上，對此，雖有主張承租人死亡而由其繼承人取得終止權之規定係「強行規定」者，但基於前述融資性租賃契約出租人計劃只從一承租人收回提供資金之成本與利潤，融資性租賃應非「租賃」，不宜將此傳統租賃之規定強行援用（註18）。要之，承租人既同意訂立融資性租賃契約，應將自己之責任，作與償還融資相同之了解，不得終止租約是償還融資的必要條件。其次，關於承租人破產其破產管理人得終止租約之問題，在傳統之租賃，因為租賃契約之存續有時對破產財團無益，而繼續支付租金，反減少破產財團之財產，故賦予破產管理人斟酌終止租約之權利（註19），但在融資性租賃因其具有融資之性質，應與一般租賃作不同之處理（註20），認承租人於訂約時自始即同意藉「不得終止租約」，負擔與償還融資相同之責任，其已因融資租賃之計劃，而獲得使用機器設備之利益，破產管理人不得以無利益為由，終止租約。

　　最後，第三人就租賃物主張權利，致承租人不能使用收益時，承租人得否終止租約？按所謂第三人就租賃物主張權

註18：　參照陳永誠，前揭文，頁82。
註19　參照錢國成，破產法要義，頁92。
註20　陳永誠，前揭文，頁82。

利是指標的物有「權利瑕疵」，其情形有二：①出租人將他人之物出租，②第三人就租賃物有擔保物權。就他人之物之出租而言，在融資性租賃，租賃物來自機器供給者、而非出租人之「庫存」，若可能發生他人之物之出租，應只發生在機器供給者身上，即機器供給者將他人之機器出賣與出租人，再由出租人融資租賃予承租人，此種情形實務上發生之可能性甚少，並且出租人得以「善意取得」（註21）對抗該第三人，應不發生第三人得就標的物主張權利之情形；若因出租人惡意或該機器係盜贓物等少數情況下，該第三人得請求回復標的物時，承租人得否終止租約、拒付租金？如前所述，出租人於融資性租賃契約中均免除自己瑕疵擔保之責任，然而，此項瑕疵擔保之約定係與「租賃物之規格、式樣、機能……」並列（註23），顯係僅就「物之瑕疵擔保責任」為約定，而不及於權利瑕疵擔保，從而，於第三人就租賃物得主張回復所有權時，出租人應不能免責，承租人得依債務不履行之規定使權利（註24）；此外，再從融資性租賃之特

註21　民法第 984 條，以動產所有權或其他物權之移轉或設定為目的，而善意受讓該動產之占有者；縱其讓與人無讓與之權利，其占有仍受法律之保證。

第8　第 801 條，動產之受讓人占有動產，而受關於占有規定之保護者，縱讓與人無讓與之權利，受讓人仍取得所有權。

註22　占有物如係盜贓物，被害人得自被盜二年內向占有人回復其物。如占有人由販賣同種類之物之商人善意買得者，被盜人須償還其價額始得回復其物。民法 949，950 條定有規定。

註23　參照國泰租賃合約書第 5 條第 3 項。中國租賃合約書第 2 條第 2 項。

註24　民法 353 條，347 條參照。

性來看，出租人履行交付租賃物之債務是其提供資金之方法，若因第三人就租賃物得主張所有權，致出租人陷於與債務不履行之狀態，即等於出租人尚未履行提供資金之債務，縱使此事不可歸責於出租人（註25），於出租人不能再交付一機器時，承租人自得依民法第266條第1項前段之規定，拒絕給付租金，於出租人能再交付一機器供承租人使用收益時，就該不能使用收益之期間，承租人亦得依民法第266條第1項後段之規定，拒絕給付該不能使用收益期間之租金，不過，此拒付租金之權利，已非終止租約之問題矣。其次，就第三人於租賃標的物有擔保物權之情形而論，此種情形多發生在出租人以該租賃物設定動產抵押，向金融機構「轉」融資之時（註26），此時，發生民法第426條「設定物權不影響承租人使用收益」之規定，以及第425條「買賣不破租賃」之規定，是否存在於融資性租賃之問題？換言之，於抵押權人實行抵押權時，承租人得否對抗抵押權人及抵押物之拍定人，主張融資性租賃契約不受影響？此問題涉及承租人使用收益利益與金融機構擔保利益之衝突，若輕易謂融資性租賃契約係「租賃」之一種，自有「買賣不破租賃」原則之適用，勢必令租賃公司無法利用租賃物向金融機構融資。對此，出租人常於租約上與承租人約定，出租人得將租賃物設定抵押，嗣後抵押權人實行抵押權時，租賃契約即為終止，如

註25　民法353條規定，所謂「依關於債務不履行之規定行使權利」，除準用各債務不履行規定之效果外，更應準用其要件。參照黃茂榮老師，買賣法，頁261～264。

註26　此為普遍之現象。其辦法參見財政部頒佈「金融機構對租賃公司辦理融資性租賃業務授信要點」。

實行抵押權，原因係不可歸責於承租人者，出租人應負責解決，不使承租人受任何損失（註27），不失爲適當之解決辦法。通常，出租人於向金融機構融資，同時已將承租人預開之各期租金支票（或債權）讓與金融機構作爲還款財源（註28），金融機構之所以須就租賃物行使抵押權，恐係承租人支票不獲兌現，則基此「可歸責於承租人之事由」，出租人依上開約定當不必負責矣。

註27　參照國泰租賃合約第 20 條。另中國租賃合約第 14 條後段規定，出租人得將租賃物設定抵押。但對於設定後之效果則未規定。似乎較爲不妥，易生糾紛。

註28　參照「金融機構對租賃公司辦理融資性租賃業務授信重點」第 5 條。

C. 期限利益喪失約款

銀行放款，於借據上均有借用人「喪失期限利益」之條款，約定有下列情事發生時，銀行得不受還款期限之拘束，通知借用人償還全部借款本息：①不按期攤還原本、②不按期付息、③他筆借款到期不履行、④受強執、假扣押、假處分，聲請公司重整、破產，⑤受票據交換所拒絕往來處分、停止營業、清理債務……⑥借款運用不當、借用人有不能償還之虞。⑦擔保物滅失……（註29）。第①、②項屬於借用人債務不履行，第③至⑦項則屬於借用人信用惡化之情形，銀行利用此期限利益喪失約款，得於借用人債務不履行或信用惡化時，行使原本遙遙無期之債權，同時獲得對借用人之他項存款主張抵銷或予以扣押之利益（註30）。

融資性租賃屬於全額收回租賃 (full pay out lease)，出租人計劃於一承租人身上收回全部提供之資金及利潤，就像銀行必須於一借用人身上收回該筆貸款及利息一樣，出租人於融資性租賃契約上約定與銀行貸款契約類似之「期限利益喪失約款」，於承租人遲付租金或信用惡化時，出租人得請求承租人將未到期之租金全部付清，並返還租賃物（註31）此種「期限利益喪失約款」與傳統租賃之性質格格不入，惟有從「金融」之性質，始可能導出（註32）。本文認為，此項

註29　參照陳松卿，銀行貸款債權之確保，頁176，177。
註30　參照西原寬一，金融法，頁182，183。中川善之助，兼子一監修，貸付取引，頁160、131。
註31　國泰租賃合約第17條第1項及中國租賃合約書第12條。
註32　參照松田安正，リース取引，手形研究，No. 311，頁24。

約定係屬合理，理由如下：①承租人每月應付租金雖是固定，但對出租人而言實際上是有變化的；蓋在租賃始期，出租人總共收回之本金少，則每月租金除以提供之資金，出租人之獲利之比例小，反之，在租賃後期，出租人已收回之本金多，提供之資金少，則每月租金除以提供之資金，出租人獲利之比例較大，故出租人資金之提供與回收之計劃，是針對「全部租賃期間」而擬定者，彼以期初之小利換取期末之大利，自不容許承租人獲取期初之大利後，即一走了之，出租人之擁有「即時請求清償」之權利，即是保障其能夠獲得期末應得款項之武器。②從「不安抗辯權」（註33）之法理來看，亦應容許出租人即時請求清償全部「租金」：例如民法第265條規定「當事人之一方，應向他方先為給付者，如他方之財產於訂約後顯形減少者，有難為對待給付之虞時，如他方未為對待給付，或提出擔保前，得拒絕自己之給付」，立法者所規定之此種情形，與融資性租賃契約約定「期限利益喪失約款」，並無實質上之差異，蓋融資性租賃契約雖非「雙務契約」，不能直接適用前開規定（依當事人之意思，給付「租金」與使用收益並不構成對價關係），惟出租人為承租人購買了機器，付清了買賣價金，其應履行之義務，全部（或至少絕大部分）已履行完畢，承租人亦在使用標的物中，當承租人不履行其給付「租金」之義務時，吾人通常可以推論，承租人之財產狀況已出現危機，致使其無法履行其義務，基於如同上述「不安抗辯」之法理，出租人即時請求收回

註33　不安之抗辯權參照鄭玉波老師，民法債編總論，62.10.版，頁378。

全部未付「租金」應屬合理（註34）。

　　然而，關於喪失期限利益之原因事實，除承租人不履行給付租金之義務以外，其他信用惡化之情形，融資性租賃契約均規定得十分廣泛且不確定，例如「承租人違反本合約任何條款」（註35）、「承租人公司股東直接間接變動」「承租人財務情況實質上惡化」（註36），類此情形出租人請求承租人即時清償所有租金，是否合於誠信原則，恐非毫無問題（註37）。至於，承租人違約遲付租金本身，雖係「主要義務」之違反，約定喪失期限利益較為合理，也會發生分期付款買賣有關保護買受人之規定，是否應「類推」適用於融資性租賃之問題。詳言之民法第389條「分期付款之買賣，如約定買受人遲延時，出賣人得請求支付價金者，除買受人有連續兩期給付遲延，而其遲延之價額，已達全部價金五分之一外，出賣人仍不得請求支付全部價金」之規定，旨在保護買受人，於承租人是否應受此相同之保護？基於融資性租賃契約期滿時租賃物之所有權仍屬於出租人，分期付款買賣（保留所有權）於付款期限屆滿時標的物之所有權屬於買受人，融資性租賃契約更不利於承租人（註38）之觀點，承租人

註34　OLG Frankfurt, Urt. v. 23. 6. 1976-21U 70/75 ，載
　　　NJW 1977, Heft 5, 頁201。

註35　國泰租賃合約第17條第1項。

第36　中國租賃合約第12條第1項第4款。

註37　關於承租人違約事項之約定之合法性，詳參第四章，A。

註38　OLG Munchen/Augsburg, Urt. v. 28. 1. 1981-27u 516/80
　　　NJW 1981, Heft 20, 頁1104。

實更應受保護，惟限於「法律形式」之不同（註39），為避免「保守者」因法律形式之不同而拒絕「類推」適用上開規定，以及「激進者」為達到適用之目的，逕將融資性租賃認為係分期付款買賣，而根本否定融資性租賃之制度（註40），法律上似宜明文規定「準用」。

其次，關於期限利益喪失後之效果，尤其是請求全部租金與收回租賃物之關係，本文擬於第四章 C 中討論，於玆不贅。

註39　詳見第二章，二，頁 53。

註40　參照台北地方法院七十年度訴字第一一一九一號判決，詳見本文第二章，二，頁 56。

本節位置

第 四 章　融資性租賃契約之擔保性格

※一、出租人擔保利益之取得

二、擔保利益之喪失、減損

三、違約與擔保物權之實行

本節問題要點

1. 在美國統一商法下，當事人得自由創設擔保利益，不受名稱之限制，融資性租賃很明顯地係一種擔保物權。

2. 大陸法系受「法權法定主義」之限制，融資性租賃是否可能成為一種擔保物權？

3. 融資性租賃是一種以「所有權」為形式的擔保物權，租賃公司對租賃物擁有所有權只是為了擔保租金。

4. 標的物之泛用性、定著廠房之程度及技術革新之速度，對租賃物之擔保價值都有影響。

5. 建立中古市場、信用保險……是改善擔保利益低落的方法。

第四章 融資性租賃契約之擔保性格

一、出租人擔保利益之取得

融資性租賃作為一種動產擔保交易，出租人就租賃物享有擔保利益，在我國現有法制下，也許有人會覺得驚訝。但在融資性租賃之發源國——美國，「租賃」作為一種擔保制度，可說是具有悠久之歷史，至今，融資性租賃仍包括在統一商法擔保概念之中。我國繼受融資性租賃之制度，如何將其納入既有法制之中，乃為繼受外國制度之重要課題。以下，就租賃在美國作為擔保制度之歷史、現行統一商法之觀念分別介紹，並進而探討融資性租賃在大陸法系國家，尤其是我國，作為一種新型動產擔保交易之可能性：

A. 所有權之擔保機能

Ⅰ美國統一商法之觀念

現時，美國統一商法 (Uniform Commercial Code) 廢止各種動產擔保交易在形式、名稱上之區別，於動產抵押、附條件買賣……及一切雙方當事人依契約所創設之擔保利益均有適用（註1），以取代動產抵押法、統一附條件買賣法等單行法規。此種依當事人之意思而自由創設擔保利益，不計較擔保交易在形式上之名稱之特色，實大異於我國所採之「物權法定主義」，動產擔保交易僅限於動產抵押、附條件買賣與

註1　施文森，論動產擔保交易，銘傳學報第 7 期，頁12。

信託占有三種（註 2 ）。依統一商法第 9 ～ 102 條規定，由契約所創造的擔保利益包括質權 (pledge)、讓與 (assignments)、動產抵押 (chattel Mortgages)動產信託 (chattel trust)、信託憑證 (trust deed)、經紀人留置權 (factor's lien)、設備信託 (equipment trust)附條件買賣 (conditional sale)、信託收據 (trust receipt)、其他質押權 (lien) 或所有權保留契約 (title retention contract)及意圖供擔保之租賃 (lease)或寄託 (consignment)（註 3 ）。其中，所有權保留契約 (title retention contract)、讓與 (assignments)、設備信託、意圖供擔保之租賃或寄託，……均以債權人對標的物擁有所有權 (title) 供債權之擔保。此為美國法例上，習慣於將所有權 (title) 劃分為法律的所有權 (legal title)與實益所有權 (beneficial title)（註 4 ），由債權人保留法律的所有權，供作債權擔保之結果。在法制史上就以最典型之動產擔保交易形態：動產抵押、附條件買賣與信託占有而言，附條件買賣、信託占有皆以債權人保留標的物之法律的所有權(legal title)作為擔保之方法，固不待論，即使是動產抵押，美國繼受英國 common law 動產抵押亦分為動產抵押人仍保有所有權之動產抵押與抵押人將所有權移轉於抵押權人之動產抵押（註 5 ），更顯示，在美國法上，擔保作用與所有權息

註 2　施文森，動產擔保契約與保全，政大學報 21 期，頁 39 。

註 3　U.C.C. 9-102, (2) : This Article applies to security interests created by contract including pledge, assignment, chattel mortgage, chattel trust, trust deed, factor's lien, equipment trust, conditional sale, trust receipt, other lien or title retention contract and lease or consignment intended as security

註 4　參見中興大學法研所譯，美國統一商法典及其譯註，下冊，頁 741 。

註 5　同註 4 ，頁 740 ，741 。

息相關，從所有權中除去實益所有權(beneficial title)所剩餘之法律的所有權(legal title)，無非為了發揮所有權之擔保機能。因此，有學者認為，在動產擔保交易法上，出賣人或信託人對標的物之所有權，非一般意義之所有權，它僅為一種擔保利益，其效用與抵押權人之擔保利益並無差異（註6）。

Ⅱ 大陸法系之情形

a 擔保物權為價值權、換價權

與所有權（完全權）對稱之限制物權（他物權），可粗略分為用益物權與擔保物權兩類（註7）。用益物權為持有或利用(Haben od. Nutzen)標的物實體(Substanz)之權利；擔保物權則不以持有或利用標的物實體為目的，而以取得標的物之交換價值(Tauschwert)為目的。亦即，前者以物之使用收益為內容，其對物之經濟上行動為對物之實體利用，以對物為直接支配為必要；反之，後者則僅以取得該物所保有之交換價值為目的，將它付諸拍賣，以賣得之價金優先受償被擔保之債權，故對於標的物無須作有形之支配。因此，用益物權為實體權(Substanzrecht)，權利人於權利存在時，達成其使用收益之目的；反之，擔保物權則為價值權(Wertrecht)，權利人於債權未受履行時，行使換價權(Verwertungsrecht)，不須取得給付之訴之確定判決，即可直接聲請法院裁定拍賣擔保物，以消滅其權利，而達到換價之目的（註8）。

b 所有權之內容與分化

註6　施文森，動產擔保契約與保金，政大學報21期，頁41。

註7　參照史尚寬，物權法論，頁13,14。

註8　參照劉得寬，擔保物權之物權性與債權性，載氏著民法諸問題與新展望，頁331～341。

　　所有權之內容（作用、權能）（註9），包括對物之占有、使用、收益及處分諸項（註10），在所有權具有整體性（或稱單一性）之性質下，吾人雖不能謂集合占有、使用、收益、處分等各種權能，即成為所有權（註11），但不容否認，此四者為所有權之絕大部分之內容，倘一物之所有權，其占有、使用、收益、處分諸內容，被剝奪至其經濟的耐用期限那樣長久，吾人實很難想像該所有權還具有多少內容。

　　近世所有權有分化之現象，所有權人得將使用收益之處分之內容，分屬不同之人，或將其中一部委諸他人行使。如前所述，占有、使用、收益及處分為所有權之絕大部分內容，則所有權將對其所有物占有、使用、收益之權能，「讓與」他人行使，尤其讓與他人行使之期間相當於該物經濟上耐用之年限，所有權人所保留者，幾乎僅餘處分權而已，此僅剩之處分權，可以達到「變價」之目的，相當於擔保物之變價；反之，對擁有占有、使用收益權者而言，其地位亦等於將處分權授與他人（如設定抵押）而自己保留占有使用收益權能之所有權人一樣，換言之，其雖非法律上之所有權人，但其得占有、使用收益標的物至經濟上耐用之年限，堪稱為經濟的所有權人（wirtschaftliches Eigentümer）（註12），此經濟

註9　　所有權之權能，有稱為所有權之作用者，有稱為所有權之內容者，見姚瑞光，物權法論，頁44。

註10　史尚寬，物權法論，頁57，58。

註11　姚著，前揭書，頁42，43。史著前揭書，頁56。

註12　參照諸限正，リース契約の所得課稅における判定，載稅法學No.268，頁14，1973，及諸限正譯，經濟的所有の概念に關するBFHの判例，載稅法學，No.267，頁19以下，1973，及中村武リース契約の理論と實際，比較法第8號，頁66。

的所有權人，將處分權授與他人，相當於擔保物權之設定。經濟的所有權相當於前述美國法上的實益所有權 (beneficial title)，僅擁有處分權之所有權爲法律的所有權 (legal title)。

c 僅供擔保作用之所有權

由債權人擁有法律上形式的所有權，支配標的物之交換價值，藉換價權以達到擔保之目的，而由債務人擁有經濟上的所有權，占有標的物而爲使用、收益，大陸法系存有保留所有權買賣及讓與擔保兩種制度，流傳較爲長久，使用較爲廣泛。

保留所有權買賣爲契約當事人約定，買受人雖占有、使用、收益標的物，但於價金一部或全部清償前，出賣人仍保留其所有權之制度，此種制度之由來甚古，德國於普通法時代已承認之，1898年德國民法第二次委員會，爲解決保留所有權買賣因曖昧不完全易於引起疑義，決定增列一條解決規定（註13），而形成現行德國民法第 455 條動產之出賣人於價金支付前保留其所有權者，有疑義時，應認爲所有權之移轉以價金之支付爲停止條件，而於買受人有支付遲延時，出賣人得解除其契約」之規定（註14）。日本「割賦販賣法」第七條亦有關於保留所有權之類似規定，我國則至民國五二年仿美國立法例制定「動產擔保交易法」，始有專章明文承認保留所有權買賣（附條件買賣）之制度。至於讓與擔保制度之由來亦甚古，可源於羅馬法上之信託讓與 (fiducia) （註15）

註13　參照王澤鑑，附條件買賣買受人之期待權，載民法學說與判例研究，頁165，167。

註14　台大法律研究所譯，德國民法。

註15　鄭玉波，物權法論，頁 200 。

，而為德國、日本判例、學說所承認，係移轉可以做為擔保標的物之財產權供作擔保，以達信用授受之目的，融資者（債權人、擔保權人）有請求返還融資之權利，而於接受融資人（債務人、設定人）未能返還時，得就該標的物受清償之一種特殊的物的擔保制度（狹義）（註 16），此種特殊的擔保制度，通常債務人藉租賃契約或使用借貸契約，仍繼續占有、使用、收益「讓與」擔保之物（註 17），以發揮其代替動產抵押、克服不占有質之困難之社會機能（註 18）。

保留所有權，其原來完整之所有權由債權人擁有，當債權成立時，債權人僅保留法律上形式的所有權，而將占有、使用、收益等經濟上的所有權「移轉」予債務人。反之，讓與擔保其權利移動之方向則為相反，其原來完整之所有權由債務人擁有，當債權成立時，債務人僅保留占有、使用、收益等經濟上的所有權（形式上藉租賃契約或使用借貸契約），而將法律上形式的所有權「移轉」予債權人。就此點「移轉」方向之不同而言，讓與擔保制度適合債務人利用「既有」之財產權設定擔保，以爭取融資，反之，保留所有權則為債務人利用「融資」所取得之物之本身，設定擔保，以爭取融資，獲取「新」的財貨之制度，其經濟效果大有不同。

註 16　參閱，我妻榮編著。擔保物權法，判例コンメタールⅢ，日本評論社，昭和47年1月20日一版第3刷，頁522。

註 17　史尚寬。物權法論，頁386。劉春堂，動產讓與擔保之研究，載台大法律學刊第8期。頁180。

註 18　史尚寬。物權法論，頁383。

B. 出租人取得擔保利益

Ⅰ 出租人取得租賃物之所有權

觀諸融資性租賃之交易流程（註19），租賃物之所有權人原為機器出賣人（供給者），而由承租人逕由出賣人處選擇，然後申請融資性租賃，請求出租人與出賣人訂立「買賣契約」，訂購該租賃物，由出賣人直接將之交付承租人，開始使用收益。在此租賃物所有權變動之過程中，牽涉到兩項法律問題：①承租人挑選機器、受領機器，其與出租人間之法律關係如何？②出租人未直接受領「交付」，如何取得動產（機器）之所有權？以下分述之：

a 承租人受任選購租賃物

承租人負責選購機器而與機器供給者接洽交涉，雖係成立融資性租賃交易之第一步，但在此交涉前，承租人與出租人就融資租賃一事，可能已有口頭上之合意，或至少因選購機器事關重大，承租人須不時反覆與出租人及供給者交涉。在此情況下，承租人代出租人選購機器，係處於受任人之地位（註20），其不僅為自己使用機器及少付租金之利益，必須善為選購機器、努力談低價錢，更應基於民法第528條以下規定，為出租人善盡必要之注意義務，即依租賃契約及出

註19　參照本文第一章一B頁2。
註20　承租人係出租人之受任人。參見白石裕子，リース契約の基本構造，載早稻
　　　出法學會誌，第24卷，頁260。
　　　我國民法第528條規定，稱委任者，謂當事人約定，一方為他方處理事務，
　　　他方允為處理之契約。依此，出租人與承租人應成立委任契約。惟鄭玉波老
　　　師認為，受任人以自然人為限，法人不得作為受任人，見氏著民法債編各論
　　　下冊，頁413。

租人之指示選購機器，並與處理自己之事務爲同一之注意（
註21），承租人應將處理進行之狀況，於適當時期向出租人
報告（註22）。在此，有一較大之問題，即承租人因過失（
註23）選擇一具有瑕疵或其他不合其使用目的之機器設備時
，出租人與承租人之法律關係如何？承租人應負如何之責任
？出租人享有如何之權利得以主張？此時，承租人基於可歸
責於自己之事由選擇具有瑕疵或其他不合使用目的之機器，
除了可以作爲出租人與承租人間免除出租人負瑕疵擔保責任
之約定爲有效之合理化理由以外（註24），出租人得否依據
民法第535、544條之規定向承租人請求損害賠償？此問題
涉及出租人究竟因此而受有何種損害之問題。如前所述，在
融資性租賃，出租人所重視者爲資金之供給與回收，而不重
視標的物之供給與收回之問題，倘承租人仍依租約按期給付
租金，此時出租人應無損害可言，似不得請求損害賠償。然
而，由於出租人就租賃物一直享有擔保利益（註25），租賃
物之具有瑕疵當然不免害及出租人之擔保利益，出租人得依

註21 民法第535條規定「受任人處理委任事務，應依委任人之指示，並與處理自
己事務爲同一注意。其受有報酬者，應以善良管理人之注意爲之。」承租人
處理選購機器之事務，首應依照租賃契約之約定，並參酌出租人之指示。雖
此項委任爲無報酬之委任，承租人只須與處理自己事務爲同一之注意，不須
盡善良管理人之注意，惟承租人係使用該機器之專家，所謂「與處理自己之
事務爲同一之注意」實際上即等於善良管理人之注意。

註22 參照民法第540條前段「受任人應將委任事務進行之狀況，報告於委任人」。

註23 在此，所謂過失是指具體的輕過失而言，不須至重大過失，無償受任人仍須負
責。參照民法535、544Ⅱ以及最高法院六二年台上字第1326號判例。

註24 關於免除出租人瑕疵擔保責任爲有效之理由，參見本文 頁108。

註25 關於出租人就租賃物所享有之擔保利益，參見本文 頁171。

據民法第 213 條之規定，請求承租人修補（回復原狀）。

　　b 出租人取得租賃物所有權之依據

　　依照融資性租賃出租人、承租人及租賃物出賣人間共同之意思，租賃物雖由出賣人交付承租人占有使用中，出租人仍為該租賃物之所有權人。此目標究竟如何造成？出租人究竟於何時取得租賃物之所有權？

　　按民法關於動產所有權之讓與（移轉）非將動產交付不生效力，而交付之方式有：直接交付、簡易交付、占有改定與讓與返還請求權四種（註 26）。在融資性租賃，出租人向出賣人買受機器，而其交付則由出賣人直接向承租人為之，出租人本身並未受直接交付，更無簡易交付、占有改定、讓與返還請求權之情事，則出租人達成上述取得機器所有權之根據何在？其於何時取得機器之所有權？並非毫無問題，此事關係出租人及其債權人之權益甚大。如前所述，承租人負責採購、選擇機器，係基於出租人受任人之地位，則就接受機器設備之交付而言，承租人同樣為出租人之受任人，於出賣人將機器交付承租人時，出租人即取得機器之所有權。

　　II 出租人對租賃物之擔保利益

　　美國係融資性租賃之發源國。融資性性質在被廣泛作為

註 26　民法第 761 條規定，動產物權之讓與，非將動產交付不生效力。但受讓人已占有動產者，於讓與合意時即生效力。（簡易交付）。

　　　讓與動產物權而讓與人仍繼續占有動產者，讓與人與受讓人間得訂立契約，使受讓人因此取得間接占有，以代交付（占有改定）

　　　讓與動產物權，如其動產由第三人占有時，讓與人得以對於第三人之返還請求權，讓與受讓人以代交付。（讓與返還請求權）

「租稅迴避」之手段以前，在擔保法上已具有長久的歷史，扮演著與分期付款保留所有權買賣具有相同經濟實質之角色，其詳本文前已詳細論及（註 27）。今日，依照美國統一商法之規定，當事人得意圖以標的物供擔保而訂立租賃 (lease) 契約，以創設擔保利益（註 28）；凡約定符合租賃之條款，而承租人不須其他約因 (consideration) 或只須名義上之約因 (Nominal consideration) ，即成為租賃物之所有權人或取得成為所有權人之選擇權時，該租賃即為供擔保之用（註 29）。據此，在整個融資性租賃活動中，租賃物成為出租人租金債權之擔保物 (collateral)（註 30），以確保其提供「融資」之迴收。

　　大陸法系國家從美國繼受融資性租賃（包括一般設備租賃）（註 31），在物權法定主義，不得任意創設擔保物權（

註 27　安藤次男，アメリかにおけるファイナンス・リース制度の發展，載民商法雜誌，78 卷第三期，頁 266 以下。參見本文頁。

註 28　Uniform Commercial Code §9-102, (2)

註 29　U.C.C. §1-201, (37)(b) : an agreement that upon compliance with the terms of the lease the lessee shall become or has the option to become the owner of the property for no aditional consideration or for a nominal consideration does make the lease one intended for security.

註 30　Daniel A, Gutterman, Equipment Lease as Collateral Under UCC and New Bankruptcy Code U.C.C.L. J 12 V, 1980, p.344

註 31　融資性租賃德文為 Finanzierungsleasing，日文為ファイナンス・リース (finance lease)皆保持 leasing lease 外來語之形式，顯示自美國繼受而來。德國於 1960 年代初自美國引進，參 Müchener, Kommentar BGB Vor §535, 1980, 597 ; Larenz, Lehrbuch des Schuldrechts, Band II B. T, 11. A 頁 409。日本則於昭和 38 年自美國引入，參庄政志，リースの實務知識，頁 1。

包括其他物權）之限制下，融資性租賃物是否具有擔保物權之機能？實為繼受他國之法制如何融入本國法制之重要課題。如前所述，所有權中具有「處分」之權能，債權人擁有法律上形式的所有權，於債務人不履行債務時得行使「換價權」，此種所有權即具有與擔保物權相同之功能，大陸法系中流行已久之保留所有權買賣以及讓與擔保，皆足以證明以「所有權」供擔保之用，係極為平常之事，則今日繼受融資性租賃之制度，並將之視為動產擔保交易之一環，可謂並無特別令人驚異之處。日本學者即有認為「為使租賃物發揮其擔保租金債權之機能，承租人保全租賃物之義務，類似於保全擔保物之義務」（註 32）、「租賃物為達成擔保租金債權之機能，出租人得要求返還租賃物，並將其換價，以換價所得之金額充當租金債權之清償」（註 33）、「租賃之優點在於，得利用所籌置之物體本身之擔保力而得到融資」（註 34）、「為維持租賃物件之擔保價值，須課承租人修繕之義務，因此，承租人修繕之程度以未付租金及殘值為限，若有超過，出租人須依不當得利之規定返還」（註 35）；德國亦有學者認為「吾人不能忽視出租人對於作為信用擔保(Kreditsich erheit)之租賃物擁有利益」（註 36），在在顯示以擔保之觀

註 32　松田安正，リース取引，手形研究，No 311，頁 23 。

註 33　同註 32，頁 24 。

註 34　吉原省三，リース取引の法律的性質と問題點。金融法務事情 No 750，頁 36 。

註 35　庄政志，リースをめぐる論點と課題，手形研究 No 247，頁 98 。

註 36　Graf von Westphalen, Der Leasingvertrag，頁 6 。

點來看融資性租賃，出租人對於租賃物確實擁有擔保利益。吾國動產擔保法制，仿效美國而制定動產擔保交易法，已有一次繼受美國法之經驗，較諸德、日兩國，對於將融資性租賃視為動產擔保交易之一環，更應不覺生疏才是。惟於此亦可顯示，如施文森教授所謂，動產擔保交易法採物權法定主義，動產擔保交易限於動產抵押、附條件買賣及信託占有三種，較諸美國統一商法廢除動產擔保交易之形式區別，任由契約當事人創設擔保利益，充分顯示本法規定缺乏彈性，不能發揮動產擔保交易原有之功效（註37）。此就法制之繼受而言，即等於將一次得完成之繼受工作，分成兩次繼受（註38），在缺乏實證資料為據之情形下，吾人雖不敢斷定一次繼受或分次繼受，何者較為有效率，但於此刻不能不止於言者，厥為儘速認清融資性租賃法制化之方向——其為動產擔保交易之一環，加速法制化。

Ⅲ 僅供擔保作用之租賃物

如前所述，謂融資性租賃具有動產「擔保」之機能，出租人對租賃物擁有擔保利益。然而，所有權本是一種完全權（與限制物權相對），其具有擔保物權（限制物權之一）所擁有「擔保」之機能，本不足為奇、不待議論，倒是反過來說，所有權「僅」供擔保之用，於發揮擔保之機能外，該所有權中已無多其他之物，始值深加論究。

究竟，出租人擁有融資性租賃物是否「僅」供擔保之用

註37　施文森，動產擔保契約與保全，政大學報第21期，頁39。

註38　由於融資租賃發展迅速，租賃公司數目急速增加，顯示有繼受關於融資性租賃之法制，予以規制之必要。

？吾人認為，基於下列數點，應採肯定之看法：① 從經濟的所有（wirtschaftliches Eigentum）、實益的所有權（beneficial title）來看，如前 A 所述，承租人實為經濟的所有權人或實益的所有權人，長期占有、使用、收益租賃物，出租人「僅」擁有法律上形式的所有權，藉「處分權」以達到擔保物換價之目的。② 從租賃之期間來看，融資性租賃為長期租賃（註 39），租賃期間多在三年以上（註 40），通常都與該租賃物之經濟耐用年限一致（註 41），在此經濟耐用年限內，租賃物皆由承租人占有、使用、收益中，即標的物之實體（Substanz）在耐用期限內皆為承租人持有或利用（Haben od. Nutzen），出租人僅擁有與實體權（Substanzrecht）相對之價值權（Wertrecht）（註 42），其於經濟耐用年限內僅擁有價值權，吾人可認為租賃物僅供擔保之用，縱使出租人於租期屆滿（耐用年限過後）有請求返還租賃物、回復實體權之權利、也將因租賃物不再「耐用」（沒有用），而使回復實體權之期望成為毫無意義（註 43）。③ 從租期屆滿時之處置看，租賃物通常由承租人以原購價格百分之三至五承購、或以極低廉之租金續租，而無將租賃物返還出租人之情形（註 44），故縱使租期

註 39　參照林麗月，長期租賃研究。氏以「長期」租賃命名。

註 40　信託投資公司辦理機器及設備租賃業務辦法第 11 條規定，機器及設備租賃之期限，不得少於三年。

註 41　參照中村武，リース契約の理論と實際，比較法第 8 號，頁 62。另比利時租賃事業法第 1 條(3)項規定，契約規定之租賃期限，須與租賃物被推定之經濟耐用年限一致，見南部二三雄，リースの實務，昭和 48 年 10 月版，頁 246。

屆滿時，租賃物尚有殘存經濟的利用價值，出租人亦不「期望」收回租賃物（註 45），則出租人所期望者、實際上所追求者唯有擔保價值而已，此即租賃物所有權僅供擔保之用。

C. 影響擔保利益之因素及其改善

出租人對租賃物存有擔保利益，已如前述。然擔保利益之存在以換價可能性與換價之多少為前提，故本文以下將檢討影響交換價值即擔保利益之因素，及如何改善之問題：

Ⅰ 影響擔保利益之因素

a 標的物之泛用性

所謂租賃標的物之泛用性，係指有多少不特定多數的潛在承租人而言。泛用性高之租賃物，其換價之可能性較高，交換價值較高，從而，出租人之擔保利益較高；反之，泛用性低之租賃物，再出售或出租之可能性低，縱使可能出售，亦必賤價以售之，故其擔保利益低。在融資性租賃與一般租賃（或營業性租賃 operating lease）之相異項目中，有一項為融資性租賃物係由承租人自選，其泛用性低，反之，一般租賃由出租人保有相當庫存，以租予不特定之多數人，故其租賃物當然限於具有高泛用性者（註 46），已顯示融資性租賃物在本質上已乏高度之泛用性。惟雖如此，因機器、設備種

註 42　實體權與價值權，參照劉得寬，擔保物權之物權性與債權性，載氏著民法諸學說與新展望，頁 331～341。

註 43　中村武，前揭文，比較法第八號，頁 66。

註 44　袁明昌，前揭論文，頁 103。

註 45　出租人不期望收回租賃物之原因計有：①該機器設備依承租人之需要而採購，收回後無適當之承購或續租人，②出租人無庫存，收回將增成本。

註 46　白石裕子，リース契約の基本構造，早稻田法學會誌第 24 卷，1973，頁 269、270。

類之不同，其泛用性之高低仍有區別，出租人爲擔保利益計，選擇承做高泛用性之機器，自是當然之理，故在日本，事務機器即占租賃第一位，汽車占第二位（註47）。

　　b 定着於廠房之程度

　　融資性租賃之標的物——機器、設備——必須裝置於承租人所有或向他人承租而來之廠房，不免產生動產與不動產附合之問題。即依民法第 811 條之規定，動產因附合成爲不動產之重要成分者，不動產所有權人取得動產所有權，換言之，出租人有喪失所有權（擔保利益）之危險。關於附合之構成要件及其他法律問題，本文將於下面二、A中討論。於此，僅欲指出機器、設備附合或定着於廠房，對擔保利益之影響。如前所述，物之擔保利益係建立在換價可能性及換價金額之高低等基礎上，機器、設備因附合於廠房，致出租人喪失所有權，擔保利益消滅，固無論矣，縱使其未達於附合之程度，但因其在某種程度上定着於廠房，出租人行使換價權時，勢必自廠房中卸走租賃物，不僅徒增拆卸費用，即拆下後拍定人亦必須重新裝置於自己之廠房，是否有完好重裝之可能，均有問題，類此皆足以影響人們拍買之興趣，從而，影響換價可能性、換價金額之高低，不言可喻。就此以觀，冷凍庫、保齡球館設備、超級市場設備、電梯、空調冷暖設備、廢油煙污水處理設備等，對出租人似不具有擔保利益矣（註48）。

註47　同註 46，頁 270 。宮內俊義，租賃知識，國泰信託投資公司發展編輯委員會譯，頁 121 。

註 48　參照本文，頁 184 。

c 技術革新之速度

論者謂企業得藉租賃縮短機械之經濟耐用年限，而對設備落伍之風險建立防線；然而，相對地，因技術革新，致租賃屆滿前，機器已落伍，承租人不得終止租約，不能更新機器（註49），而有設備落伍之風險。故所謂租賃之優點與缺點，不能一概而論，須依各個具體情況而定。

此種技術革新快於租賃期間，所生機器落伍、陳舊之風險，對於出租人之擔保利益更是構成嚴重之威脅。即出租人於行使換價權時，該機器可能已隨着技術之革新，變成落伍不堪，不再為市場所接受，從而無換價之可能性。就此以觀，今日於我國以日新月異之姿態而發展之電腦、機器人，出租人於承做融資性租賃時，實宜多考慮其擔保利益之問題。

Ⅱ 擔保利益低落之改善

面對前述租賃物擔保利益低落之原因，謀求改善之道，以提高出租人之擔保利益，係活潑融資性租賃交易、振興產業之途徑之一。以下略述其改善之道：

a 中古市場之建立與出賣人之買賣人之買回義務

因租賃標的物之泛用性低而造成行使換價權之困難，可藉中古市場之建立與開發，而獲得改善。為此，租賃公司得與機器販賣商、製造商（供給者）共同投資，設立經銷中古機器設備之子公司（註50），以改善再出售換價之困難。目前在中古市場未建立以前，有租賃公司與機器供給者於買賣

註49　本項租賃之優點及缺點，參見 Richard F. Vanvil, Leasing of Industrial Equipment, 1963，頁7。

註50　庄政志，リースの實務知識，頁392。

契約中約定，於租賃期間內，承租人有積欠租金之情事發生或違反其他租約條款時，出賣人（供給者）於接獲出租人之通知時，應立即以承租人未付租金之價格，無條件買回租賃物（註51），將風險轉嫁予出賣人，雖不失為一項解決方法，惟租賃公司此項請求出賣人買回之權利，僅具債權性，仍未解決其為行使擔保物權，所面臨換價之困難，故根本之道，仍在中古市場之建立與開發。

　　b 信用保險與保證

　　至於，租賃物定着於廠房及快速技術革新之問題，係物理或技術上事實上存在之困難，租賃公司於明瞭其利害關係之後，所面臨的只是承做此類租賃與否之問題而已，若欲承做此類業務，不免會有對租賃物無擔保利益之危險。在此情況下，若欲要求承租人提供其他擔保品，實有違背「以融資所籌置之機器本身為融資之擔保」之宗旨，則此時似乎唯有借助於信用保險或保證之制度，以彌補出租人無擔保利益之風險（註52）。在日本即有由通產省（經濟部）舉辦之機械類租賃信用保險之制度，實行於 3 年以上特定機器之租賃，租賃公司（被保險人）於承租人不付租金時，得將此遲延之事實報告政府，並請求政府於此保險事故發生之日起一個月內給付保險金，但租賃公司仍負有催收之義務，收回或轉賣租賃物之金額，扣除費用，須繳納予政府（保險人）（註53）。就此日本政府嚴密配合機器業者、租賃公司創設信用保險之決心以觀，該國機械工業之發展、中小企業設備之更新

註51　參見國泰租賃公司，「買賣附帶契約書」，第2條。
註52　庄政志，前揭書。頁391。

，焉有不興盛、成功之理？此成就實足我國效法，從而，我國財團法人中小企業信用保證基金或其類似機構，似乎應拓展至租賃業也。

註 53　關於租賃信用保險之要件，機械項目、保險費、保險金之交付以及被保險人之催收義務，詳參通商產業省機械情報產業局總務課機械保險室頒，機械類割賦・ローン保證販売信用保險、機械類リース信用保險の概要及び昭和57年度の保險契約の申込みについて，第三項，載リース事業協會發行，リース第 11 卷第 2 期，1982.2，頁 15〜17。

本節位置

第　四　章　融資性租賃契約之擔保性格

一、出租人擔保利益之取得

※二、擔保利益之喪失、減損

三、違約與擔保物權之實行

本節問題要點

1. 租賃物附合於廠房將使租賃公司喪失所有權

2. 契約約定承租人不得使租賃物附合，亦不能阻止附合
   ！有效的方法，是將融資性租賃納入動產擔保交易法。

3. 租賃物是否成為廠房之從物？留置物？

4. 承租人將租賃物轉讓或設定動產抵押給「善意」之第
   三人，租賃公司怎麼辦？

5. 租賃物因瑕疵、毀損或滅失而影響租賃公司之擔保利
   益，租賃公司怎麼辦？

6. 將融資性租賃納入動產擔保交易法好處很多。

二、擔保利益之喪失、減損

A. 附合、從屬、留置於廠房之危險

動產與不動產之結合關係，依其結合之程度，有附合、主從物關係與各為獨立者，而各發生不同之法律關係。融資租賃物為動產，廠房為不動產，承租人將租得之機器、設備裝置於廠房等不動產上，不免因結合而發生附合、主從物等法律關係，進而影響融資租賃出租人之擔保利益，租賃公司不能不知：

Ⅰ、附合與所有權之得喪

依出租人與承租人之意思，供融資租賃之機器設備其所有權一直屬於出租人。但是，機器設備被裝置在承租人之廠房裏，此裝置之行為是否使該機器因「附合」於廠房而成為廠房之一部分，致出租人喪失機器設備之所有權？

民法第811條規定「動產因附合而為不動產之重要成分者，不動產所有權人取得動產所有權。」是故，判斷是否構成附合，應以機器設備是否成為廠房之重要成分而定。按所謂「重要成分」並不是指在功能上或價值所佔比例大，而是指非經毀損或變更性質不能將之從其所屬之不動產分離（註1）而言，例如，汽車引擎對汽車而言雖其功能上或價值上具有重要性，但由於引擎可以不受毀損地，且可以不變更其

註1　參照梅仲協著「民法要義」五九年版，頁59 。鄭玉波著「民法總則」，六二年版，頁193 。

引擎性質地從汽車拆下來，而不傷害該汽車之其他部分，故汽車引擎仍應被定性為汽車之成分而非重要成分（註2）。準此以解，融資租賃所營業之機器設備，除少數如冷凍庫、保齡球館設備（註3）、超級市場設備（註4）、電梯（註5）、空調冷暖設備、廢油煙污水處理設備（註6）等可能須毀損或變更性質始能從廠房中拆下以外，其他生產、工程、事務、醫療、交通等機器雖堅實或安穩地裝置於承租人之廠房（或辦公室）裏，且在生產或營業上具有重要性，但因其多可以不被毀損地、不被變更性質地從廠房拆下，故不構成廠房之重要成分，從而不發生附合於廠房致出租人喪失所有權之結果。

至於，前述裝置於廠房已至非毀損或變更其性質不能自廠房拆除之租賃物，即難逃因附合致出租人喪失所有權之命運。並且，因為民法811條關於附合之規定係強制規定（註7），雖各租賃公司於其定型化契約條款上有「承租人非經出租人書面同意不得將租賃物『附著』（註8）於不動產」（註9）之約定，亦無法阻止機器設備附合於廠房，從而，

註2　參照黃茂榮老師著「附合或分離對所有權歸屬之影響」錄於民事法判解評釋(I)頁21、22。

註3　選自統一租賃簡介，國泰租賃業務簡介。

註4　選自統一租賃簡介。

註5　同3、4，另陳永誠採同樣見解，見氏著前揭論文，頁92。

註6　參照柿本啟著，機器設備を目的とした讓渡擔保，頁39。

註7　參照黃著前揭文，頁26。

註8　在此附著與附合應屬同義。

註9　見國泰租賃合約書第10條，中國、華僑、建弘租賃合約書第4條第2款。

此些約定並無意義（註10），何況有些機器設備依其性質也非「附著」於廠房不可，出租人絕無不同意之可能。因此，眞正的問題應是此類機器設備在目前法律限制下，是否適合作爲融資租賃之標的？就此等機器設備而言，出租人是否處於不辦理此類機器出租業務，或準備於出租後即喪失該機器所有權之兩難局面？凡此問題與兩難皆非「促進交易」與經濟發展之福。

　　關於此問題，日本民法第242條規定「不動產之所有權人取得附合於其不動產之物之所有權；但有權源將動產附合於他人不動產者，得本其權源保留其動產之所有權」，則依該但書規定，縱使租賃物已達附合於廠房之程度，融資租賃之出租人仍得本於「租賃契約」，保有其租賃物之所有權。我國民法第811條係繼受日本法第242條前段而來，卻未同時繼受其但書之規定（註11），而造成融資租賃出租人之困擾。學者黃右昌先生認爲，日本民法該條但書之規範意旨，應爲我國解釋上所可獲致之當然瞭解（註12），惟此項說法並未被我國實務所接受（註13），此對租賃公司權益之保障及融資租賃之發展而言，可謂十分可惜。

　　雖然，只要出租人就租賃物只重視其擔保利益（secuity

註10　國內租賃公司之合約係譯自日本，惟因日本民法第242條規定與我國民法不同，本約款在日本有意義，在我國則不能發生效力，因此可見繼受外國法制須與本國固有法制協調。

註11　參見黃茂榮，前揭文，頁48。

註12　見黃右昌著，民法物權詮解，頁164。

註13　同註11，頁48、49。

interst）或交換價值，而不重視其形式上的所有權，即可解除上述租賃交易之心理障礙。然而，如此要求出租人亦有困難，詳言之，在租賃交易中縱使出租人瞭解，出租之目的是為了如期收回「租金」，其有欲望一直擁有租賃物之所有權，只是為了確保租金之回收，於承租人遲延、不能或拒絕給付租金時，得基於所有權取回租賃物，以減少一些損失，而非為了於租期屆滿時收回租賃物（註14）；是故，只要法律上及事實上能夠確保出租人此一擔保利益，出租人可以不顧租賃物因附合於廠房致喪失所有權之危險，仍樂於與承租人完成融資租賃之交易，民法第816條規定，因附合而喪失權利受有損害者，得依不當得利之規定請求償金，出租人因附合而生所有權喪失之損害，同時承租人因附合而取得租賃物所有權之不當得利，出租人自得於附合之時（註15）或將來承租人違約時行使此項求償權，而仍享有擔保利益。不過，此項依不當得利規定行使之求償權因僅具債權性，不似原來租賃物所有權（物權）之具有排他性，如此由所有權轉換為債權之擔保利益，仍不免令出租人感到惶惶不安（尤其承租人破產時）。此事，在動產抵押、附條件買賣等動產擔保交易即不致發生。蓋依動產擔保交易法第四條之一之規定，動產擔保之效力仍及於附合之物。吾國若能仿效美國統一商法，將融資性租賃納為動產擔保交易之一種，即不致發生此問題。

註14　此即融資租賃與傳統之一般租賃重大不同之處。

註15　附合之時即依不當得利之規定請求償金與租賃之事實不符。因為承租人依租約將機器裝置於廠房，租賃剛開始，承租人也未違約。

　　附帶說明，上述所謂依「不當得利之規定」請求償金，其中較重要者有：不當得利之受領人除返還其所受之利益外，如本於該利益更有所得者，並應返還（民法 181 ）；出租人如有損害尚得向惡意（知情）之受領人請求損害賠償（註16）（民 182 Ⅱ ）；此外，出租人對於有故意或過失之承租人，並得依關於侵權行為之規定請求損害賠償（註17）；只是，如果依租賃物之性質，非附合於廠房不能達到使用租賃物之目的者，出租人是否仍得行使此二項損害賠償請求權極有疑問。

　Ⅱ、是否成為廠房之從物

　　融資租賃物裝置於廠房中，是否成為廠房之從物，而於廠房讓與或設定抵押時，與廠房同一命運？按依我國民法第 69 條第一項規定，從物必須具備：① 為獨立之物，非主物之成分，②在經濟上常助主物之效用，③在法律上從物須與主物同屬一人所有，④交易上無其他特別之習慣（註18）。從物之仍為獨立之物，顯示其主物結合之關係未如前述附合之密切（註19）；在經濟上從物常助主物之效用是主從關係之基本構成要件；至於法律上限制主從物須同屬一人所有，旨在使從物之所有人不致受到過苛的干預（註20），以及防

註16　參照陳永誠著前揭文，頁 93 。
註17　參照史尚寬著，物權法論 64 年版，頁 138 。
註18　參照王澤鑑老師，不動產抵押權與從物，載民法學說與判例研究第三冊，頁 334 。
註19　參照幾代通等著，企業擔保，頁 45 。
註20　參照黃茂榮老師，民法判解之理論體系：民法總則，頁 166 。

止人們利用主物從物之理論而侵害他人之權利（註21）。雖然，在動產擔保交易法甚至工礦抵押法制定承認動產之機器得不移轉占有而設定擔保物權以前，實務上即將工廠中之機器視為工廠之從物，而為工廠抵押權效力所及（註22）；以及在動產擔保交易法制定後，機器本身已可堂皇地不移轉占有而設定抵押權，但為了上述已有習慣法效力之傳統、發揮集合物擔保之機能，吾人仍有必要將機器視為工廠之從物（有反對說）（註23），然而，在融資性租賃，不管廠房係承租人所有或第三人所有，由於租賃物之所有權人為出租人，與廠房非同屬於一人，租賃物自非廠房之從物，從而，承租人將廠房讓與設定抵押，其效力依法應不及於租賃物（註24）。

註21 參照洪遜欣著，中國民法總則，頁221。

註22 參照司法院25年院字1514、1553、1402解釋，以及最高法院44年台上字第1007號判決。載黃茂榮老師前揭書，頁167、168。最高法院45年台上1765號判決，見黃茂榮、呂榮海編爭取融資與確保債權，頁665～660。

註23 參照王澤鑑老師前揭文，頁337。另台中高分院暨轄區各地院六三年九月份法律座談會結論贊成此見解。反對說見錢國成，民法判解研究，頁3；姚瑞光民法物論，頁216。以及台高院六五年法律座談會及司法行政部（現法務部）台66函民字第3529號函認為「近時工廠價值每低於機器，機器往往非在助於廠房之效用，較之在民國二五年間經濟情況已大有差別，似難概認機器即為工廠之成分。且現時並具工廠抵押權之設定登記，僅能就廠房為抵押權設定登記，而一般習慣上，亦不認機器為廠房之一部分，依民法第六八條第一項但書之規定，似不能認為從物」見民事法律問題彙編第一冊，頁33、34。

註24 此於附條件買賣（保留所有權）時亦然，即買受人將以附條件買賣買得之機器裝置於工廠，而後將工廠設定抵押於第三人，抵押權效力不及於該機器，王澤鑑老師前揭文，頁337、338。

　　惟如承租人違背租約，除去租賃物上出租人為所有權人之標識（註25），向第三人聲稱為其所有，而將廠房讓與或設定抵押該第三人時，其讓與或設定抵押之效力是否及於租賃之機器？此問題涉及第三人善意信賴「從物關係」是否受善意之保護，而依「主物之處分及於從物」之規定取得租賃物之所有權或抵押權？有認為「抵押權人善意誤信從物關係仍為存續，亦不受公信力之保護」（註26），係採否定之見解。惟本文認為，第三人既善意信賴租賃物與廠房有從物與主物之關係，則對於構成從物之構成要件要素之一：從物與主物同屬一人（承租人）所有，必也同時有所善意信賴，則基於善意取得之規定（民法801、848），該第三人應取得對從物之權利。如此，對於融資租賃之出租人十分不利。為促進機器設備之交易、保障出租人之權益，融資租賃實有必要儘速予以法制化，將其納入動產擔保交易之一環。在此理想達成以前，本文寧願贊同台灣高等法院六五年法律座談會結論及司法行政部台 66 函民字第 3529 號函之意見，鑑於機器之價值非必低於工廠，一般習慣上人們常將廠房與機器分別設定抵押，依民法第 68 條第一項但書規定，在交易習慣上機器已非廠房之從物（註27）。從而，不發生處分廠房其效力及於機器之問題。

註25　關於標明出租人為所有權人之標識，見國泰租賃合約第七條第一項；中國、統一、華僑、建弘租賃合約第四條第四項。

註26　參見史尚寬著，物權法論，頁251。

註27　同 24。

Ⅲ、廠房出租人對機器之留置權

　　在融資租賃之承租人本身未擁有自己所有之廠房，而向第三人承租廠房時，承租人將租賃公司租與其使用之機器設備裝置於該廠房，是否發生廠房之出租人對機器設備享有法定留置權之問題？此即牽涉到留置權是否得因善意而取得之問題。民法第 445 條規定，不動產之出租人，就租賃契約所生之債權，對於『承租人之物』置於該不動產者，有留置權。即廠房之出租人就租金及已得請求之損害賠償等債權，得對承租人所有置於廠房內之機器等物行使留置權，融資租賃之機器設備所有權一直屬於租賃公司所有，而非承租人所有，廠房之所有人依法本不得對該機器設備行使留置權。惟如廠房出租人善意信賴該機器設備係承租人所有時，是否善意取得法定留置權即有疑問。在一般之留置權，債權人善意取得留置物之占有，縱使該留置物非債務人所有，債權人仍因善意而取得留置權（註28），惟在廠房出租人之法定留置權之情況，該留置權不以留置物為不動產之出租人所占有為其發生要件（註29），廠房之出租人既未占有機器設備，自不受善意占有之保護，縱使其誤信該機器設備為承租人所有，亦不能因善意而取得留置權（註30）。若租賃公司為避免以上解釋發生爭執，徹底保障權益計，應於租賃物裝置於廠房以前查明

註 28　參照史尚寬著，物權法論，頁447。姚瑞光著，民法物權論，頁 404、405。
註 29　參照最高法院 28 年上字第 687 號判例，載最高法院判例要旨上冊，頁 204
　　　。及姚瑞光著前揭書，頁 382。
註 30　同說見史尚寬著，債法各論，頁 198、199。

承租人是否向第三人承租廠房，若是，應取得廠房出租人表示知該機器設備係租賃公司所有之聲明書，或以存證信函通知廠房所有人關於機器租賃之情事，令廠房所有人處於惡意之狀態。

B. 第三人善意取得

出租人所有之租賃物，裝置於承租人之廠房內，現實上為承租人所占有，足以引起第三人信賴該物為承租人所有，因而產生由該第三人善意取得、出租人喪失擔保利益之情形。在此，第三人可能善意取得之權利計有所有權、動產抵押權：

Ⅰ、善意取得所有權

依民法第 801 條之規定，動產所有權之移轉，縱讓與人無讓與之權利，而受讓人係以善意受讓其占有者，仍即時取得該權利。此為善意取得所有權之制度，藉以維護占有之公信力，保護交易安全。融資性租賃之租賃物一直在承租人現實占有中，自不免有因承租人無權處分，而由善意第三人取得所有權之危險。雖然，出租人多於租賃契約中課承租人加貼標識、表明租賃物為出租人所有之義務（註31），並且，此項標識確有令受讓人陷於惡意之可能，惟一旦承租人違反此義務，拆下標識，讓與他人時，出租人仍處於因該他人善意取得而喪失所有權之危險。此為出租人對租賃物享有擔保

註31　國泰租賃合約書第 7 條第 1 項約定「甲方如認為有標明甲方之所有權或設置標識等必要時，乙方應同意照辦」。中國租賃合約書第 4 條第 4 項亦課承租人標識之義務。

利益之最大缺陷，並且，**此缺陷在現行法下可說是不能避免**。因此，為保護出租人、促進融資、擔保交易，實有必要仿效美國統一商法（Uniform Commercial Code）之法制，將融資性租賃納入動產擔保交易之一環（註32）。在此制度實現以前，出租人似乎只得儘量以租賃物設定動產抵押權，向金融機構「轉融資」，而於承租人蓄意違約，將租賃物詐稱自己之物而轉讓第三人時，一方面得以動產擔保交易法第三八條「三年以下有期徒刑…」之刑責在心理上壓迫承租人（註33），另一方面動產抵押權之效力得追及租賃物，善意受讓人僅取得一設有負擔之所有權，承租人所受之損失將減至最少之程度。

　　Ⅱ、善意取得動產抵押權？

　　　a、問題所在

　　融資性租賃目前最易引起之糾紛，首推動產抵押權是否得善意取得之問題。換言之，承租人將其占有之租賃物，設定動產抵押權予金融機構以爭取融資，作為所有權人之出租人（租賃公司）得否向該金融機構請求塗銷抵押權登記及返還抵押之租賃物？金融機構得否主張「善意取得」動產抵押

註32　美國統一商法廢除動產擔保交易形式上之名稱，准許當事人自由創設擔保利
　　　益，參見U.C.C. §9-102，本文頁164。我國縱不全面廢止擔保利益在形
　　　式上之區別，亦應增列融資性租賃一項，與動產抵押、附條件買賣、信託占
　　　有並列，令動產有多種設定擔保利益之可能。

註33　動產擔保交易法第38條規定，動產擔保交易之債務人，意圖不法之利益，
　　　將標的物遷移、出賣、出質、移轉、抵押或為其他處分，致生損害於債權人者
　　　，處三年以下有期徒刑、拘役、或科或併科四千元以下罰金。

權，以對抗出租人（租賃公司）？對於此問題，租賃公司方面主張，動產抵押權與質權不同，並無善意取得之適用；反之，金融機構方面則主張，承租人占有標的物而將其設定動產抵押予善意之金融機構，依動產擔保交易法第三條規定「本法未規定者，適用民法之規定」，得適用民法第八八六條質權善意取得之規定，善意取得動產抵押權。

b、法院之看法

1. 認為動產抵押權得善意取得者

認為：依我民法，動產物權之變動係以占有為表徵，故信賴此項表徵從事法律行為者，縱表徵與實質權利不符，亦應加以保護。善意第三人所信賴者，係無處分權人占有標的物之事實，此為善意取得之基礎。動產抵押，法律既明定不以受讓占有為必要，因之動產抵押權人係因信賴占有標的物之事實，而善意取得抵押權，故不能以無受讓占有之事實而否定其善意取得。亦即，動產抵押應解釋為亦得善意取得，方合我民法之精神，並能維護交易之安全（註 34）。

2. 認為動產抵押不得善意取得者

認為：動產質權之善意取得，係以質權人受讓占有標的物為要件，與動產抵押無須交付標的物之情形，兩者性質迥異，不能類推適用，而主張其為善意第三人應受保護（註35）。

c、學者之見解

註 34　參見高雄地方法院六九年度訴字第四五九八號判決。

註 35　參見台灣高等法院台南分院七十年度上字第七八--號判決及最高法院七十一年度台上字第三一一六號判決。

1. 認為動產抵押權得善意取得

國內權威學者王澤鑑老師認為動產抵押權得善意取得。氏謂「應注意，動產擔保交易法所創設之動產抵押，其基本結構與民法質權，既未盡相同，則在適用民法規定時，在方法論上即不能純作形式上之觀察，而應探討法律規定之基本精神及利益衡量之標準，以決定是否適用民法規定之法理，承認動產抵押權之善意取得。在我民法，動產物權之變動，係以占有為表徵，故占有標的物者，多為所有權人，信賴此項表徵從事法律行為者，縱表徵與實質權利不符，亦應加以保護。在動產抵押，善意第三人所信賴者，係無權處分人占有標的物之事實，此為善意取得之基礎。在動產抵押，法律既明定不以受讓占有為必要，則在決定善意取得能否成立，依法理言之，即不應以受讓占有為要件，如此適用法律，始能保護善意抵押權人之利益，維護交易之安全。」（註36）。

2. 認為動產抵押權不得善意取得者

洪滿惠先生認為動產抵押權不得善意取得，氏謂「動產抵押標的物之占有不移轉予抵押權人，無所謂善意取得，第三人縱為善意亦不能取得動產抵押權」（註37）。

d、管見

本文認為此問題與「占有改定與善意取得」之問題有關

註36　參照王澤鑑，動產擔保交易法上登記之對抗力、公信力與善意取得，載氏著民法學說與判例研究，第一冊，64年版，頁272、273。

註37　參見洪滿惠，信託占有制度之研究，台大法研所碩士論文，頁222。洪先生恰為王老師上述碩士論文之指導學生。

。換言之，善意第三人以占有改定之方式取得動產之間接占有，是否得善意取得權利，在學說及實務上已有極大之爭論，何況於本件善意取得動產抵押權之「抵押權人」連間接占有都未取得，如何得取得抵押權呢？因此，本文採否定之見解。茲為明白起見，舉例如下：

乙將自己所有之動產，供甲設定讓與擔保，再以租賃方式由乙繼續占有、使用該動產，然後，乙又以該動產，以自己之名義，供不知情之丙設定讓與擔保，再以租賃方式由乙繼續占有、使用該動產，此時，丙以占有改定之方式受交付，是否善意取得讓與擔保權（註38）？其如下列左圖所示：

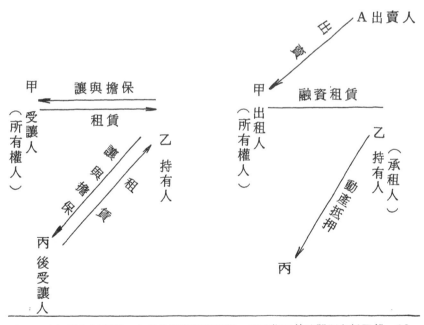

註38 本例引自劉得寬，占有改定與即時取得，載氏著民法諸問題與新展望，68年5月版，頁324。

　　讓與擔保之制度，爲德、日判例、學說及我國學說所肯認。甲先接受讓與擔保，已取得動產之所有權，乙再將之「讓與」擔保予丙，乙係無權處分，丙以「占有改定」（租賃）之方式受領交付（間接占有），是否善意取得讓與擔保權？日本判例採否定之見解（註39），學者意見紛歧，有支持判例之見解者（註40），有反對判例之見解而採肯定說者（註41），有採折衷說者，認爲丙依占有改定所取得之權利，須乙現實交付方能確定，若甲先受現實交付，丙之權利消滅，反之丙先受現實交付，甲之權利也確定消滅（註42）。其見解之紛歧，可見一斑。

　　按否定說之最主要理由，乃認爲依占有改定而設定之動產讓與擔保，其本質爲動產抵押，債權人（擔保權人）不取得標的物之占有乃其特色，因此根本不發生即時取得之問題（註43）。好個「依占有改定而設定之動產讓與擔保，其本

註39　大判大正五年五月十六日民錄二二輯961頁，大判昭和七年十二月二二日新聞3517～3523頁，大判昭和八年二月一三日新聞3520頁，大判昭和十年五月二十日全集一八卷六頁，最判昭和三二年十二月二七日民集一一卷二五八四頁。引自劉春堂，動產讓與擔保之研究，台大法律學會法律學刊第178以下。

註40　中島玉吉，民法釋義物權篇（上），大正10年，頁184。三瀦信三，全訂物權法提要，昭和2年，頁296。末川博，物權法論，訴法學全集，昭和15八期，頁178以下。

註41　我妻榮，占有改定は民法第一九二條の要件を充するか，載法學志林32卷11號。金山正信，即時取得，載民法演習Ⅱ物權，有斐閣昭和39年3月初版11刷。

註42　劉得寬，前揭書，頁327～320。劉春堂，前揭文。

註43　劉春堂，前揭文，台大法律學刊第8期，頁178。

質為動產抵押」之說法！將此說與本案融資性租賃相較（對照上述左、右兩圖），顯示：承租人將租賃物無權處分，設定動產抵押於第三人，實相當於乙依占有改定之方式為丙設定讓與擔保，所不同者，惟有讓與擔保權人尚「間接占有」標的物，動產抵押權人則根本未占有標的物！若本案之動產抵押權人如前述肯定說者，認為應受善意取得之保護，則已「間接占有」標的物之讓與擔保權人實更有予保護之必要。因此，本文認為在讓與擔保是否得依占有改定而善意取得此一「累世」之爭論，獲得定論以前，本案動產抵押權是否得善意取得之問題，亦同樣尚未達到獲得定論之階段。在獲得定論之前，本文寧願「躲在」讓與擔保之後，認為讓與擔保權人「間接占有」標的物，是否得善意取得該權利，已有疑問，何況連間接占有亦未擁有之動產抵押呢？亦即採向否定之見解。雖然動產抵押不以占有為要件（或動產讓與擔保大部分係依占有改定方式為之），採否定說，則動產抵押（或動產讓與擔保）之善意取得勢必完全無法成立，將阻塞依動產抵押（或讓與擔保）獲得融資之途（註44），惟查此論實屬似是而非，蓋無權利之承租人（占有人）本不應該以他人之物去爭取融資，「阻塞」此項融資途徑，本是理所當然，不足令人惋惜；至於，善意之金融機構因此而受損害之問題，因金融機構係「徵信」之專家，似應從加強徵信處著手，以減輕其損害；再就總體經濟上維護「金融」制度而言，保護第一次之融資。擔保交易（即融資性租賃）應較第二次融

註44 同註43。

資・擔保交易（動產抵押融資）優先才是，若謂動產抵押不能善意取得，將妨礙動產融資・擔保交易之成立，則此事於融資性租賃亦然，即肯認動產抵押之善意取得，將妨害融資性租賃此一新型動產融資・擔保交易之成立，故只要肯認融資性租賃在融資・擔保交易上之功能，即無犧牲出租人之擔保利益而成全動產抵押交易債權人之擔保利益之餘地，尤其是出租人之擔保利益先成立之場合。

實則，以上問題在融資性租賃之起源國家——美國——之場合，係屬動產擔保利益之次序之問題（註45）。就此問題，美國統一商法(uniform commercial code)有詳細規定（註46），原則上相衝突之擔保利益，其優先順位依登記或有效成立之時間定之(conflicting security interests acording to priority in time of filing or perfection)（註47）。因此，倘若吾國融資性租賃之交易，能夠納入動產擔保交易之一環，與動產抵押、附條件買賣一樣，能夠辦理動產擔保交易登記，而取得對抗善意第三人之效力（註48），則上述擔保利益相衝突之問題，即可獲得解決，出租人亦可獲得保障。在融資性租賃正式納入動產擔保交易以前，吾人似應慮及出租人較金融機構先獲得擔保利益，而仿美國法例，採取利於出租人之解釋。

註45 關於動產擔保利益之次序問題，參施文森，論動產擔保利益之次序，政大學報第20 期，58年12月，頁63以下。

註46 U.C.C. §9-312。

註47 U.C.C. §9-312條(5)(a)前段。

註48 參見動產擔保交易法第5條「動產擔保交易，應以書面訂立契約，非經登記不得對抗善意第三人」。

以上猶就實體法律爭論動產抵押是否得善意取得，而顯示出租人可能遭遇喪失擔保利益之危險（假如與本文採相反見解的話），除此之外，在程序法上出租人亦有不利之處。實務上曾發生承租人將租賃物遷至他處，以他人之名義設定動產抵押予金融機構，租賃公司訴請塗銷動產抵押權，被告（金融機構）否認該動產抵押物與租賃物係同一物品，台中地方法院及台灣高等法院以租賃物之機器種類雖與動產抵押物相同，但租賃公司不能舉證證明二者為同一物品，而判決租賃公司敗訴（註49）。此種事實上舉證之困難，惟有在將融資性租賃納入動產擔保交易之一環，藉登記予以辨別，始能獲得克服。

C. 租賃物之瑕疵、毀損與滅失

出租人對於融資性租賃物既享有擔保利益，則租賃物有瑕疵、或毀滅、滅失時，勢必影響出租人之擔保利益，此時，出租人如何獲得救濟？其與承租人之法律關係如何？以下分述之：

I、租賃物之瑕疵

融資性租賃之標的，除於承租人有使用、收益之利益外，於出租人更具有擔保之利益，因此，倘若出租人向機器、設備之供應者買入供作租賃物之機器、設備具有瑕疵時，不僅有害承租人使用、收益之利益，同時亦有害於出租人之擔保利益，為彌補損害計，承租人固然均汲汲於瑕疵擔保之請求，惟在出租人方面，一般出租人除於租賃契約中消極地訂

註49 此案為某大租賃公司發生之實例，作者無法查知案號。

明自己不負瑕疵擔保責任、承租人應直接向出賣人（供應商）為瑕疵擔保之請求外，甚少「積極地」去設法彌補擔保利益之減損！本文擬從此立場，探討物之瑕疵對出租人擔保利益之影響，以及出租人救濟之道，以下分可歸責於承租人之情形與不可歸責於承租人之情形兩方面論之：

a、可歸責於承租人之情形

在此討論租賃物之瑕疵，係指租賃物之出賣人依民法第373條之規定將租賃物交付前所存在之瑕疵，若在交付後所生之瑕疵，則為後面所討論毀損之問題，合先敘明。

如前所述，承租人代出租人選擇、採購機器，係處於受任人之地位（註50），為處理委任事務，須善盡必要之注意義務。承租人若因過失，採購一具有瑕疵之租賃物，除有害其自身使用收益之目的外，出租人之擔保利益不免因之而減損，其應如何獲得救濟？此時出租人似可依民法第544條之規定，請求承租人負賠償之責，賠償方法為擔保利益之回復（回復原狀、民法213條）。

其次，承租人受任選購租賃物本身無過失，而於受領時怠於行使民法356條檢查標的物、通知瑕疵之義務，致對出賣人不得行使瑕疵擔保請求權時，亦應認為處理委任事務有過失，出租人得依上述方式處理。（註51）

b、不可歸責於承租人之情形

註50　參見本文，頁 98。

　　白石裕子，リース契約の基本構造，載早稻田法學會誌，第24卷，頁260。
註51　以上係從民法之觀點，試圖對本問題作解決之嘗試。

1. 瑕疵擔保請求權擔保利益之代替

因不可歸責於承租人之事由，致租賃物有瑕疵時，出租人對其擔保利益之減損，如何獲得救濟？本文認為，從擔保物權「物上代位」（註52）之原理來看，出租人因物之瑕疵所減損之擔保利益應從擔保物之代替物或代替權利獲得補償。按租賃物有瑕疵時，租賃物之出賣人負有瑕疵擔保責任，出租人並已將此項瑕疵擔保上之權利「讓與」承租人（註53），承租人此項對出賣人之瑕疵擔保請求權即為租賃物之代替權利，理應成為出租人擔保利益之代位物。惟目前實務上，租賃公司並未意識到瑕疵將影響其擔保利益，於將其對出賣人之瑕疵擔保請求權讓與承租人後，即未再從事彌補其擔保利益之行動。

2. 各種瑕疵擔保請求權與出租人之擔保利益

按瑕疵擔保請求權，依我國民法之規定，有解除契約、請求減少價金、請求不履行之損害賠償、請求另交付無瑕疵之物等四種。當承租人依各種方式向出賣人為瑕疵擔保之請求時，出租人如何彌補其擔保利益，有分別討論之必要：

(1)解除買賣契約時

出租人將對出賣人之瑕疵擔保請求權讓與承租人，倘承租人對出賣人行使其中之契約解除權，並依民法第259條之規定，將租賃物返還予出賣人，將使出租人喪失對租賃物所

註52 擔保物權具有物上代位之特性，參照鄭玉波老師，民法物權，頁232、235，
　　　姚瑞光，物權法論，頁199。
註53 參照國泰租賃合約第6條第2項。

有之擔保利益（不僅是因瑕疵而減損之部分），此種作法，除出租人尚未對出賣人給付價金外，對出租人極為不利。

(2)請求減少價金時

承租人向出賣人請求減少價金時，若出租人（即買受人）已將價金交付出賣人，承租人得向出賣人返還該減少之價金，若出租人尚未將該減少部分之價金交付出賣人，承租人基於融資性租賃契約，得請求出租人交付該減少之價金。（註 54）。此時，對出租人而言，其所提供之「融資」一樣，但其擁有之擔保利益卻因「物之瑕疵」而減損。基於「物上代位」之原理，承租人所有之減金減少請求權應為出租人擔保利益之代替標的才是！惟一般融資性租賃契約僅約定，出租人將瑕疵擔保請求權讓與承租人，而未提及如何補救自己所擁有擔保利益減損之問題。本文認為，承租人以該減少之價金另購之物應設定擔保物權予出租人，或以該價金修繕融資性租賃物，以衡平出租人擔保利益之減損。

(3)請求不履行之損害賠償時

承租人依民法第 360 條之規定，向出賣人請求不履行之損害賠償時，出租人對於出租人仍須支付價金，故此時出租人所須提供之「融資」不因租賃物之瑕疵而減少，但其所享有之擔保利益卻因租賃物之瑕疵而減損，如此，對出租人殊為不利。基於「物上代位」之原理，承租人所擁有之損害賠償請求權亦應為出租人擔保利益之代位標的！此與上述承租人請求減少價金時同。

註 54 參見本文頁 127。

⑷另行交付無瑕疵之物

於出租人與出賣人所訂立之買賣契約，僅指定種類，而未指定特定物之「種類買賣」案型中，若出賣人所交付之物有瑕疵時，承租人有請求出賣人另行交付無瑕疵之物之權利。當承租人請求出賣人另行交付無瑕疵之物時，該物仍為出租人所有，則出租人所享有之擔保利益由該有瑕疵之物移轉予該另行交付無瑕疵之物，則對出租人而言，出租人所享有之擔保利益於此狀態下最為確實！然而，另行交付無瑕疵之物僅限於「種類買賣」之場合，承租人始有權為之，故出租人為確保其擔保利益，似應與出賣人特約，出租人（即買受人）一概享有此權利，則於出租人將此權利轉讓予承租人時，出租人始能一概確保其擔保利益。

3. 各種瑕疵擔保請求權之選擇權與擔保利益

以上四種瑕疵擔保請求權，其性質為形成權，而非請求權，其存在上是併存的，在行使上則為選擇的。換言之，透過權利人形成權之行使，以單方之意思表示，選擇其中之一，當事人間之法律關係即告確定，不得再為變更，亦不得主張其原來所選擇之權利無法使其獲得滿足，而再依其他權利更為請求（註55）。

從而，此種關係重大之選擇權誰屬，勢必影響出租人之擔保利益！按理，出租人既已將其對出賣人之瑕疵擔保請求權讓與承租人，則承租人當然享有此項請求權。在此情況下，如前所述，承租人選擇解除契約時，於出租人之擔保利益

註55 黃茂榮老師：買賣法，植根法學叢書，頁310、311。

最為不利，於承租人選擇請求另行交付無瑕疵之物時，於出租人之擔保利益最為有利，請求減少價金及損害賠償則為中間類型，此種於擔保利益優劣之順序，未必與承租人之利益一致，故出租人為確保其擔保利益，似宜於租賃契約中保留此項選擇權。

Ⅱ、租賃物毀損、滅失時

融資性租賃物毀損或滅失時，除發生承租人是否仍須依約給付租金之「危險負擔」之問題以外（於不可歸責於雙方當事人時），尚發生出租人存於租賃物上之擔保利益減損或喪失之問題（註56）。關於租金之危險負擔之問題，本文已於第三章一、F中論及，於此本文將討論出租人擔保利益減損或喪失之問題，此問題又可分為可歸責於承租人及不可歸責於承租人兩種情形：

a、可歸責於承租人之情形

通常租賃契約均有約定，於融資性租賃契約存續中，承租人應盡善良管人之注意義務，保管及使用租賃物（註57），此項注意義務相當於動產擔保交易法上，標的物占有人之保管或使用標的物之注意義務（註58）。倘若承租人違反此義務致標的物毀損或滅失，出租人應如何謀求救濟？此時除

註56 關於債權法上危險負擔問題與擔保物權因標的物毀損滅失而消滅之問題之區別，參照洪滿惠，信託占有制度之研究，頁179～181。

註57 參見國泰租賃合約書第7條第3項。

註58 動產擔保交易法第12條規定，動產擔保交易契約存續中，其標物稅之占有人，應以善良管理人之注意，保管或使用標的物。

構成侵權行為，出租人得請求承租人回復原狀（註 59）外，法律效力極不明確。此事若發生在動產抵押或附條件買賣等典型的動產擔保交易，依動產擔保交易法第三條規定，適用民法第八百七十二條第一項之結果，動產擔保權人得請求提供擔保人回復擔保物之原狀或提出與減少價額相當之擔保。從而，吾人應努力將融資性租賃盡速法制化，納入動產擔保交易之一環，則融資性租賃亦得依此動產擔保交易法之規定，明確其法律關係。

於毀損之情形，現行實務上所使用之「租賃合約書」通常約定，承租人應負回復原狀之義務（註 60），衡諸上述說明，尚屬允當。惟於滅失之情形，承租人必須支付約定之損失金（註 61）（相當於未付之租金），而發生結束融資性租賃關係、使承租人喪失融資利益之結果，此於承租人仍願按期給付租金並願另提供相當擔保之情形下，對承租人殊屬不平！

b、不可歸責於承租人之情形

租賃標的物因不可歸責於承租人之事由而毀損、滅失時，出租人如何獲得救濟？此事若發生在典型動產擔保交易之場合，依動產擔保交易法第三條及民法第八七二條第二項之規定，擔保權人僅於擔保提供人得受損害賠償之限度內，得

註 59　民法第184條第 1 項前段：因故意或過失不法侵害他人權利者，負損害賠償
　　　　責任。第 213條規定：負損害賠償責任者，除法律另有規定或契約另有訂定
　　　　外，應回復他方損害發生前之原狀。
註 60　參見國泰租賃合約表第 13　條第二項。
註 61　參見國泰租賃合約表第 13　條第三項。

請求擔保提供人另外提出擔保（註62）。吾人若能將融資性租賃納為動產擔保交易之一環，則出租人僅得依此規定獲得救濟，法律關係極為明確。在此之前，則乏法律依據，租賃公司多於租約中約定，租賃物毀損時承租人應負回復原狀之義務，標的物滅失時承租人應給付約定之損失金（註63），前者使承租人負擔過份的責任，後者使承租人喪失融資利益，較諸典型動產擔保交易之規定，極不利於承租人，本文認為，其效力有待檢討。

註62　民法第872條第2項規定：抵押物之價值，因非可歸責於抵押人之事由致減少者，抵押權人僅於抵押人得受損害賠償之限度內，請求提出擔保。

註63　參見國泰租賃合約書第13條第2、3項。

本節位置

第　四　章　融資性租賃契約之擔保性格

　　一、出租人擔保利益之取得

　　二、擔保利益之喪失、減損

　※三、違約與擔保物權之實行

本節問題要點

1. 融資性租賃契約約定承租人違約之事項有那些？

2. 約定承租人違約之事項是否都合法？

3. 承租人違約時，租賃公司有何物權與債權？

4. 租金債權與取回租賃物之權利是否可以一併行使？

5. 租賃公司「終止租約」的法律性質是什麼？

6. 租賃公司取回租賃物後，應負什麼義務？

7. 以動產擔保交易來理解融資性租賃簡易多了。

三、違約與擔保物權之實行

按擔保物權（擔保利益）之精神，在於債務人違約不履行債務時，債權人得實行擔保物權，就擔保標的物實行換價，並以換價所得之金額滿足其債權。融資性租賃作爲一種新型的動產擔保交易，亦具有此種擔保物權之特色，以下本文試就債務人（承租人）違約之情形、債權人（出租人）之權利，以及債權人實行擔保物權之法律關係，依次予以說明：

A. 承租人之違約

I、違約事項

承租人有違約之情形時，始發生出租人實行權利之問題，故首應就承租人違約之事項予以說明。在實務上，租賃公司所使用之「定型化租賃契約」，就承租人違約事項之約定，甚爲廣泛。國泰租賃公司式的租賃合約，約定承租人遲付一期租金及違反契約中之任何條款時，均構成「違反契約」（註1），其中，遲付一期租金十分明確，而所謂違反契約中之任何條款，主要包括違反下列義務：①標識出租人爲所有權人之義務（註2），②不得將標的物遷離之義務（註3），③保養之義務（註4），④不得變更租賃物外形、機能

註 1.　參見國泰租賃合約書第17條第1項。

　　2.　參見國泰租賃合約書第7條第1項。

　　3.　參見國泰租賃合約書第7條第2項。

　　4.　參見國泰租賃合約書第8條。

之義務（註5），⑤不得將租賃物附著於不動產之義務（註6），⑥不得轉讓租賃物、租賃權之義務（註7），⑦允許出租人檢查租賃物之義務（註8），⑧報告合併、減資等組織上變更之義務（註9），⑨通知董、監事變更之義務（註10），⑩報告營業狀況之義務（註11）。另外，中國租賃公司式的租賃合約，除約定上述之違約事項外，更加上下列數項：①關於締約之事項，承租人曾為虛偽之陳述或提出不實之文件者（註12），②承租人或其保證人無支付能力、破產、死亡、停止或請求停止支付，或財務情況惡化，與債權人和解、已受解散、破產或重整之聲請、停業、公司股東直接或間接變動（註13），③租賃標的物或承租人之財產被聲請或實施扣押或強制執行（註14），④承租人對任何一項付款義務到期不履行者，或遭票據交換所拒絕往來處分者（註15），⑤租賃標的物之保險人解保或期滿不允續保者（註16）

---

5. 參見國泰租賃合約書第9條。

6. 參見國泰租賃合約書第10條。

7. 參見國泰租賃合約書第11條及19條。

8. 參見國泰租賃合約書第12條。

9. 參見國泰租賃合約書第22條第1項。

10. 參見國泰租賃合約書第22條第2項。

11. 參見國泰租賃合約書第22條第3項。

12. 中國租賃合約書第13條第1項第3款。

13. 中國租賃合約書第13條第1項第4款。

14. 中國租賃合約書第13條第1項第5款。

15. 中國租賃合約書第13條第1項第6款。

16. 中國租賃合約書第13條第1項第7款。

　　以上承租人「違約」之事項，範圍十分廣泛，幾已包括：① 承租人違反融資性租賃契約之主要給付義務（如給付租金）。② 承租人違反存在於租賃物之附義務（標識、不遷離、不轉讓、保養、不變更租賃物、允為檢查之義務），③ 承租人債信惡化之情形（虛偽陳述、停止支付、破產、重整、債務糾紛被假扣押、強制執行、不履行其他債務、票據拒絕往來），④ 承租人組織發生變化（如合併、減資、董監事變更、公司股東直接間接變更等）。

　　Ⅱ、違約事項之約定之合法性

　　欲針對上述融資性租賃契約所約定之廣泛違約事項，討論其合法性，須先檢視違約事項所造成之法律效果，而後檢討各個具體之違約事項，在法律上造成該效果是否妥當。按一般融資性租賃契約就違約事項所約定之法律效果有兩項，其一為出租人取得即時請求清償之權利（承租人喪失期限利益），其二為出租人得取回租賃物再處分，就處分所得金額求償其債權之權利（如後 B 所述）前者為關於「清償期」之約款，後者則為實行擔保物權之原因之約款，此兩種約款在融資性租賃契約均依「定型化契約條款」(Standard Contract Terms, Allgemeine Geschaftsbedingungen)之方式作成之情形下，即為學者所謂①定型化清償期約款（註17），與②定型化實行擔保物權原因約款之問題（註18）。以下先摘列學者之見解，再申述本文之看法：

17.　參見劉宗榮，台灣地區定型化契約條款之研究，台大法律研究所碩士論文，64年，頁97以下。
18.　同上，頁171以下。

a 學者之見解

關於此問題，學者劉宗榮先生曾為嚴厲之批判。雖作為其論述對象之定型化契約，係一般銀錢業者所使用之消費借貸契約，而不及於本文所述之融資性租賃契約，惟其基本問題及違約事項大致與融資性租賃契約相同，故摘列其見解，仍有許多可供參考之處（註 19 ）。

在定型化契約條款，所謂「客觀事實發生後，債務人應提前清償，且應給付自借款之日起至原定清償期之利息」之約定（在本文所論之融資性租賃，全部租賃期間之租金即相當於一般貸款之本金及全部利息），由於債務人與債權人之交涉機會及交涉能力不平衡，且其法律效果不公平，固應否認該款之效力，即令約定「客觀事實發生後，債務人應提前清償，但得免予給付提前期間之利息」（在本文所論之融資性租賃，全部租賃期間之租金扣除提前清償之中間利息，即相當於一般貸款免予給付提前清償之利息），亦未必公允，良以債權人提前收回本金，減少向債務人請求給付提前期間之利息，表面上係損益同歸，實際上債權人之主動收回本金必另有用途，或轉貸第三人以收取利息，或轉投資而謀更高

---

19. 黃茂榮老師認為，隨著社會的變遷，常常會有新事務出現，當它第一次出現，或引起規範上之問題時，必然會引起歸類上之困難，此際意味著新的摸索之開始…基於社會變遷之繼往開來的必然性，它不可能與舊事務完全脫節，舊事務一直構成新事務發生之條件，因此，處理新事務固然不是駕輕就熟，但也不是全無脈絡可循。見氏著，法律事實之認定及其規範上的評價，載台大法學論叢，第八卷第 2 期，頁 29。本文認為，融資性租賃即為此處之新事務，此新事務之許多約款均係根源於一般貸款合約此一舊事務而來，則對舊事務之探討，有許多可供新事物參考之處。

利潤，殆無損失可言；而債務人表面上雖提前清償，減少利息之給付，亦損益同歸，並無不平，但實際上債務人之借貸，足證其有急用之需，設使令其提前清償，則不唯債務人應以同樣利率或更高利率向第三人借款以償還債權人，而且甚至須以黑市利息籌措款項，以消燃眉之急，有予檢討之必要……，下列事項宜否認其效力：

①本金或利息（本文註：相當於融資性租賃之租金）一期末清償：按本金或利息一期未履行，其發生之可能情形有兩種：一為債務人有清償能力，但因怠於清償，致發生約定之客觀事實者，此時債權人債權之保障並未受到損害，且可依法請求債務人怠於履行債務之損害賠償，對於債權人並未發生顯著不利之影響，若肯定本金或利息一期怠於給付，即視為全部到期，則債權人為謀債權之保障，使債務人因一時疏忽，而須即刻返還借貸，失却資金運用機會，兩者相權，深感法益有失公允；反之，另一種為債務人因經濟力量薄弱，致無法逐期返還本金或利息者，此時對債權人言，亦未必有其實益，艮以債務人一期本金或利息尚且不能給付，雖將清償期提前，亦未必有其實益，與其殺雞取卵，不若養其根而俟其實（註20）。

②借款人（相當於融資性租賃之承租人）之財產被查封、假扣押、假處分：以台灣地區之訴訟實務觀之，若肯定此種約款之效力，則有所不當，艮以依民事訴訟法規定，債權人為保障其債權之執行不致落空，得提供担保，聲請法院裁

20. 參見劉宗榮，前揭文，頁104、105。

定。准予假扣押、執處分等；…法院亦悉數許可，其結果債務人只要有另一案件被起訴（或假扣押…），即有促使借款全部到期之危險，此種情形在一般消費者固然無法招架，在大企業，則更易發生週轉不靈，甚至連鎖倒閉，造成大量失業，影響國民經消健全發展，因此自全盤考慮，應否認其效力（註 21 ）。

③債務人死亡者（相當於融資性租賃契約之保證人死亡，至於承租人為公司，不生此死亡之問題）：債務人死亡時，若有繼承人，而繼承人為一般繼承者，則繼承人對於被繼承人之債務負連帶責任（民法一一五三條一項），並不影響債權人之保障，若繼承人為限定繼承者，則依民法第一一五七條規定，法院應依公示催告程序公告，命被繼承人之債權人於一定期限內，報明其債權，並依申報債權比例分配，此種法定程序，不容當事人以特約變更之，是縱令約定因債務人死亡而債權提前到期，對債權人言之，實亦絕無任何實益；在無人繼承（或全部拋棄繼承準用無人繼承之情形），債權人須依法定程序（民法 1176 1、1179、1181、1185 ）求償，債權人不得以債務人死亡作為提前清償之原因（註 22 ）。

④解散、結束營業、合併：債務人公司解散、結束營業、合併，雖使債信發生動搖，有使清償期依約定提前屆至之必要，但由於涉及其他債權人之利益，因此，依公司法有關清算之規定及合併程序之規定（公司法 73、319 ），由公司或

21. 參見劉宗榮，前揭文，頁106、107。

22. 劉宗榮，前揭文，頁107。

清算人編造資產負債表及財產目錄，通知債權人並公告，令債權人依法定程序行使權利，此種程序見有強行性質，不得以約定變更之，清償期提前屆至之約定，並無任何實益（註23）。

⑤怠於履行或不履行契約條件（在融資性租賃之相當約定，計有關於租賃標的物之標識、保養、檢查、轉租等事項，以及報告營業狀況之義務，通知董監事變更等，即所謂「違反契約任何條款」之概括約定（註24）。）：定型化契約條款之條件甚分，其中有重要者，有不重要者，若不論條件是否重要，一以債務人「怠於履行或不履行契約條件」為理由，一律認為清償期提前屆至，則債務人動輒得咎，清償期隨時到來，於債務人至為不利，持平之論，應就債務人怠於履行或不履行之條件重要與否及法益是否平衡，而決定清償期是否屆至。但在定型化契約條款，何者條件不重要，事涉主觀價值判斷，必欲如此分別，則使定型化契約條款統一性及客觀性解釋特質完全喪失！為兼顧定型化契約條款之特質及保證債務人之利益，除債務人所違反者顯然為重要條件外，此種概括性之約款，在兩害相權取其輕及契約社會化的指導原則下，宜否認其效力為是（註25）。

以上係劉宗榮先生從「清償期」之角度，對定型化契約條款所作之批判，至於，從「拍賣擔保物之原因」之角度，

---

23. 劉宗榮，前揭文，頁108。
24. 參見國泰租賃合約書第17條第1項，及中國租賃合約書第13條第1項第2款。
25. 劉宗榮，前揭文，頁109。

對定型化契約條款加以批判時，則認為：①抵押權、質權、留置權等担保物之拍賣，除法律明文質物得於質物有敗壞之虞或其價值減少之際拍賣外，所有担保物權均以「清償期屆至」為拍賣之原因；②以「債權已屆清償期而未受清償」為拍賣担保物」之要件為「強行規定」，不得以特約排除之，否則即為變相之期前求償，與民法第三百十六條「定有清償期者，債權人不得於期前請求清償」之規定意旨有違，允宜禁止，以期公平（註 26 ）。

　　b 本文之看法

　　　1.清償期提前屆至約款與拍賣担保物原因約款之關
　　　　係

　　上述劉宗榮先生分別論述「清償期提前屆至約款」與「拍賣担保物原因約款」之效力。對於前者，氏在「概括條款」之效力方面，基本上認為應分別「違約條件是否重要」以決定其效力，惟條件是否重要，涉及主觀價值判斷，為保護債務人，應認為除債務人所違反者顯然為重要條件外，應否認其效力；其次，氏在「具體條款」之效力方面，則認為約定一期未履行視為清償期屆至、債務人之財產被假扣押…時，清償期視為屆至，應屬無效。對於後者之「拍賣担保物原因約款」則一概否認當事人得以特約約定因特定條件而令清償期提前屆至！本文認為，「清償期提前屆至約款」是否有效，足以影響「拍賣担保物原因約款」之效力，換言之，只須清償期提前屆至約款有效，債權人當然得以「清償期屆至

26.　劉宗榮，前揭文，頁173～176。

」為原因，拍賣担保物。從而，以上問題之重點應在「清償期提前屆至約款」之效力上，吾人只須解決此角度之問題，即能推論是否得拍賣担保物（註27）。事實上，在融資性租賃契約，契約均約定承租人違約時，出租人得①一次請求給付所有到期及未到期之「租金」，②取回租賃物，前者為「清償提前屆至約款」，後者為實行擔保物權約款（詳如後 B、C 所述），同一違約事項，本來就同時發生兩種效力。

2. 應以違約事項是否重要及誠信原則為斷

如前述 I 所述，定型化融資性租賃契約上承租人違約事項十分廣泛，如均依其約定，勢必造成承租人動輒得咎，隨時有被取回租賃物、被請求給付所有「租金」之可能，此於承租人殊無保障，亦使當事人間之法律關係陷於不確定之狀態，為維護法益之平衡與安定，法律宜對此些條款進行規制。就此，本文贊成劉宗榮先生所謂「應視債務人怠於履行或不履行之條件重要與否及法益是否平衡而決定清償期是否屆至」，至於，因為判斷條件「重要與否」所涉主觀性之問題，係另一問題。此問題亦係吾人在規範活動上所應努力去克服者（註28）。西德一般契約條款法 (Das Recht der Allgemei-

---

註 27. 基本上，劉宗榮先生認為應依違約條件之重要性以決定，清償期提前屆至約款之效力，然而，對於拍賣担保物約款則又一概否認其效力，依本文之觀點，前後似有價值判斷不一致之嫌。

註 28. 黃茂榮老師認為「趁著價值標準不夠精確具體之弱點，而認為價值判斷是純主觀而不能驗證的觀點，應予堅決地反對⋯，法律人應切記，其任務在客觀化規範上的價值判斷」，其詳細理由見氏著，法律事實的認定及其規範上的評價，載台大法學論叢，第八卷第 2 期，頁29。

nen Geschäftsbedingungen)第九條規定，(1)違反誠實信用原則之條款無效；(2)條款違反誠信原則與否有疑義時以下列標準決之：1.與基本法理不能相容，2.依契約之本旨應發生之重要權利義務受到限制，以致於契的目的有不能達成之虞者（註29、30）。其以「誠信原則」作為認定定型化契約條款有效與否之標準，一方面相當於本文上述以「重要與否」為標準，另一方面，誠信原則在法學方法上的處理，亦可作為處理認定「重要與否」之方法。換言之，透過個案，逐例摸索之方法，凝聚一些誠信原則（或本文所謂之「重要與否」）之下位原則，或將一些案型之處理達到「構成要件化」之程度（註31），即可逐漸澄清原來看似全部涉及主觀價值判斷之問題。何況，法律上之價值判斷應該也有可能客觀化，以下略述之：

3. 價值判斷之客觀化

按法律上之價值判斷固然不能避免判斷者主觀之成份，惟其仍有客觀化之可能性，蓋基於法律上之判斷以裁判「衆人之事」為其特點，價值判斷必須以社會共認之標準作基礎（註32），換言之，此項價值判斷不是適用法律上個人之主觀的法律感情，而是適用存在社會上可以探知認識之客觀倫

註29.　參見黃越欽，論附合契約，載政大法學評論第16期，1977、10，頁74。
註30.　融資性租賃之承租人為「企業」，亦為商人，非消費者。依西德一般契約條款法第24條第1項第1款規定，條款無效之理由只有第9條適用於「商人」。
註31.　黃茂榮老師前揭文，頁28。
註32.　同註31。

理秩序、價值、規範及公平正義之原則（註33）。為達成社會「共認」之價值，形成「共同意見」，適用法律者就其裁判或判斷應附以足以讓第三人檢證其裁判或判斷正確性之理由（註34）讓人們透過「逐案摸索」、回饋正反意見，利用歸納，比較異同，而形成類型，產生共同意見，而不使價值判斷陷入神秘權威或政策上合目的性的偶然考慮（註35）。其實關於「客觀性」，倘若彷照 Karl. R. Popper「否證可能性」的說法，將客觀性瞭解：「間主觀批判的可能性」(inter subjective discussibility or critizability)（註36），則上述所謂將價值判斷附以理由，以提高第三者從事否證、檢證之可能性，此事本身已具有客觀化之意味，再者，利用歸納形成類型，也提高人們批判，檢證相同類型之案件是否為相同處理之可能性，以及若為不同之處理，人們亦容易基於「平等原則」此一憲法所保障之價值，來否證適用法律者所為不同之價值判斷，亦皆顯示價值判斷客觀化之可能性。

4. 違約事項之約定之效力

在認為價值判斷有客觀化之可能之前提下，吾人對於承租人違約事項是否重要，應於具體各案中為價值判斷並附以理由，並利用歸納，逐漸形成各種違約事項及其效力之類型

註33. 參見王澤鑑老師，民法實例研習叢書第一冊，基礎理論，71、10.月自刊，頁158。

註34. 同註 32 、註 33。

註35. 同註 31。頁 28、29。

註36. 參見碧海純一，現代法解釋學における客觀性の問題，載現代法講座第十五冊「現代法學の方法」，頁3～6。

。在未有足夠或相當案例之價值判斷以前，不宜自始地，一般地遽認，基於保護債務人之觀點，應如何如何。

在缺乏具體案例及其所爲價值判斷之情形下，本文只得越過具體案例之階段（註 37），逕依承租人違約事項之類型，略表個人之看法：

① 承租人違反融資性租賃契約之主要給付義務之類型：給付租金係承租人之主要給付義務，亦爲出租人與承租人締約之目的；出租人最重視者莫過於承租人能按時給付租金，因此，承租人不履行給付租金之義務所構成之違約事項，在融資性租賃契約，對出租人而言應屬最重要（重大）者，因此，承租人一期不履行給付租金之義務時，已動搖其給付租金之信用應容許出租人即時請求全部之租金（承租人喪失期限利益）。對於此問題，如前所述，劉宗榮先生認爲於債務人（承租人）有能力給付而怠於給付時，對債權人（出租）並無不利之影響；於債務人無清償能力，債權人即時請求亦無效果，從而依此否認清償期提前屆至之效力，此看法無非概念式地將債務人二分爲有無清償能之狀況，忽視有無清償能力具有動態性，此一時具有清償能力，彼一時可能因脫產而無清償能力；債務人現無清償能力，過一段時間可能有清償能力；准許債權人即時請求給付，債權人得隨時俟機而動，好處在所多有！

② 承租人違反存在於租賃物上之附隨義務（標識、保養

註 37.　黃茂榮老師認爲，在國內由於法院之裁判資料公佈得不夠積極，使這種逐例摸索演進的過程相應地受到抑制，此誠爲我們法律文化上之重大損失。

租賃物，不轉讓、不轉租、不遷離租賃物，允出租人檢查租賃物之義務）：按出租人就租賃物享有担保利益，而租賃物在承租人占有中，故租賃契約約定承租人就租賃物負有積極地為標識、保養、允許出租人檢查之義務，以及消極地不將租賃物轉讓、轉租、遷離之義務，倘承租人違反此義務，勢必侵害出租人之担保利益，其中，侵害最嚴重者為轉讓、遷離租賃物，其使出租人「立即」喪失租賃物之所有權（善意第三人「即時」取得時），應認為承租人違反契約之重要事項，而發生清償期前屆至之效力；在其他動產担保交易，附條件買賣之買受人將標的物出賣，出質或為其他處分時，出賣人得取回標的物（註 38），信託占有之受託人未經信託人同意將標的物遷移他處者，信託人亦得取回標的物（註 39），均可證明轉讓、遷離為重要（重大）違約事項。轉租雖未至處分之程度，但由於租賃具有「物權化」之特色，亦應認為重要之違約事項。其次，「不為保養」，應視不為保養之結果租賃物損壞之程度，具體認定之。再者，承租人拒絕出租人探視、檢查租賃物，已至「具體否認」出租人就租賃物享有權利之地步，亦應認為重要之違約事項。至於，承租人違反標識租賃的為出租人所有之義務，應分承租人是否一時疏忽，是否為一時方便、是否於通知改進後仍持續違反等眾多情形而定。

　　③承租人債務惡化之情形（承租人虛偽陳述、停止支付

註 38.　參見動產担保交易法第 28 條第 1 項第 3 款。

註 39.　動產担保交易法第 34 條第 2 款。

、破產、重整、不履行其他債務、票據拒絕往來，被假扣押、強制執行等）：按承租人於訂約時，關於契約之事項爲虛僞之陳述或提出不實之證件，難免影響出租人對承租人債信能力之估計，學者劉宗榮先生認爲此後可歸責於債務人之事由，爲抑止詐風，端正風氣，不必再保護不誠實之債務人，應認爲此約款有使清償期提前屆至之效力（註40）；惟本文認爲，虛僞之事項有重要者，有不重要者，應按虛僞事項之重要與否，具體認定之（註41），就此，中國租賃公司式之定型化租賃契約條款即約定「證明重要部分爲不確者」（註42），與本文見解相同。其次，停止支付若爲停止對出租人之支付，出租人依前①所述得即時請求，若爲承租人對其他債權人停止支付，則此「違約事項」與其他債權人聲請假扣押、強制執行，皆與出租人無關。本文贊同前述劉宗榮先生之見解。至於承租人破產時，依法本生未到期債權視爲已到期之效力（註43），無須契約特別約定；固承租人公司重整時，出租人應依公司法關於重整之規定行使權利。

④承租人組織變化時（合併、減資、董監事變更、股東變更）：公司合併、減資及董監事股東變更時，並不影響公司之責任及人格，應認爲出租人不得藉以提前請求承租人清償債務。

註40. 劉宗榮，前揭文，頁109。

註41. 在定型化保險契約方面，保險法第64條第1項規定「要保人故意隱匿，或因過失遺漏或爲不實之說明時，其隱匿、遺漏或不實之說明，足以變更或減少保險人對危險之估計者，保險人得解除契約，其危險發生後亦同。」，此「法理」可作爲融資性租賃場合之參考。

註42. 中國租賃合約書第13條第1項第3款。

註43. 破產法第100條：附期限之破產債權未到期者，於破產宣告時視爲已到期。

B. 承租人違約時出租人之權利

融資性租賃之承租人遲延給付租金時，出租人（租賃公司）依約得行使下列全部或一部之權利：(A) 請求立即付清全部租金（包括未到期）或其他費用，(B) 逕行終止租賃合約，收回或請求返還租賃物及損害賠償之要求（註 44）。此外，在租賃實務上，租賃公司常要求承租人按租金之應付期日簽發支票，於租賃開始日一次全部交付租賃公司（註 45），以及為「擔保」全部租金之權利及使於使承租人喪失期限利益，承租人亦需簽發票面金額相當於全部租金總額之本票乙紙，交付租賃公司（註 46）。綜合上述出租人之種種權利，吾人得將其歸類為債權與物權兩種類型：

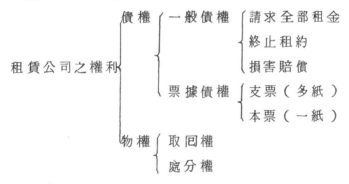

I、債權

出租人對承租人之債權分為一般債權與票據債權兩種；

註 44. 參照國泰租賃合約書第十七條第一項。另中國租賃合約書第十二條第二項就此規定得更繁複，惟基本上仍與國泰租賃合約相同。

註 45. 參見袁明昌，前揭論文，頁 96。

註 46. 參見中國租賃合約書第十二條第三項。

一般債權包括請求給付全部之租金，終止租約與損害賠償請求權，票據債權則包括支票債權與本票債權。以下詳述及檢討之：

　　a 一般債權

　　　1. 請求全部之租金

　　在此，所謂「請求全部之租金」，依租賃公司之意思，是指全部已到期而承租人未付之租金，以及其他依約應於將來給付而未到期之租金。其中，請求已到期而承租人未付之租金，在法律上應無問題，成問題者爲「將來之租金」，其涉及承租人「期限利益喪失」（即時清償）以及承租人願意返還租賃物，終止租約時，出租人對於承租人此部今未使用收益之期間得否請求「對價」等兩大基本問題。如前第三章所述，基於融資性租賃「租賃物係應承租人之特別需要而訂購，因不見泛用性，不易再出租，再出售等處分」之特性，本認爲應容許出租人即時請求全部未到期之租金（註47）。

　　惟出租人即時請求全部將來之租金，而獲得如免再向銀行給付利息等利益，基於損益相抵之法理，應自租金中扣除（註 48 ）。

　　　2. 終止租約

　　融資性租賃契約是否發生「終止」契約之問題，恐有疑

註47.　參見本文頁 158。

註48.　參照本城武雄、加藤智泰，ファイナンス・リース契約におけるリース物件の中途引揚げと殘リース料からの利用價值の清算義務。載名城法學第31卷 3.4 期合訂，1982、3，頁123。

問。

　　按繼續性契約始發生契約「終止」之問題，一經「終止」，使繼續性的法律關係向後失其效力（註49）。融資性租賃契約是否有「終止」契約之問題，應視其是否具有繼續性而定而定。從形式上之名稱來看，融資性「租賃」既名為租賃，理應具有繼續性才是！惟查，繼續性契約必須「契約時間之長度對給付之內容與範圍有決定性」（註50）或「整個給付之範圍係隨著時間的繼續而增加」（註51），而非締約時整個給付的範圍已經固定，祇足其給付應於不同之時點為之者（例如分期付款買賣）（註52）。然在融資性租賃契約，出租人（租賃公司）締約之目的及意圖，係在為特定承租人「出資」購買機器，並「僅」在該特定承租人身上收回所有之成本及利潤，出租人錢一支出，即確定欲全部收回之，其收回之對價係錢之支出，而非承租人繼續地使用租賃物，不問承租人是否繼續使用，租賃物是否有瑕疵或發生滅失之危險，均不影響出租人收回融資之權利，換言之，出租人之給付義務於「出資」時已全部履行，承租人給付義務之範圍亦已於締約時固定，非隨著時間的繼續而增加，依上開繼續性契約之說明，融資性租賃契約實非繼續性之契約（註53）。因

註49.　終止以繼續性的法律關係為對象，參見鄭玉波老師，民法債編總論，62年10月六版，頁369；及孫森焱，民法債論總論，71年3月4版，頁563。

註50.　參見黃茂榮老師，法律事實的認定及其規範上的評價，載台大法學論叢八卷二期，頁26。

註51.　Larenz, Lehrbuch des Schuldrechts, Bd.1, AT.11 Aufl, 1976 頁26。引自楊盤江、論繼續性契約，台大法律學會學刊，第11期，頁120。

註52.　楊盤江，前揭文，頁121。

註53.　另參見本文第二章三、　c. 頁91。

此，現行實務所用之租賃合約書上所書寫之「終止」契約，
應非終止之意義。其實質意義應為取囘租賃物之意思通知。

b、票據債權

1.支票債權

承租人應出租人之要求，按照各期租金之給付日期，一
次簽發支票，於融資租賃開始日交付出租人，由出租人按期
兌領租金。惟出租人之租賃公司通常都持此支票向金融機構
貼現，以充裕其營運資金（註54 ）。

由出租人或接受貼現之金融機構行使租金支票之權利時
，發生一問題，即支票之時效為一年，於承租人拒付租金，
使租金支票退票時，出租人依法必須在一年內請求，惟融資
性租賃契約之期間通常在三年以上，故出租人無法等到租期
屆滿時一次請求所有之退票。在租賃期滿前，出租人固然得
以承租人到期有不履之虞為理由，依民事訴訟法第二四六條
之規定，先行提起「將來給付」之訴，惟依此也必須在各個
支票到期之日，始能聲請強制執行各該票款，此等事實，對
於出組人均構成不便，針對此點，出租人通常要求承租人另
行簽發一張票面金額相當於全部租金之本票，作為担保票據
，以下說明其法律問題。

2.本票債權

出租人為解決租金支票「期限」上之限制，要求承租人
簽發票面金額相當於全部租金之本票乙紙，交付出租人，於
承租人不履行一期租金時，出租人即得提示該保證本票。按

註54. 袁明昌，前揭文，頁96。

提示本票之人若為善意第三人（例如接受貼現之金融機構）時，不構成原因關係之抗辯（註 55），但若提示人為出租人本身，則發生原因關係抗辯之問題，因此，當承租人能夠舉證證明該張本票係担保多張租金支票時，承租人得以「支票係分期給付」之原因關係，抗辯出租人一次請求全部之本票票款，此時，出租人須說明融資性租賃之特性（異於一般租賃），依此特性承租人違約時須給付全部之租金係屬合理，以及「期限利益」喪失約款之有效性，才能獲得本票訴訟之勝訴。此種涉及原因關係之抗辯之本票，與一般債權並無兩樣。所不同者，本票得依票據法第一二三條之規定，聲請法院裁定准予強制執行而已。

此外，本票對發票人之時效自到期日起算，見票即付之本票自發票日起算，三年間不行使因時效而消滅。若融資性租賃期間長於三年，超過本票之時效，該本票之到期日若訂有租賃之期初，則到租賃期末本票可能已罹於時效，本票之到期日若訂為期末，則又無法「保證」承租人於期初即違約之情形。在此種兩難之情形下，可將到期日空白，並由承租人出具書面授權出租人隨時填寫日期。在此，之所以必須由承租人「書面」授權，係為防止執票人於填寫日期後，被發票人反告偽造有價證券罪而涉訟（註 56）。

註55. 票據法第13條規定，票據債務人不得以自己與發票人或執票人之前手間所存抗辯之事由對抗執票人，但執票人取得票據出於惡意者，不在此限。

註56. 擅自填寫支票之發票日期，應構成偽造有價證券罪，參見宜蘭地檢處五十四年九月份司法座談會，參見黃茂榮、呂榮海編支票法案例體系，頁630。雖

Ⅱ、物權

融資性租賃契約之出租人，於承租人違約時，其享有之「担保物權」為對於租賃標的物之權利（另承租人有提供物權担保者，不在本論文論述範圍內），此種存在於租賃標的物之「担保物權」，表現在外之法律形成為「所有權」，惟其實質實為担保物權（註 57 ），出租人行使此「担保物權」時，分為取回占有與處分租賃標的物兩個步驟，以下分述之

a 取回租賃物

在融資性租賃期間中，租賃標的物由承租人占有使用中，承租人違約時，出租人欲行使其就租賃物之「担保物權」，首應基於「所有權」取回租賃標的物。關於取回租賃物之方式如何，中國租賃公司租賃合約書第十三條第二項第一款後段約定「出租人亦得自己或其代理人進入承租人使用標的物之處所開啓門鎖，將標的物自不動產或其他動產上拆除，立即予以移去」，類似此約定於國泰租賃合約書並未見之，如此，似乎前者之約定對出租人之權利保障較為週詳，惟雖有此項約定出租人仍須經承租人同意，和平地取回，否則，出租人仍須訴諸法律途徑，始能取回標的物，從而，以上兩類合約書實質上並無差別。此項關於取回標的物之問題，在附條件買賣之場合，亦同樣發生，即出賣人固然得向買受人

然，支票之發票日為支票之絕對必要記載事項，欠缺支票日期，支票無效，而本票之到期日　為相對必要記載事項，欠缺到期日之本票視為見票即付，在是否構成偽造有價證券上，擅填到期日應不構成偽造有價證券，但為避免涉訟，仍應書面授權為妥。

註57.　參見本文、頁 169。

和平地取回標的物，但於買受人拒絕交付標的物時，出賣人仍須經由司法程序取回標的物（註 58 ），所不同者，在取得執行名義之方法上，附條件買賣若經動產担保登記，並且，契約上載明應逕受強制執行者，得依該附條件買賣契約聲請法院強制執行（註 59 ），如此，在取得執行名義之速度上，快於融資性租賃出租人須經三級三審之訴訟判決勝訴確定後，始能取得取回標的物之執行名義。從而，本文認爲爲保障出租人之權利，使融資性租賃成爲一種新型的動產担保交易，促進融資担保交易之繁榮，宜速將融資性租賃法制化，納入動產担保交易之一環。

2. 處分租賃物

融資性租賃之出租人取回標的物後，最大之顧望係穫有機會，將租賃物再出售、再出租，以穫取對價，來滿足其債權，而非將取回之租賃物納入「庫存」或收爲己用。關於出租人收回租賃物後「處分」以換價之方式，中國租賃合約書第十三條第二項第二款約定「出租人得將標的物以公開或不公開方式出售他人而無須通知承租人或爲公告，或將標的物爲其他處分、使用、再出租或不爲任何使用收益，爲上述任一行爲依出租人之意思決定之，承租人不得主強任何權利，出租人並無須將其行爲或不行爲或就使用收益之所得，報告承租人。」，此項約定昭示：①處分之方法由出租人任意爲

註 58. 參見湯錫山，附條件買賣之研究，台大法研所碩士論文，頁 108、109。

註 59. 參見動產担保交易法第三〇條、第十七條第二項。在信託占有制度，信託人取回標的物亦同，參見同法第三七條、第十七條第二項。

之，②出租人不負再處分租賃物之義務，③出租人不負將處分換價所得與承租人「清算」之義務。其中，關於處分之方式以公開或不公開為之，相當於以拍賣或非拍賣方式為之；以出售、再出租方式換價，大致不成問題。成問題者為後二項，所謂「出租人不負處分租賃物」及「將處分所得與承租人清算」之義務，於承租人難免有失衡平，而顯見其約定之不當！尤其是，在租賃契約上通常另有約定，出租人同時享有向承租人請求全部殘餘租金之權利。因此，解釋上應認為出租人負有處分及清算之義務（如下 C、III 所述）

其實，關於此等處分之時期、處分之方式（拍賣或變賣、揭示、公告、通知），以及處分之效力等法律問題，在附條件買賣，動產担保交易法相對上均有較週詳的規定（註60），足為融資性租賃取回。本文認為，為避免融資性租賃在解釋上之歧異，保障受融資人（承租人）之權益，使融資性租賃成為一種新型的動產担保交易，促進融資，担保之交易，增加企業穫取資金之途徑，宜速將融資性租賃法制化，納入動產担保交易之一環。

C. 債權與物權之關係

融資性租賃契約之出租人，於取回租賃標的物時，得否再向承租人請求立即給付全部未到期之租金？若出租人得一併行使此二項請求權，是否將獲得雙重利益？承租人是否獲得雙重損失？其間之權益如何獲得平衡往均屬融資性租賃此一新型交易尚待確定之重要課題，以下試論之：

註60.　參見動產担保交易法。及湯錫山，前揭文，頁116～125。

Ⅰ、取回標的物不影響殘餘租金之請求

在融資性租賃期間屆滿前，承租人違約，出租人取回標的物，並不影響其向承租人請求殘餘租金之權利，日本東京地院有一判決採此見解（註 61 ），本文贊同之。該判決之理由大略如下：

1.融資性租賃（ファイナンス・リース，finance lease）係使用者 (User) 需要機器、設備，而缺乏資金時，租賃公司乃向製造者（亦可稱供給者）買入該標的物，「租與」使用者，並向其收取一定之「租金」，其在經濟上具有作為使用者金融手段之性格。從而，於此場合，「租金」之給付在經濟上意味著金錢消費借貸本金與利息之均等分期返還。租金之數額除購入標的物之價金外，包括固定資產稅、保險費等經費、利息及手續費，而扣除租期屆滿時標的物之殘值，此數額預定於租賃期間內收回。為此，於融資性租賃契約，全部之租金債權於租賃物交付時已全部發生，「分期給付」之方式不過是給予承租人「期限利益」而已，此不同於一般租賃之租金，係對應於使用收益期間之對價。雖然，融資性租賃之租金包含利息以外之手續費及其他費用，當然較諸「貸款」購買負擔較高，但因具有無適當担保品仍得籌置設備、折舊、經減事務負擔、節稅等優點，企業企仍多予以利用。

2.為反映出融資性租賃契約之特殊性格，一般融資性租賃契約通常設有下列一般租賃所不具有之特約：(1)租賃公司

註 61.　參東京地裁昭和五五（ワ）第九七三號・リース料請求事件，昭和57、1、28 民事第三六部判決。載判例タイムス，No.469, 1982、8、1,頁 204～207。

不負担標的物之瑕疵担保責任、保守修繕義務，(2)使用者不得在契約期間中「解約」，(3)使用者違反契約時，喪失期限利益，負有即時清償剩餘租金之義務。依照本件契約之條款（略），已表現出融資性租賃之特徵。……雖承租人（被先）主張契約所定按月給付租金，係對應於使用收益之期間應支付之對價，惟依前所述，每月租金之給付不過係賦予承租人期限利益，而非表示使用收益之對價。

3. 綜上所述，本件契約應認為非單純之一般租賃契約，而為融資性租賃契約。原告係就被告指定之標的物，向出賣人購入而出租予被告，自有向被告收回金額「租金」之權利，被告既依契約第十六條第一項須付金額「租金」而喪失期限利益，縱使被告於租賃期間屆滿前標的物被取回，仍負有支付金額「租金」之義務。至於，本件原告未向被告主張解除契約，得否取回標的物，在見解上雖有分歧，惟本件標的物在事實上既已取回，即不影響剩餘全額租金之支付義務。另外，取回是否租賃公司保全權利之相當方法，以及隨著契約之終了所生之「清算」問題，則為留待吾人日後思索之問題。

II、債權與物權之併存

a 租賃物實為租金債權之担保物

實則，上述取回標的物不影響殘餘租金債權之請求，本是担保物權與其所担保債權併存之問題。由於租賃標的物具有担保融資性租賃之租金債權之功能，而且實質上也僅具担保之作用（註62），所以，出租人所追求者基本上還是殘餘

註62 參見本文，頁174。

租金之債權，取回標的物不過是為了換價，以充當租金債權之清償而已（註63）。一般而言，承租人不履行其租金債務時，其財產狀態業已惡化，縱使強制執行租金債權，亦難期待能夠回收，此時，出租人惟有取回租賃物換價後求償，惟基於租賃物不具泛用性等特殊性格，縱使換價，亦恐難予充當殘餘之租金矣！

b 與相關動產担保交易之比較

在我國法制下，與融資性租賃較為接近之動產担保交易有動產讓與担保與附條件買賣、信託占有，其中動產讓與担保係無名契約（非典型的），而附條件買賣及信託占有則為動產担保交易法所明定之典型動產担保交易，以下試為比較融資性租賃與這些動產担保交易，在債權與物權併存上之關係：

1. 融資性租賃與動產讓與担保

按動產之讓與担保係指依移轉可以作為担保標的物之動產所有權，而達成信用授受目的之制度中，融資者（債權人、担保權人）有請求返還融資金額之權利，而於接受融資者（債務人、設定人）未能返還時，而就該標的物而得到清償之一種特殊之物的担保制度，其要件有三：①動產所有權之移轉，②所有權之移轉係基於担保之目的，③債權債務關係之存續，即授與信用之融資者（債權人、讓與担保權人）就融資之金額有返還請求權（註64）。在此，債權人（讓與担

註63. 松田安正，リース取引，載手形研究 No. 311，頁240。

註64. 參見劉春堂，動產讓與担保之研究，載台大法律學會法律學刊，第八期，頁174。

保權人）一方面按受動產所有權之移轉，於債務人不履行債務時得請求債務人交付標的物，另一方面又享有請求返還融資金額之權利，此種債權與物權併存之狀態，實為担保物權與其所担保債權之特徵，讓與担保權人以「所有權」為其担保物權，仍無礙於其為担保物權之特徵。以此關係為先例來解釋融資性租賃之融資者（出租人、担保物權人）一方面擁有租賃物之所有權，於接受融資者（承租人）不履行債務時，得取囘租賃標的物，另一方面又享有請求返還融資金額（全部租金）之權利，吾人當不致感覺其有任何突兀之處。

2. 融資性租賃與附條件買賣

在分期付款式的附條件買賣，融資人（出賣人）一方面保留標的物之所有權，於債務人（買受人）不履行其債務時，得不解除契約取囘標的物，就標的物求償（註65），另一方面又享有請求返還融資金額（分期付款）之權利，此種債權與物權併有之狀態，實為担保物權與其所担保債權之特徵，讓與担保權人以「所有權」為其担保物權，仍無礙於其為担保物權之特徵。以此關係為先例來解釋融資性租賃之融資者（出租人、担保物權人）一方面擁有租賃物之所有權，於接受融資者（承租人）不履行債務時，得取囘租賃標的物，另一方面又享有請求返還融資金額（全部租金）之權利，吾人當不致感覺其有任何突兀之處。

Ⅲ、出租人之清算義務

註65. 參照王澤鑑老師，附條件買賣買受人之期待權，民法學說與判例研究第一冊，第209頁。

　　融資性租賃之出租人同時享有請求返還租賃標的及殘餘未付租金之權利，已如上述。但在此前提下，於類似下列之場合，亦不容否認出租人獲有重複之利益、承租人遭受重複之損失，其間之利害關係，不能不再進一步予以解決：①出租人請求殘餘未付之租金，獲得執行名義，並就承租人之一般財產強制執行而獲得清償，則其取回之租賃標的物，構成重複之利益。②出租人取回標的物後，將標的物處分，收回全部或一部之融資金額，則在此全部或一部金額之範圍內，再向承租人請求殘餘未付之租金，其顯然獲得重複之利益。

　　為平衡出租人與承租人間關於重複利益與重複損失之利害關係，應課以出租人取回標的物後之清算義務（註66）。此種課出租人清算之義務，相當於「精算型」之動產讓與担保，債權人於處分標的物求償時，負有清算處分價額與融資本金、利息之義務（註67）。亦相當於附條件買賣，買受人有請求出賣人「再出賣」，並以再出賣（或拍賣）所得價金抵充費用、利息、本金後，將所剩金額返還之權利（註68）

　　Ⅵ、清算之方式

　　　a 標的物處分時

　　出租人取回標的物後，若幸運地能夠再將該標的物處分出去，以出賣、再出租等方式獲得金錢對價時，則以此金錢

註66.　參見松田安正，リース取引，載手形研究No, 311，頁 24。

註67.　關於精算型與流質型動產讓與担保之意義及效力，參照劉春堂前揭文。第179頁。

註68.　參照動產担保交易法第 29 條，第 30 條、第 20 條。

抵充費用、殘餘租金，其法律關係較爲單純。成問題者，厥在標的物無法處分之情形。

　　b 標的物無法處分時

　　按融資性租賃之標的物係因應承租人之特別需要而訂購，通常不具「泛用性」，出租人於取回租賃物後，無法將其兩出賣或再出租之可能性極大，此時，對於取回之標的物及請求殘餘租金之權利，如何進行「清算」，如何結束出租人與承租人間之法律關係？俱成問題。

　　關於此問題，日本有判決（註 69 ）認爲，出租人一方面得請求租賃期間之全部租金，另一方面又得取回標物後自由處分之，但在承租人未違約、租期屆滿時，出租人不過只能請求租賃期間之全部租金及請求返還「租期屆滿」時之租賃標的物而已，從而，租賃物於租賃期間中被出租人取回時起至約定之租賃期間屆滿時止，在此期間內租賃標的物之「利用價值」於出租人顯屬「無原因理由之利得」，倘此「利用價值」之價額不能返還於承租人，於當事人間顯有失其衡平。進而，就出租人因「期前」取回標的物所獲利得之價額，予以檢討，契約第十三條第三項約定「承租人不能返還標的物之義務時，須支付出租人如附表之『損失金』」，同條第四項約定「約定之損失金支付時，租賃契約即爲終止」、第五項約定「承租人於支付約定之損失金時，出租人依當時標的物之現狀將所有權移轉予承租人」，在在顯示，所謂「損

註69.　名古屋高裁昭和五四（ネ）三九六號，昭和 55、7、17民四部判決，リース料請求控訴事件，載判例時報，990 號，頁 201～204 。

失金」係契約當事人就標的物於該時點所合意之價值。而依據契約書附表 9 規定之損失金，第一年度為五、一○四、○○○元，第二年度為四、五三五、○○○元，第三年度為三、五四九、○○○元，第四年為二、四七○、○○○元，第五年度為一、二九一、○○○元，顯示逐年遞減之各年度約定損失金之差額，即為各個年期限內本件標的物之利用價值。本件標的物於第四年度內被取回，故自取回時起至租賃期間屆滿時止，此期間中本件標的物之利用價值為一、一七九、○○○元（ 2,470,000-1,291,000 ），此金額為出租人之利得，應自本件未付租金中被扣除。

以上以各年度損失金之差額作為各年度之「利用價值」，並進而以利用價值為出租人之利得，應自出租人得請求之租金中扣除之看法，基本上含有下列誤謬：① 損失金係出租人損害額之約定，非承租人之利用價值（ 註 78 ），② 租賃物予出租人鮮有利用價值。詳言之，標的物之利用價值應綜合標的物之價值、耐用年數、使用期間之經費、以其他方式為類似作業之費用等等因素，就具體案件總合予以評價、計算，始為正當，自始地一概以約定之損失金作為認定使用價值，實有未當；何況，約定損失金有種種方法，像本件依年度而約定不同之損失金是一種方法，此外，按月遞減而約定損失金之方法，按標的物折舊率或評價率決定，以及從殘餘租

註 70. 參見本城武雄‧加藤智泰，ファイナンス‧リース契約におけるリース物件の中途引揚げと殘リース料からの利用價值の清算義務。載名城法學第 31 卷 3、4 期合訂，1982、3，頁 125。

金中扣除評價率或現實賣價以為決定等等均得作為損失金之計算方法,則依其中之一種約定損失金,以計算利用價值之方法,顯見其有未當之處(註71)。其次,租賃物予出租人亦鮮有利用價值,蓋租賃物係因應承賃企業之特別需要而訂購,對承租人始有充分之利用價值,對於經營「資金」融通之租賃公司(出租人)實際上並無絲毫之利用價值,從而,謂標的物之「利用價值」應自出租人得請求之殘餘租金中扣除,實有未當。

然則,取回之標的物及請求殘餘租金之權利究竟為如何之清算呢?至此尚未有正面之答案。本文認為,融資性租賃之標的物對出租人(租賃公司)僅有「交換價值」,而不具有實體使用、收益之價值(註72),出租人必須透過處分標的物,將之再出賣、出租,換取對價後,始能謂其已獲得價值,因此,縱使出租人已取回標的物,但在將標的物再出賣、再出租以前,出租人仍得請求全部殘餘之租金,而不必自租金中扣除標的物之價值。惟出租人若就承租人之其他財產獲得全部租金之清償,斯時,應將標的物移轉予承租人。承租人於出租人占有標的物中,亦得給付全部殘餘之租金後,請求出租人交付標的物。

註71 同註70。頁127。

註72 參見本文,頁171。

第五章　結論

一、將融資性租賃視爲動產擔保交易能解決許多問題

綜合前面四章之論述，本文認爲將融資性租賃視爲動產擔保交易，並進而將其納入動產擔保交易法上動產擔保交易之一環，最能說明融資性租賃之交易實情，以及平衡債權人（出租人）與債務人（承租人）之利害衝突：

A. 最能說明交易實情

1. 將融資性租賃之法律性質認爲係動產擔保交易，得補足消費借貸說、特殊租賃說、無名契約說之缺失，而兼容各說之優點：詳參見第二章、三、

2. 動產擔保交易法之法理，得解決融資性租賃許多問題：尤其參見第四章。反之，民法債編各論租賃之規定及法理，幾乎不能適用於融資性租賃，對解決融資性租賃之法律糾紛亦無俾益。

3. 融資性租賃淵源於美國，其作爲一種動產擔保交易，在現行統一商法上有依據（詳見第四章一、A），亦有法制史上之淵源（詳見第一章，二，AⅢ）。

4. 我國因繼受美國法，制定動產交保交易法，則於我國將融資性租賃定性爲新型之動產擔保交易，較諸德、日兩國，有較容易之法制背景：詳見第四章，一、A、Ⅱ。

B. 補救租賃公司之不利點

1. 防止租賃標的物附合於廠房：詳見第四章，二、A，頁 183。

2. 防止第三人善意取得所有權及動產抵押權：詳見第四章，二，B，頁 191。

3. 說明租賃公司不負瑕疵擔保責任、修繕義務、不負危險負擔係屬合理之理由：詳見第三章，一，D，E、F，頁 106。

4. 說明租賃公司於承租人違約時，得立即請求全部未到期「租金」為合理之理由：詳見第四章，三，B，I，a 1，頁 224。

5. 說明租賃公司於承租人違約時，得一併請求未到期租金及返還租賃物為合理之理由：詳見第四章，三，C。

6. 分別融資性租賃與分期付款買賣，以確立租賃公司之地位及訴訟上請求權之基礎：詳見第二章，二，頁 53。

C. 補救承租企業之不利點

1. 將租賃公司納入金融體系，使租賃之利率受到管制：詳見第三章，三，A，Ⅱ，頁 151。

2. 課租賃公司清算租金與租賃標的物之義務；詳見第四章，三，C，Ⅲ頁 234。

3. 限制租賃公司得即時請求請償全部未到期租金及取回標的物之原因：詳見第四章，三，A，頁 211。

二、動產擔保交易法應增訂融資性租賃一節

學說之主張，最好能易於納入既有之法律體系。本文主張融資性租賃之法律性質為一種新型之動產擔保交易，事實上很容易納入既有之法律體系，即吾人僅須於動產擔保交易法第三章「附條件買賣」之後，加列「融資性租賃」一章，

並修改該法第二條，使動產擔保交易包括融資性租賃。

茲為貫徹此種主張，並證明其為可行，特將該「融資性租賃」一章，試提出立法草案如下，以就教於高明。

第三十二條之一

稱融資性租賃者，謂出租人供給承租人資金或信用，並以供給資金或信用所購買生產性動產標的物所有權為債權之擔保，而承租人依融資性租賃契約占有使用標的物之交易。

第三十二條之二

融資性租賃契約應記載左列各項：

一、當事人之姓名或名稱、住居所或營業所。

二、出租人同意供給資金或信用之金額。

三、租賃標的物之名稱、數量、價格及存放地點。如有特別編號標識或說明者，其記載。

四、出租人保有標的物所有權，承租人占有使用標的物方法之記載。

五、租金之支付方法。

六、租期屆滿後標的物之返還。

七、承租人不履行契約時，出租人行使物權及債權之方法。

八、如有保險者，其受益人應為出租人之記載。

九、管轄法院之名稱。

十、其他條件之記載。

土、訂立契約年月日

第三十二條之三

承租人有左列情形之一者，出租人得即時請求全部未付

之租金及取回占有標的物。

一、不照約定清償債務者。

二、未經出租人的同意將標的物遷移他處者。

三、將標的物出賣、出質、設定抵押、出租或其他處分者。

出租人取回占有前項標的物其價值顯有減少者得向承租人請求損害賠償。

第三十二條之四

承租人得於出租人取回標的物後十日內，以書面請求出租人將標的物再出租或再出賣。出租人縱無承租人之請求，亦得於取回占有標的物將標的物再行出租或出賣。

標的物再出租或出賣後，於獲得價金之範圍內，出租人對承租人之租金請求消滅。

出租人依第一項承租人之請求，於三十日內無法將標的物再出租或再出賣時，承租人得定十日以上之期間，催告出租人就租金請求權或標的物之所有權擇一行使。

第三十二條之五

第二章第十七條第二項第三項及第十八條至二十二條，對融資性租賃之出租人及承租人準用之。

第六章　補論：租賃實務及案例探討

1、判例天字第一號／津津重整大戰租賃公司

　　（昔日）津津股票在場子內連連漲停，投資大眾似乎無視於它的過去、現在。去年，津津九億負債壓迫外商銀行政策丕變。今年，津津踏上重整之途，卻又與租賃公司糾纏不清，並創下天字第一號的案例。爲了一窺這次破天荒的衝突內情，我們特請熟諳租賃法律行爲的呂榮海律師，在紙上爲我們解開疑團。精彩的報導，請看！（工商時報72.3.15第12版）

融物之方，西風東漸

　　在還沒有談到這項具有特殊意義的案例之前，我們不妨先熟悉一下融資性租賃這種新型的「金融」行爲，一般來說，它產生的原因及運作方式如下：

　　當需用機器設備的企業，在機器設備廠商（包括國內、國外的機器製造商或經銷商）那裏，看中機器設備，苦無資金而又無法從銀行獲得融資購買時，便可申請租賃公司出資買下該機器設備，再由租賃公司「出租」給該企業，並由該需用的企業按月支付「租金」，以使租賃公司收回購買機器的成本、利息、利潤及其他費用。這種新型的「金融」活動，自1950年代發源於美國，而後風行於全球，分別於1960、1970年代初期傳入日本及我國。在

目前企業資本密集度愈來愈高的趨勢下，有心的專家都指出，以這種租賃的方式獲取固定資產，避免資金沈入，將更可增加資金的流動性。

問題是，這種新的舶來行為迅速被大量利用的同時，國內原有的法律制度卻並未以同樣的步伐調整。因此，許多第三類的接觸造成的衝突便發生了。舉例來說，新公布的租賃會計處理準則，便與原有會計及稅務制度出現調適的爭議。此後，融資性租賃也勢必陸續與各種民商法發生衝突，好戲必定會連連上場的。現在我們就可以先看看租賃行為與公司法叩上的破天荒第一號案例。

津津退票，永欣追貨

在飲料業夙負盛名的「津津公司」，在前幾年除了大量向外商銀行「融資」外，在這兩年也充分利用上租賃這種「融物」的新方式。該公司分別在70年12月22日、71年2月4日及71年3月19日，三次向永欣租賃公司承租生產用機械設備，租期各為五年。眾所週知的，租賃行為開始不到一年，津津公司財務即陷於週轉失靈的困境。除了形成不景氣聲中的股市風暴與外商銀行貸款政策的丕變外，其交付租賃公司作為支付「租金」工具的支票，也陸續退票了。永欣租賃公司遭此震撼，眼看坐收「五年租金」的美景泡湯了，便將津津公司及其負責人莊泗川、林仙根等六人共同簽發，作為「保證」租金的本票，向法院聲請准予強制執行之裁定，並以津津公司「違約」為理由，向台北地方院起訴請求津津公司將承租的機器設備回

復原狀後返還於租賃公司。當時津津公司並未出庭抗辯，亦未上訴，結果台北地院於71年11月23日以一造辯論判決永欣租賃公司勝訴，津津公司應將承租機具回復原狀後返還於永欣租賃公司（台北地院71年度訴字第12520號判決）。

照說，這件案例至此該算了結。況且，由於轉賣的可能性低，以及取回的費用頗鉅，其實租賃公司本身並不喜歡取回租賃物。但是，恪於情勢如此，永欣租賃公司也只好憑上開確定判決，聲請彰化地方法院民事執行處實施強制執行，以便順利取回租賃物，期損失於最小。既已獲得確定判決，永欣租賃公司心想強制執行取回租賃物應不成問題才對，只靜候核准令下了。

不料，天不從人願，煮熟的鴨子也會飛。問題是津津公司週轉不靈的案子，竟然沒有想像那麼單純。在強制執行的坦途上，半路又殺出了一個程咬金，搞得灰頭土臉，這真是永欣租賃公司始料所不及的。

重整至上，凍結執行

原來，津津公司是歷史悠久的大企業，又是股票上市公司，股東有一萬一千多人，員工七百餘人，不宜輕易倒閉，目前已依法聲請重整中。同時，津津公司董事會及公司之員工代表洪調彰等二十五人聯名向地方法院聲請「緊急處分」，主張目前該公司有少部分債權人（包括租賃公司）為急於求償，陸續就津津公司提起訴訟，或為拍賣質物、或為返還租賃物，若不予保全處分或中止進行，將嚴

重損害公司之整體權益，因此在中央主管機關及檢查人提出重整意見，由法院裁定是否重整前，有必要依公司法第287條第1項的規定，聲請由法院裁定禁止債權人強制執行程序及行使債權等行為。結果，台北地院以71年度整字第1號裁定（即全年只此一件）准許。這樣一來，該租賃公司在強制執行取回租賃物之中途，彰化地院執行處即據而中止強制執行程序，並發函指示永欣租賃公司：「貴公司對該物品雖得行使取回權，不受重整程序之拘束，惟應逕向台灣台北地方法院對緊急處分處理後，本院始得開始強制執行行為」。問題是，這道公函卻給永欣租賃公司帶來另一項難題：所謂「應逕向台灣台北地方法院對緊急處分處理」，究竟如何處理呢？換句話說，租賃公司應依照何種法律程序來救濟呢？

法律程序，如何救濟

依法律上的見解，有兩種情形可推論：

1.破產法第110條規定，「不屬於破產人之財產，其權利人得不依破產程序，由破產管理人取回之」，這一條的規定可以準用於公司重整（公司法第296條第2項），所以，不屬於重整公司之財產，其權利人得不依重整程序，由重整人取回之。本件租賃之機器，其所有權人是永欣租賃公司，而非津津公司，永欣租賃公司可以不依重整程序，由重整人（通常為董事）取回之。在此，所謂「不依重整程序」，應該包括公司法第287條第1項所規定緊急處分之裁定，所以，法院應不得緊急處分裁定禁止

租賃公司取回租賃物！

2．若法院所爲緊急處分裁定的內容，包括永欣租賃公司不得取回租賃物，則租賃公司在程序上如何救濟？有人認爲，租賃公司可以聲請法院另以裁定撤銷該部分不妥之裁定，可是，裁定有拘束法院的效力，爲裁定的法院不得撤銷或變更之，所以，租賃公司欲聲請法院另外以裁定撤銷原來不妥之裁定，在法理上實在有問題。因此，租賃公司似宜以因裁定而受不利益之第三人的資格，對原不妥的裁定提起抗告。

這件天字第一號的案例，不論最後將以什麼方式解決，但無疑的已經造成租賃同業們不小的困擾。正如永欣租賃陡遭丕變後的感嘆；「如果在租賃交易中，租賃公司連唯一的標的物都沒法獲得保障的話，恐怕只有捲舖蓋走路了。」（本文原載工商時報72年3月15日第12版）

2、拿租賃作抵押／銀行、廠商、租賃公司權利保衛戰

上面，在「判例天字第一號」的報導中，租賃公司碰上津津重整，狠狠的吃了一記悶棍。然而，租賃的道路並不因此減少它的崎嶇難行。今天，另一個難纏的對手又在半路殺出，爲了各自確保自己的利益，雙方只有使出渾身解數了。這又是天字第一號案例。

事情是這樣的。在南部經營木材加工製造合板業務的輝泰公司，於67、68年間分別向兩家租賃公司訂定租賃

合約租得鉋片機等數套機械，並安裝在該公司的工廠裏，以供營業使用。合約既然正當，理應相安無事。但輝泰公司認爲，融資租賃就是分期付款買賣，產權自屬該公司所有。所以雖在租賃期間，卻未經租賃公司的同意，便將該機器設定「動產抵押權」向銀行貸款，並經向台灣省政府建設廳辦妥動產抵押權設定登記在案。

嗣後，該承租企業付不起銀行的貸款，銀行乃聲請法院「假扣押」該機器。此事爲租賃公司獲悉，租賃公司即根據「所有權人」的地位，向法院提起「第三人異議」之訴，請求法院撤銷假扣押查封，及塗銷銀行在建設廳所爲的動產抵押權設定登記。

在這一個訴訟中，牽涉到動產抵押權可否善意取得的基本法律問題。這對法院、銀行及租賃公司來說，都是第一個發生的案例，所以租賃公司與銀行都引經據典，竭盡所能地欲說服法院，以促使法院作對自己及同業有利的裁決。

銀行所持的理由是：依動產擔保交易法第3條規定，「本法未規定者，適用民法規定」，而民法第880之條規定：「質權人佔有動產，而受關於佔有規定之保護者，縱出質人無處分其質物之權利，質權人仍取得質權」，質權可以善意取得，則動產抵押權亦可以善意取得；在本案，承租企業「佔有」機器，佔有是所有權的表徵，銀行信賴承租企業爲所有權人，動產抵押權又經建設廳審查合格而予動產抵押權登記，銀行自應該善意取得動產抵押權。

　　反之，租賃公司則認為：承租企業並未提出機器的所有權證明文件，銀行並非善意；並且，民法第885條規定質權人得「善意取得質權」，是以質權人受讓動產的佔有為要件，而本件銀行並未佔有機器，兩者性質不同，動產抵押權不能援用善意取得質權的規定。

　　因為這是第一號案子，於實務上毫無先例可以援用，在學界也只有台大名法學教授王澤鑑支持銀行的意見；相反的，故大法官洪遜欣的女兒洪滿惠則支持租賃公司的看法。在這種情形下，不得拒絕審判的法院，乃為了我們的法治生活，提供了苦心與貢獻，依「良心」與法學素養，獨立作了有影響力的判決：第一審高雄地方法院（69年度訴字第4598號判決）為動產抵押權可以善意取得；反之，第二審台灣高等法院台南分院（70年度上字第781號判決）則認為，不可以善意取得。換言之，最後以「不可善意取得」而落幕，租賃公司打贏了這個法律上的難點。

　　不過，一件訴訟案例常涉及若干爭點，在本案中，善意取得之爭議點雖已獲得最高法院的結論，但最高法院卻在另一些爭議點如「誰是買受人」上，認為高院就事實調查未明，而予發回更審。

　　據說，銀行在訴中曾向租賃公司表示，若租賃公司放棄這個案子，將來在提供融資上可以給予方便，但租賃公司卻考慮到，融資方便極為抽象，實益很難說，但這件案子一輸，則數千萬元馬上泡湯，很可能一年辛苦的利潤即告泡湯，尚不敢答應。

不論這件天字第一號的案例最後將以什麼方式解決，但無疑的又造成租賃同業的困擾。我們要說的是，如果有關方面還不注意租賃行為所碰上的各種衝突，在法令上予以根本解決，爭議還會不斷發生的。（本文原載72年3月22日工商時報第12版）

3、租賃公司與分期付款公司／法制定義不清，造成兩樣判決

在上週的「案例一號」裏，輝泰公司將融資租賃視為分期付款買賣，將租賃的機器設定「動產抵押權」向銀行貸款，終而引發銀行、廠商、租賃公司間的權利保衛戰。

事實上，融資性質租賃與分期付款買賣是有區別的，如果廠商認識不清，勢將影響租賃公司與分期付款公司的權益認定，自然非同小可！今天，我們就再舉一個實際案例，來更貼切說明。

某承租企業分別向國內最大的甲租賃公司及乙租賃公司承租機器。過了不久，付不出租金來，甲、乙租賃公司無奈，只好分別向台北地方法院起訴，請求返還租賃物。誰知結果竟大出人們意料之外，甲租賃公司順利地獲得台北地方法院判決該承租企業，應依租賃的法律關係返還租賃物（台北地院71年訴字第694號判決）。可是乙租賃公司卻得到一個「敗訴」的判決（台北地院70年訴字第11191號），認為該件融資租賃實質上為「分期付款買賣」，乙租賃公司依據「分期付款買賣」的法律關係，來

請求承租企業返還租賃物，訴訟所爭的權利（訴訟標的）不符，其請求無理由，應予駁回。

該判決之所以判斷融資租賃實質上是分期付款買賣，其所持的理由是：分期付款買賣之買受人，係以「所有」之意思而占有使用標的物（保留所有權只是為了擔保價金），因此，標的物毀損、滅失之危險，自交付時起即由買受人負擔，反之，租賃之承租人並非以「所有」之意思而占有使用標的物，亦不負擔危險、稅捐、修繕等義務與責任。本件融資性租賃契約，由各個條文約定可以得知，危險、稅捐、修繕義務均由「承租人」負擔，依據上述判斷的原則，應認為係分期付款買賣，而非租賃。

如果，融資性租賃都像這個判決一樣，被法院認為是「分期付款買賣」，那麼，不可避免地，將發生下列問題：①租賃公司就是分期付款買賣公司。

②民法有許多保護分期付款買受人的強制規定（例如，第389條「分期付款之買賣，如約定買受人有遲延時，出賣人得即請求支付全部價金者，除買受人有連續兩期給付之遲延，而其遲付之價額已達全部價金五分之一者，出賣人仍不得請求支付全部價金」；另390條關於出賣人解約扣價權亦有保護買受人之規定，融資租賃契約名為「租賃」，顯係此些強制規定的脫法行為。

③分期付款買賣之買受人只可以依折舊的方式來扣減稅金，反之，融資租賃承租人可以將租金全部當作費用來扣減稅金，只要租期短於折舊年數，即可達到相當於加速

折舊的好處，如果，如上所述，融資性租賃實質上為分期付款買賣，那麼，租賃公司在稅法上有「不當得利」！可能出現問題。

④依照我國民事訴訟法的規定，起訴時必須表明法律關係（訴訟標的），法律關係一旦表明，原則上非經被告同意，原告不得任意變更或追加，所以，租賃公司依據「租賃的法律關係」起訴請求承租企業「返還租賃物」後，若該「租賃合約」有被法院認為係實質的分期付款買賣關係的可能時，租賃公司又不得變更為「分期付款的法律關係」，即不免冒著敗訴的危險，此事，勢必影響租賃公司物權的確保。

所幸，上述認為融資性租賃係實質分期付款買賣之判決，已被台灣高等法院廢棄改判，租賃公司又打贏了辛苦的一戰。可是，這畢竟只是「解釋」問題，誰能逆料以後不再發生「解釋上見仁見智」的現象，由另一位法官再將融資性租賃「解釋」成分期付款買賣呢？所以，根本之道，應在追求融資性租賃的法制化，以確立租賃公司鮮明的經營性質。（本文原載72年3月29日工商時報第12版）

4、不拿特案當平凡／融資性租賃與普通租賃大不相同

在上週所談融資性租賃與分期付款買賣有何區別的訴訟裏，租賃公司雖然辛苦地贏了一戰，由法院認定融資性

租賃有別於分期付款買賣。然而，細看這些租賃公司「勝訴」的判決，其中多以民法債篇各論普通租賃（例如租房子、租汽車、租影印機）的法律意義來理解融資性租賃，好似「融資性租賃」與「租賃」並無兩樣，事實上……

「混為一談」的嚴重打擊

持這種看法的結果，現行租賃公司所採用的「定型化租賃合約書條款」以及租賃公司的立場，將受下述嚴重的打擊：

①當承租企業中途「違約」而不支付租金，或不願意再續租時，租賃公司欲依契約上所約定的「期限利益喪失約款」，請求承租企業一次給付全部到期及未到期的租金（契約約定有此權利）時，將缺乏理論與法理依據，因為，一般租賃是「使用產生租金」的契約，租賃公司請求未到期的租金，承租人甚至是法官將會基於一般租賃「使用產生租金」的觀點，來非難「請求未到期的租金」，謂「你們把機器搬回去就是了」！這種看法，無異是要將「使用租賃物的危險」（不使用即喪失對價）歸由租賃公司來負擔，這樣，當然和租賃公司買入租賃物的初衷：「僅供一家承租人使用，以收回全部成本、利潤」相違背，此時，如果供租賃的機器設備具有廣大的使用市場（泛用性），還不至於對租賃公司造成太大的困擾，但是，如果機器係泛用性極低，甚至是該承租企業獨家使用時，租賃公司所受的困擾就大了。

②在租賃物因不可抗力原因而毀損、滅失的場合，現

行租賃公司所採用的租賃合約定型化契約條款，均約定：危險全由承租人負擔、承租人須負擔修補或立即一次給付全部到期及未到期的租金（有的公司用「損害金」之名稱）。從租賃公司的立場來看，租賃公司是認為「我為承租人買入機器，僅提供資金，承租人自己必須像買受所有權之人一樣地負擔危險」，可是，從一般租賃的法理來看，這個約款和立場是站不住腳的，因為，「只有使用才會產生租金」，租賃物既已滅失，依法租賃契約應該終止（民法第435條）才是！

　　③依照一般租賃的法理，欲請求返還租賃物，出租人必須先合法「終止」租約，可是，終止之後，出租人就不能向承租人請求終止以後的租金了。因此，現在租賃公司在承租人違約時，一方面想拿回租賃物，另一方面又不敢終止租約（怕喪失租金的請求權），十分困擾！

「雙務契約性」與「繼續性契約」

　　於是，如何區別融資性租賃與普通租賃的法律性質，對租賃公司而言，十分重要！

　　按民法債篇將普通租賃定性為「當事人約定，一方以物租與他方使用、收益，他方支付租金之契約」，在這個「外觀」下，必須注意兩項要點：①雙務契約性：「出租人以物供承租人使用、收益」與「承租人支付租金」相互構成對價（交換價值）；出租人負有債務，承租人也負有債務，並且最要者，此二債務相互構成對價。②繼續性契約：整個給付的範圍（給付租金）隨著時間的繼續而增

加，而非締約時整個給付的範圍已經固定，只是其給付應於不同的時點為之。換句話說，出租人給付租金的義務，是隨著時間的經過，因出租人一點一滴的提供使用權益，而一點一滴的發生。

融資性租賃也具有「一方以物供他方使用收益，他方支付租金」的外觀，此外觀與普通租賃並沒有什麼不同。因此，租賃公司欲主張融資性租賃與普遍租賃不同，似乎應從雙務契約性及繼續性契約的觀點來提出理由，因為，民法雖然對普通租賃作了上述定義式的規定，但此定義並未將普通租賃所有重要的特徵臚列殆盡，普通租賃的重要特徵，除了使用收益與支付租金外，還包括雙務契約性及繼續性契約等兩項特徵，那麼，融資性租賃就不同於普通租賃。

小心被「習慣法」「修理」

在上述融資性租賃與普通租賃之區別獲答案以前，租賃公司的表現「不得不」夠「差勁」與曲折：在承租人違約時，通常租賃公司「相當保守」，於起訴時僅敢請求返還租賃物，不敢依照合約請求所有未到期的租金，其中，更有不甘租金損失的租賃公司採「拖」字訣，讓「租期」漸漸過去後，才起訴請求所有租金及返還租賃物。

總之，權利需要經過奮鬥，才能獲得。如果，租賃公司老是依照普通租賃的法律關係，來請求返還租賃物，法院也習此為常，依照普通租賃的法律關係來判決，久之，必定會形成「融資租賃就是租賃」的「習慣法」，到那

時，現行租賃合約書將會被「習慣法」「修理」得體無完膚，租賃公司終會無法解決本文上述三項問題。如果租賃公司對此「心有戚戚焉」，就應設法在訴訟中打硬仗，不能再鄉愿了！（本文原載72年4月5日工商時報第12版）

5、融資性租賃業務基礎的重要八項問題解析及判例

說明：以下九則是呂律師於民國70年代根據法院判決案例所呈現的問題，對租賃公司演講、解析相關的融資性租賃之法理，都出自具體案例，惜乎未註明案號：

（1）搬遷機器與侵占罪

一、案例事實

甲向租賃公司租機器，言明機器應放置於某地點，結果，甲將機器搬遷他處避不見面，問甲是否構成侵占罪？

二、法院見解

1. 關鍵在於：甲是否有不所有之意圖？

2. 租賃公司僅為「法律上之所有權人」，承租人始為經濟的所有權人。

3. 除非在訂約之初即有詐欺之意圖外，承租人對該租賃物係以所有權人自居，自難認其有不法所有之侵占犯意。

4. 將附條件買賣標的物遷移、出賣、出質、移轉、抵押，僅罰三年以下，「侵占租賃物罰五年」不公平。

5．標的物買價一百五十萬，甲已付一百六十餘萬，租賃公司僅損失利息，甲果有侵占之意圖，又何必二年多來支付超過買價之價金？

三、對策

1．「經濟的所有權人」在法律上之地位如何？

2．「訂約之初」「詐欺」之意圖與「事後」「侵占」之意圖無關！

3．附條件買賣的規定可能未熟慮「侵占罪」的規定；所以，不能以此認為不可能構成侵占租賃物。

4．承租人誤認「租賃物為自己所有」（經濟的所有），在刑法上的評價：無不法所有之意圖？

（2）售後租回與通謀虛意思表示

一、案例事實

甲公司於66年買進機器乙批，69年向銀行辦理動產抵押貸款，72年再向租賃公司辦理租賃，由乙公司開發票給租賃公司，由租賃公司向乙公司「買進」該機器，再出租於甲公司，後甲公司不付租金，將機器遷走，租賃公司告甲公司負責人侵占？

二、檢察處看法

1．69年辦動產抵押予銀行，證明該機器為甲公司所有。

2．租賃公司「買賣價金」之支票，由甲公司領取，證明租賃公司與乙公司間之買賣契約確屬虛偽。

　　3．租賃公司「指控」甲公司與乙公司勾串蒙蔽，「應無可能」。

　　4．租賃契約係通謀虛偽意思表示、藏「消費借貸」行為、機器仍屬甲公司所有，不成立侵占。

三、對策

　　1．本案涉及「售後租回」，法律名詞叫做「信託的讓與擔保」。

　　2．其效力如何，最高法院看法分四個階段：

　　①通謀虛偽意思表示：租賃與買賣無效，但隱藏之消費借貸有效（53.台上1205、42.台上247、42.台上1116、42.台上411）。

　　②認為單純買賣（41.台上514、42.台上247、42.台上111642.台上411）。

　　③變相擔保說：買賣、租賃為虛偽意思表示，而係「變相借款之擔保」（59.台上3917）。

　　④信託讓與擔保說：屬於信託行為，與通謀虛偽意思表示似同而實異，兩造無阻止法律行為效果之發生尤明（59.台上3870），不能認為無效（70.台上104）（71.台上2043、2934判決）。

　　3．甲公司與乙公司間有無訂立買賣契約？

　　4．售後租回與介入第三者（乙公司）。

　　5．撥款問題。

（3）通謀虛偽意思表示與訴訟標的

一、案例事實

甲是Ａ公司的連帶保證人，Ａ公司向租賃公司承租機器，中途Ａ公司違約不付租金，租賃公司請求甲負連帶保證責任。

二、法院判決

經查兩造不爭執真正之租賃合約書，固載明為租賃合約，以預定租金之總額而予承租人分期支付租金之期限利益，惟該租賃探求當事人之真意，實係隱藏著借貸法律關係，該本票所定金額應為借貸之總額而由借貸人分期償還，原告執以租賃之法律關係訴請租金，於法即有未合。

三、對策

1. 法院認為訴訟標的不對。

2. 依 ｛ 契約 ／ 租賃契約 ／ 融資性租賃契約 ／ 無名契約 ｝ ？ 請求
   ☆原告具體說出「契約名稱」的義務？

3. 與信託行為之比較。

4. 探求當事人之「真意」？

（4）非通謀虛偽表示，但未到期租金不可請求

一、案例

甲是Ａ公司之連帶保證人，Ａ公司向租賃公司承租機器，租賃公司起訴向甲求償已到期租金三百多萬及未到期

租金六百多萬，在訴訟中，法院問租賃公司根據什麼法律關係請求，租賃公司說「依據租賃契約」請求。

二、法院判決

1．融資租賃，雖法無明文，但依契約自由原則，當事人自非不可合意為融資租賃行為，且財政部「授信要點」……，……合法設立經營租賃公司。

2．依兩造間所定之租賃合約逐條細閱其文字，均已表示雙方有租賃之合意，承租人並曾支付部分租金。其主張虛偽意思表示無效，乏證可採。

3．按稱租賃者，謂當事人約定，一方以物租與他方……（民421）則必承租人就租賃物有使用收益始負有給付租金之義務……「請求一次給付未到期租金」，顯於未合。

三、對策

1．判決理由1.「法無明文」與3.「民法421」理由矛盾。

2．對價關係在哪裏　$\begin{cases} 租金 \longleftrightarrow 收用、收益。\\ 租金 \longleftrightarrow 出資。\end{cases}$

3．依 $\begin{cases} 契約 \\ 租賃契約 \\ 融資租賃契約 \\ X \end{cases}$ 請求

（5）租賃之法律性質：終止租約、對價關係

一、案例

甲公司向租賃公司承租設備，將設備交付乙公司，租金不付，租賃公司「終止租約」，起訴請求乙公司返還無權占有物，及相當於租金之損害。

二、法院判決

1. 按租賃係「一方以物……」之契約，出租人應保持租賃物合於使用收益之狀態，故修繕、稅金、危險均應由出租人負擔，而承租人支付之租金僅係使用收益租賃物之對價。經查兩造所簽訂之契約租賃條件毀損、修繕、稅捐均規定由承租人負擔，且六十期租金，除價金外尚包括保險費、利息及手續費，扣除殘值，預定於六十期內分期攤還原告之融資，並非使用收益標的物之對價，故契約雖名為租賃，惟實係原告融資購買標的物，在未清償價款前，原告保有所有權以擔保分期償還金額，並非租賃關係。

2. 原告以終止租賃關係為由，訴請返還及損害賠償為無理由。

三、對策

1. 理由1.與2.矛盾：既已認定租賃不是租賃，又說終止租賃租賃。

2. 終止「租賃」之法律性質為何？

3. 依
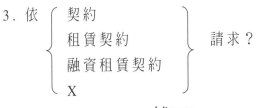

4. 對價關係之釐清？

（6）對價與終止租約之性質

一、案例

甲公司向租賃公司承租機器，簽發大本票擔保租金，中途不付租金，租賃公司以存證信函表示終止租賃契約，請求返還租賃物（另案判決確定），並聲請本票裁定強制執行，甲公司起訴請求確認「終止租約」後之租金債權不存在。

二、法院判決

1. 所謂「融資性租賃契約，……本件係屬融資性租賃契約」殆無疑義。

2. 上開契約既兩造自由訂立，自應適用有關融資性租賃契約之規定與約定，而非完全適用民法債篇有關租賃條文之規定。

3. ……租賃公司所欲回收者，乃係從該等特定承租人收回這筆提供之資金、利息、利潤及費用，**而非承租人使用之對價。且融資租賃債權亦不受承租人因違約而出租人終止租約之影響**，兩者可併行請求。

4. 因租賃物之於出租人，應為出租人「租賃債權」之擔保物，其所有權具有與擔保物權相同之功能，……出租人因承租人違約而終止租約，並非法律上因終止而往後失其效力，而為實行擔保物權，向承租人要求取回租賃物之意思通知而已！

5．租賃公司勝訴。

三、啟示

1．對價性 $\left\{\begin{array}{l}\text{回收「出資」？}\\\text{使用收益租賃物？}\end{array}\right.$

2．租賃所有權有與擔保物權相同之功能。

3．租賃債權並不因終止租約而往後失其效力。

4．終止租約是取回租賃物之意思通知（與呂著226頁完全相同），與其他動產擔保交易之規定相同。

5．寫存證信函的技巧。

（7）訴訟標的：履行契約

一、案例

甲公司向租賃公司承租機器，不付租金，租賃公司通知終止租約，並起訴請求甲公司返還租賃物。甲公司抗辯：租賃公司脫法免除高利貸之外觀，乃由雙方通謀虛偽訂立租賃契約……，所謂租賃契約內容多不含租賃契約之本質……足見雙方之眞意非租賃。

二、法院判決

1．融資性租賃……其性質如何，雖有各種不同之學說，然就本件兩造合約1、3、17、23條……被告違約時，原告得收回或請求返還租賃物。

2．原告對系爭機器始終仍保有所有權，並未移轉予被告，契約非為單純之融資金錢借貸或分期付款買賣，實質上乃具有動產擔保交易及典型租賃之混合性質。

3．非僅以形式上之租賃契約隱藏他項法律行爲。

三、啟示

1．本件法院未嚴格「逼」租賃公司陳述「法律關係」，所以，不問融資性租賃契約之性質如何，租賃公司仍有權依「契約」請求返還租賃物。

2．
$$\left.\begin{array}{l}\text{擔保作用（擔保物權）}\\\text{融資成分（消費借貸）}\\\text{使用收益成分（租賃）}\end{array}\right\}\text{混合契約} \rightarrow ?\text{（命名）}$$

（8）稅務處理與所有權

本件交易雖依財政部頒佈「融資租賃稅務處理注意事項」第二②1.3規定，租賃標的物列爲承租人之「租賃資產」，並提列折舊。但依二②4規定，承租人在法律上並未取得所有權，即租賃物非承租人之固定資產。

（9）中途介入交易、撥款應注意事項

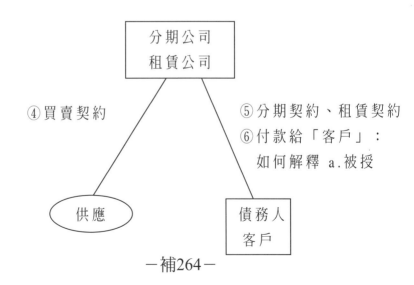

①買賣契約

②一部付款，或全部已付款

③已交付標的物

注意事項 1.解除①買賣契約

2.收回①買賣契約

3.②已付款之回復原狀

4.分期公司（租賃公司）撥款給「客戶」是履行④買賣契約，代履行②回復原狀之債務（代位清償：民§311就債之履行有利害關係者，得代位清償）

6、認清租賃公司

近年來，租賃公司大行其道，並從銀行借得大量金錢，藉著「買進機器設備後，再出租於企業」的形式，將借得的金錢「轉融資」於中小企業，以賺取利息差額及手續費。這種「融資性租賃」有三種形式：①租賃公司眞正從第三者購入機器設備，然後再出租於承租企業；②企業將其原有機器設備出賣於租賃公司，取得一筆款項，同時向租賃公司「租回」該機器設備，以分期支付租金的方式返還「借款」（售後租回）；③根本沒有機器設備，僅以發票僞裝表示租賃公司「有」買機器出租給企業。後二者因爲僅牽涉到金錢的借出與歸還，因此過去特別容易使人誤解租賃公司實質上是「地下錢莊」。

融資租賃原本流行於美、日、德等先進國家，而至

73年在我國年交易額亦早已逾越一百五十億元，（至110年某家公司已超過七百億元），因此，僅以「地下錢莊」的眼光來看，可能並不具有建設性，此從73年財政部核准交通銀行與美國運通銀行合組「交通運輸租賃公司」來看，可得明證。因而，本文寧願從認清融資性租賃的交易關係，來促使與租賃公司打交道的人，不再有受騙的感覺。

　　與租賃公司訂契約要認清：

　　①融資性租賃與普通租房子有何不同？例如，房子的使用與租金構成對價（交易雙方互相支付的金錢或物品等），使用一天需要一天的租金，因此，若承租人違約，出租人中途收回房子，就不可以向承租人請求未到期或收回房子後的租金。但在融資性租賃，租賃公司必定於契約中擺明，本公司為承租人特別出錢購入機器，就打算在該一承租人身上收回所有的成本和利潤，因此，**租金是和「出錢購物」形成對價，並非和使用機器形成對價**，縱使機器發生問題，致使承租人不能使用，或因承租人違約，而機器被收回，承租人仍須一次支付所有未到期的租金（期限利益喪失約款）。就此而言，租賃公司的看法不無道理，但在稅務、會計方面，租賃公司卻大力主張：融資性租賃就像租房子一樣，承租企業所付租金應以「營業費用」列帳。因此，融資性租賃對企業有節稅及加速折舊（租期短於耐用年限）的好處，並藉此招攬租賃業務，這種作法近於「吃甘蔗想要兩頭甜」，實在值得檢討。

②融資性租賃與分期付款式的附條件買賣有何不同？曾有不少中小企業向租賃公司「租得」機器，但心目中總是以爲「以分期付款的方式買了機器；分期付款付完就取得所有權」，因此將他所「買到」的機器，轉租或轉抵押於第三者，又自以爲合情合理。實際上，融資性租賃契約中已擺明，融資性租賃的租賃物，在租賃期間中，甚至到期間屆滿時，其所有權一直屬於租賃公司。這種交易類型的選擇，從契約自由原則來看，固然無可厚非，可是，民法有關分期付款買賣保護買人的強制規定（限制出賣人一次請求全部價金及解除契約沒收價金），卻是「脫法行爲」了，因此，租賃公司就這一點獲得好處，應該比分期付款公司多負一點義務，以資平衡。

最後，就公法的立場來看租賃公司的存在價值。從正面看，租賃公司具有承擔風險、幫助中小企業融資的功能；從負面看，則有拉長資金供需流程、加重中小企業資金成本的壞處。問題是，好壞何者爲多？這牽涉到當事人作風、需求與國家法令等複雜因素，希望各方面都能努力，俾使我國與先行國家一樣，融資租賃公司能扮演較多正的功能。（本文原載73.04.25中國論壇206期）

7、租賃公司如何確保債權（一）

主　講　人：呂榮海
地　　　點：工商租賃公司會議室（73年）
錄音整理：吳映慧

　　各位租賃界的前輩大家好：

　　　　今天（注：73年）有這個機會來向大家報告租賃的法律問題，實在是很難得。我想，關於租賃的法律問題，簡單的講不外是一句話，那就是如何確保債權的問題，在這麼一句話中含著二個項目，一個是確保、擔保的問題，也就是說拿什麼東西來擔保；第二個問題是債權在哪裏？也就是說債權是否完全合法、沒有問題？我以下就依拿什麼作擔保，以及債權有沒有問題來加以說明。

（一）擔保問題、抵押權問題

　　關於用什麼作擔保，租賃界所面臨的問題主要有四項：一是抵押權的問題，就是不動產抵押的問題；第二是保證的問題；第三個是用票據作擔保的問題；第四個是以租賃物本身來作為擔保品的問題。關於第一個抵押權的問題，因為抵押權問題的範圍很廣。因此，我現在祇提出一些最重要的問題，首先就是在設定抵押的時候，租賃公司應注意哪些事項？哪些事項在法律上是常發生問題的？我認為應考慮哪些東西是不宜做抵押的東西。例如：農地，未成年子女名下的房地產，還有太太名下的房地產，這些東西拿來當擔保品的時候，在法律上會產生一些困擾，比如說農地，祇有有自耕能力的人才能買（注：後來開放了）。所以，以後要實行抵押權的時候，就會發覺出路很窄、很難賣。此外，未成年子女名下的不動產，因為我國民法規定，對於未成年子女的不動產，必須為未成年子女

的利益才能處分，換句話說，到時候對方爭執抵押權設定有問題時，那是非常麻煩的事情，在此種情形下，依法律規定應得親屬會議之同意。接下來是妻子的財產設定不動產抵押，因為可能會發生先生出來爭的問題，因此在設定時，這個問題就應獲得解決，取得先生的同意。我想，這些問題可能是大家都知道的。此外，關於設定時，當然還要實地去查看、了解。比如說同一塊土地有的是在堤防以內，有的在堤防以外，價值差別很大，債權人也要注意，債務人帶你去看的不動產，是否真的就是謄本上的那一塊，這些事情都應調查清楚，以上這些都是設定抵押權時應注意的事項。此外，還有一些事常常妨礙抵押權的實行，也要注意，那就是有關假租賃的問題，比如說債務人於72年1月1日以博愛路某號房屋來設定抵押權，但在此以前，此間房屋已有第三人設定戶籍，而為債權人所不查，後來債務發生問題以後，承租人用戶籍證明租賃是在抵押以前。那麼，雖然依法規定，抵押權有非常大的效力，但卻不得排除設定前已經存在的租賃權。因此，無法趕走承租人。那時，房屋就很難賣了。還有一事就是：如果提供抵押之人有子女要當兵，到時如果要拍賣抵押物，依照軍人優待條例的規定，這些東西是不能拍賣的。因此設定抵押權要注意抵押物之提供人是否有未成年子女要當兵，要當兵的有幾個？如果有五個，就可以阻擋十年了。

（二）保證問題（一）

以上是設定抵押權時常發生的動態糾紛，接下來是保證的問題。保證就是以第三人之信用來擔保，於債務人不履行債務時由保證人代為履行之責，關於保證方面，我提出一些常發生的問題，第一是那些人比較不適宜做保證人的問題。首先，當然是公司，因為公司不能替別人作保，第二個是大人物。比如說部長、委員等，這些人來作保證人看起來似乎很恰當，但是當要對付這些保證人時，一旦他把臉橫下來時就會發生麻煩，如果要去對付這些保證人時，還必須對他們打聲招呼，說：「某某人，真對不起，公司在程序上不得不如此，我們來辦個手續，要對你起訴，要告你。」換句話說，要告人家，還要向對方打聲招呼，因此說這些大人物就是適合的保證人，實在是很有疑問的。另外，拿綠卡的人也不適合作保。同時已婚的女子，因為夫妻財產制上的限制，因此，她們是否適合作保證人也很有疑問，這是關於保證人選擇上的一些問題。

問：太太的財產是否即等於先生的財產？

答：舊的法律規定推定是先生的財產，因此，當你查封保證人太太的財產時，因為這些財產已經被推定是先生的。因此，如果債權人要查封，就必須想辦法證明這些財產是太太的。比如說證明這些財產是太太因勞力所得之報酬，或者說這些財產是太太娘家送給她的，但是這種證明非常困難。還好，推定的舊款規定民法第1017條已經被

改掉了。

（三）保證問題（二）

此外，關於保證方面還有一個極為重要的問題，即民法第755條規定，對於訂有期限之債務為保證者，如果債權人允許主債務人延期清償時，那麼保證人就不負保證的責任。比方說某租賃契約上訂有一期一期的租金，倘此租金債務發生問題時，承租人向租賃公司請求延期清償其債務，而為租賃公司所同意時，此時保證人即不再負保證的責任了。

倘支票的到期日為七月一日，如延到七月八日也會發生以上的保證人不負保證責任情形。

問：現有一張七月一日到期的支票，背書人為某甲，如果對方說明他在七月一日沒錢，請求我們七月五日再把支票兌現，但等到七月五日我們把票子軋進去時卻遭到退票，這時候，背書人要不要負責？

答：背書人要負責，以上我所說的僅指保證的法律關係，至於票據，則另有票據法上的關係。

（四）票據問題（一）

問：依照法律規定，執票人應於七日內提示，如果執票人沒有這樣做時，背書人是否就不用負責任了？

答：如果沒有在七日內提示，就會喪失對背書人的追索權了。也就是說，如果七天內沒有提示，那麼背書人就

不負責了，如果七天內曾提示，但是卻沒有在四個月內告背書人的話，那麼背書人也不負責。

問：依票據法規定，執票人對於其前手須以書面通知其履行票據義務，如果不通知的話是否就喪失了追索權？

答：不是的，不通知的效果是，如果因為不通知而造成背書人遭受損害時須負賠償責任，但是通常，都沒有什麼損害發生。不通知仍不喪失追索權。

8、租賃公司如何確保債權（二）

主　講　人：呂榮海
地　　　點：工商租賃公司會議室
錄音整理：吳映慧

（五）票據擔保（二）

以上是保證的問題，第三個是用票據來擔保的問題，用票據來擔保債權，比如說租金債權轉化成票據，轉化成無因的關係，即轉化成不管原因如何的關係，這當然很方便，票據擔保包括支票和本票兩種，這當然有其方便之處。第一個方便就是票據不管原因，拿去軋時不會爭執一大堆複雜的法律關係，本票的話就可以裁定，裁定很快，也不必繳百分之一的訴訟費用，只須依非訟事件法繳幾百塊或幾千塊的費用即可，不必打官司繳百分之一的訴訟費用，而且裁定很快，通常不必到法院去開庭，祇須裁定書一下來即可聲請查封，拍賣債務人的財產，這是他的方便

之處。

問：不論假扣押或扣押財產，是否須對被扣押人的財產狀況要清楚？

答：是的，必須把扣押的標的告訴法院，如要扣押書，須指名要扣押的就是這本書，如果要扣押的是一棟房子，就必須把謄本聲請出來。

問：票據有本票及支票兩種，哪一種對我們比較有利？

答：哪一種有利的問題，實際上是各有利弊的，這是選擇、視具體情形而定的問題，如果說有一種票絕對有利的話，那麼另一種就會被消滅，所以說它是各有利弊的，支票的好處就是「見票即付」，但實務上常被記載「未來的某日」，本票的好處就是快，可以用裁定的，不必到法院去起訴，支票則須起訴。

（六）租賃物問題

關於擔保的最後一個問題是租賃物的問題，就是以租賃物本身作為擔保的問題，就我個人的研究結果我認為租賃公司本身應重視這個觀念，為什麼呢？因為如果我們能把租賃物本身作為擔保品，將它發揮的很極至、很成功的話，就能提高競爭的能力。第一當然是和銀行的競爭，也就是說承租人都會面臨一個問題，那就是因為承租人本身沒有不動產擔保品，不能向銀行借錢，所以才會另外找租賃公司等等途徑來爭取資金。所以說，如果租賃公司能把

租賃物本身作爲擔保品且做的很成功的話，就可以提高和銀行競爭的能力，也就是不需要不動產擔保就可以提供資金給承租人了。這一點就比銀行進步，可以搶銀行的生意；第二個競爭的對象是租賃業自己，在租賃業中，有的租賃公司需要不動產擔保品，有的不需要擔保品。那麼，那一家不需不動產擔保品的租賃公司一定比較受承租人的歡迎，可以提高在同業間的競爭能力。當然，以租賃物本身做爲擔保品也有不小困難的。以下就是我們實際上來討論一些困難：

第一個問題就是有的承租人根本就沒有租賃物，祇是開發票，拿發票來貸，也就是根本沒有租賃物，這時候租賃公司根本沒有掌握租賃物，在這種場合，當然是沒有東西，所以，租賃公司若還是要做這種生意，最好有不動產來擔保，才能確保日後債權的安全。但是，這樣跟銀行有什麼區別呢？第二個需注意的問題是，如果契約上約定要買的機器號碼是Ｂ５２號，但交付的號碼卻是Ｂ５１號，也就是說交付的是另一台，此時就會發生到底租賃物是那一台的問題，這樣一來，租賃公司想像中的Ｂ５２號機器是很新的、很值錢、很理想的，一旦承租人不付租金時，租賃公司可以拿回來，還可以獲一些保障。但事實上，出賣人交付給承租人的卻是另外一台，換言之，租賃契約或發票所證明租賃公司擁有的那一台實際上是不存在的，這時候租賃公司就沒有擁有租賃物，沒有東西當然是一種損失，如果發生不付租金的情形時東西也拿不回來，因爲Ｂ５１號是

另外一台，租賃公司沒有權利要回來。此時，租賃公司就受到損害，所以說契約雖然約定出賣人直接將租賃物交給承租人，但我想如果租賃公司能在交貨時去監交的話可能比較好。

另外還有一種情形是有的出賣人很善良，比如說他依租賃公司的指示把一台機器搬給承租人，結果承租人用一用發覺有點性質不良，就要求出賣人換一台給他，出賣人做生意也很老實，就換了另一台給他。換句話說，原來契約上訂的是B52號，但出賣人換來的是B51號，變成租賃公司所擁有的那一台已經被搬走了，在承租人手中的那一台B51號已經不是租賃公司的，結果大家都沒注意，等到承租人發生債務問題後租賃公司要搬回租賃物時，才發現找不到自己所存的那一台B52了，所以說租賃公司注意承租人的動靜，如果說承租的標的物改了的話，最好契約也改一下較好。

問：是否可用發票來證明租賃物就是我們的？

答：發票是證明物權的證據之一，但並不是絕對的。另外，付價金給出賣人也是證據，這就牽涉到一個問題，真的是租賃公司直接撥給承租人，這時候在處理上有兩套作法可以防止誤會，第一套作法是你可以開票的出賣人，由出賣人背書給他，要把背書顯現出來，或者由出賣人開一個授權書，表示同意將款直接撥入承租人的戶頭，以免承租人抗辯租賃公司並未付錢給出賣人。總之，認所有權，發票只是其中之一，但不是絕對的，最好還能證明已

付款。

　　另外，關於租賃物的另一個問題是租賃物和其他機器混雜在一起，比如說租賃公司租給承租人一台機器，但工廠裏卻有幾百台、幾千台的機器，怎麼辨認哪一台是租賃公司的？這個問題也要注意。此外，有的租賃物一旦安裝在承租人的工廠上，在技術上很難搬走，或者搬走的費用須要很大，甚至必須由外國的工程師才可能搬走，如此一來費用很大，這個就不經濟，在這種場合這些機器就沒有什麼擔保的價值，另外是已附合的，就是說這個機器已經和廠房結合為一體，比如說中油公司的油槽，這種別無分號可以用的租賃物，就沒有什麼擔保價值。另外，技術革新很快的東西，比如說電腦啦，可能半年一年很快就淘汰了，這種租賃物的擔保價值也很低。此外，高級進口車，比如它的零件很少，如果發生問題就沒有人要，且不能用了，擔保價值也很低。另外一種就是泛用性很低的東西，就是說祇有在某一家工廠才能用的東西，它的擔保價值也很低。

　　以上種種都是影響租賃物擔保價值的問題，這些問題怎麼解決呢？也就是說我們怎麼解決這些問題來強化租賃物的問題，租賃公司本身似乎應該養成這樣一個觀念：就是租賃物是一種擔保物，當承租人一無所有時，至少可以取回租賃物求償，應養成這個觀念，所以在做業務的，應選避免以上這些缺點的東西來做，如果能選擇避免這些擔保價值的缺點的機會就比較可以做。就是說我們在經營觀

念上應該儘量選擇擔保價值比較高的東西來做。這些觀念，再配合承租人所提供的保證金，把承租人提供的保證金當做承租人的自備款，而估計一下，假如，機器的價值是一百萬元，租賃公司放出去的款是一百萬，而在承租人違約時候機器可能只能賣七十萬元，這種情形，租賃公司祇能負擔七十萬，然後要求由承租人負擔三十萬的保證金（自備款），如果租賃公司估計機器的市場價格祇有三十萬，那麼只能出三十萬，而由承租人自備七十萬的保證金，換句話說，對於機器物估價的價款必須和保證金相配合，然後養成雙軌，一個左手、一個右手的方式加以巧妙配合、運用，來保障自己的權利，這種技巧運用得好，對業務就會有幫助，而且也較不怕遇到呆帳。

問：在我們做租賃業務時，通常都只言明是某某機器一台，在這時候如果和承租人發生問題時，有沒有什麼確認的方法呢？

答：這是一個很現實的問題，最好是有號碼，有一家公司也曾打過這種官司，承租人把機器再賣給別人，如果租賃公司告買受人，在法律上買受人可以主張善意取得，但買受人根本懶得主張這個權利，而主張這機器不是租賃公司所主張的那一台，租賃公司就輸了，這些都是很現實的問題。補救之道，比如說寫明號碼啦、以相片為憑啦，都是可行之道，以上是關於擔保的問題。

（七）租賃債權的問題
票據問題與租賃問題

接下來是關於債權的問題。其實擔保的前提就是要有一個債權存在，即是要有一個完整、無缺、合法的債權存在，才能行使擔保權，比如說，抵押權的話，如果要拍賣抵押物，法院還是要問你的債權在那裏，所以這個問題還是非常重要的。租賃公司的債權，通常就是票據債權還有租賃契約上的租金債權，第一個票據債權，就是我們前面所提到的，是不是有了票據，就可以完全不管租賃的問題，這個問題實際上是票據文義性、無因性的原則，可以完全堵住承租人的嘴巴嗎？可以防止承租人提出租賃問題來對抗租賃公司嗎？

事實上，所謂票據是「一種無因證券、文義證券」，這一句話祇有在票據轉入第三人手裏時，才發生這個效力，比如說票據由第三人之銀行來行使權利，此時承租人就不能拿租賃契約來講，可是事實上銀行都不管這個糾紛，他會把票退回租賃公司，而由租賃公司來行使支票的債權，這時，承租人可以提出租賃問題來抗辯。現在我們先討論支票，告支票的時候，這時候發票人在給付票款的訴訟中，可以拿租賃契約來講，因為這時候支票沒有落入第三人的手裏，只有租賃公司和發票人在法院對抗，沒有落入第三人手裏，依照票據法第13條的反面解釋，承租人可以拿出租賃關係來抗辯，所以在租賃方面，一些法律上的問題還是會跑出來的，所以，以下租賃公司還是要努

力的來研究租賃的法律問題；至於本票，因為本票不用打官司，可以用裁定的方式，法院在裁定時，純粹僅就本票形式來審查；審查發票人是否簽章，背書是不是連續，發票日有沒有記載，到期日是否屆至？僅純粹就本票表面上來審查，此時是不管租賃契約的，裁定下來就可以強制執行，如果承租人主張契約有問題，比如主張本票的金額有這麼多，但他所欠的祇有一期而已，絕大部份尚未到期，這時他就反客為主了，承租人此時必須去告租賃公司，確認本票的債權不存在，除了一期存在，其他的都不存在，他可以提起這個官司，雖然必須負擔百分之一的訴訟費用，且這個起訴並不停止查封，除非他能提供擔保請求法院停止，也就是說，雖然他去告，但原則上並不能阻止本票的查封，這是本票的好處，但畢竟不是絕對的，因為他事實上還是可以打官司，確認租金債權不存在，所以，有關租賃契約本身的法律、疑難還是會跑出來，換言之，如果承租人有相當的資力、耐力來和租賃公司對抗的話，還是可以把租賃的法律問題提出來，因此，接下來，我們必須討論有關租賃契約上的一些問題。

（八）一期不付，全部到期

這些問題屬於整個租賃業的問題，因為租賃是一個發展性的問題，其中一些問題，要得到結論的話恐怕言之過早，所以今天可能祇能提到一些問題來跟大家互相研究，關於租賃契約的第一個問題就是，雖然契約上約定承租人

如果一期不付租金時，租賃公司可以請求全部所有未到期的租金，這個權利是不是存在呢？我想這是最大的問題，此問題的關鍵在哪裏呢？我個人以為這個問題牽涉到目前的租賃公司所辦的融資性租賃，或是會計上所稱的資本租賃，這個東西和我們普通講的租房子啦、租汽車啦是不是一樣的問題，如果認為是一樣的話，我想這個權利就不存在了，反之，如果我們租賃公司能提出一套理由來說服法院，說明我們辦的租賃和普通租房子是不一樣的，那麼這個權利就會存在，這也是租賃公司、租賃公會要努力的工作，而我個人替租賃公司想到的兩個理由是這樣子的，就是說融資性租賃存在外觀上和普通的租房子差不多，都是一方提供物的使用收益，另外一方提供租金，可是對於租房子的租賃而言，它有二項特徵，第一個特徵即它是一種繼續性契約的性質，也就是說租金是和租賃物的使用收益發生對價的關係，因為時間的經過、時間的繼續，使用收益了一點就發生了一點租金，使用收益了兩點就產生了兩點租金，就是說租金是隨著使用收益的時間而繼續增加的，而有所謂繼續性契約的關係；另外一點就是，租賃是一種雙務契約，即有租賃物就有租金，有租金就有租賃物，但融資租賃則不一樣，因為在辦理融資租賃時；租賃公司和承租人都相當了解，只要租賃公司把這筆錢付給供應商，租賃公司就打算收回這個錢，而不在意承租人是否使用收益這個租賃物，使用收益是承租人的事，這一點雙方都很明瞭，而租賃公司應該把這一點對承租人說的很明

瞭，請承租人確認，承認這一點，換言之，租賃公司重視的是要把錢收回來，而且祇特別爲承租人買下租賃物，不像租房子一樣可以租給很多人，而是抱著錢一放出去，打算從承租人身上收回來的企圖，此一締結契約目的和企圖是雙方都很了解的，所以租賃公司也應該把這一點告訴法院以及有關的機關，而且說的很清楚，而由這一點來確認說融資租賃和普通租賃不一樣，如果這一點能成立的話，那麼，一期不付租金就可以請求全部未到期租金的約定才能成立，我個人以爲這是租賃公司和租賃公會應努力的。

（九）取回租賃物與租金債權是否併存

第二個問題是當承租人違約時，租賃公司在契約上有以下二項權利，第一項他可以取回租賃物，第二項，他可以請求所有未到期的租金，但這兩個權利是不是可以併行呢？這是第二個問題，關於租賃公司的第一個權利，就是取回租賃物，如果根據租房子的那個觀念來了解的話，取回租賃物，其前提必須先終止租約，如此一來承租人會主張：既然終止租約，那麼對於終止後未到期的租金怎麼可以請求呢？所以就產生了終止租約請求租賃物與請求部份租金不能併存的問題，如果這個問題果真如此的話，那麼對租賃公司當然是一個傷害，不過，我們說不能併存的前提，當然是說融資性租賃就是租房子的那種租賃，才變成這種結論，所以在租賃公司的立場，應該像剛才我所提到的第一個問題一樣，從雙務契約和繼續性契約不同的這一

點上來說服社會上的人士，說融資性租賃契約不同於租房子的租賃，這樣的話，這兩個權利才可能併存。

（十）租賃物滅失

至於第三個問題是，租賃物滅失時，租賃公司可否請求未到期的租金，也就是說這個租約是不是繼續？可不可以請求未到期的租金或損害金，這個問題也是繫於融資性租賃是否就是租房子的租賃，如果說融資性租賃就像租房子的話，那麼，這個權利也是很有疑問的，因為法律已經強制規定，如果租賃物滅失時，租賃契約應該是終止的，既然是終止，那麼對於未到期的租金當然不能請求，這是租房子的概念，所以以上我所提到關於租賃契約上的三個大權利，都和融資性租賃契約到底是什麼東西這個問題有關，我記得前一陣子（6月4日）中國比較法學會（注：後來已改為「台灣法學會」）舉辦了一個法律問題研討會，在場者有律師、法官和一些教授，關於租賃到底是什麼東西這個問題，竟然大家各執一詞，有的說租賃就是租房子的租賃，有的說是借貸，有的說租賃是什麼東西他不知道，是一個沒有名字的契約（無名契約），竟然大家眾說紛云，所以說這是經營環境上法律條件不足的地方，這一點恐怕還要大家繼續努力。

（十一）融資租賃與附條件買賣

租賃的另一個問題是：融資性租賃和附條件的買賣契

約有什麼區別，曾出現有一個判決認為融資性租賃就是附條件的買賣，認為如果租賃公司要告承租人的話，應該根據買賣來告，如果根據租賃來告的話就不對了，被駁回，竟然有法官這樣認為，因為他認為在外觀上這兩種很像，就全面否認了租賃公司的地位，好像租賃公司就是分期付款公司，就是說憑一紙判決，把整個租賃業給否定掉了，這實在是有點過份，不過話雖如是說，我們還是應該努力宣導租賃的知識，說明它和附條件買賣的不同，我個人認為這兩種當然有不同，起碼附條件的買賣於條件成就時，東西的所有權當然移轉，租賃就不一樣，租賃的話縱使期間屆滿，而且承租人也完全履行他的義務，這時候的租賃物還是租賃公司的，縱使租賃公司賣給他，甚至以非常低的價錢賣給他，他們之間仍須訂立一個買賣契約，從必須訂立買賣契約這一點來看，就顯示說他不是當然移轉，雖然附條件的買賣和租賃都訂立契約，但附條件的買賣契約到期，就當然移轉所有權，租賃雖然一開始也有一個契約，但要移轉時還須要訂立一個契約，有二個契的存在。

（十二）如何防止第三人善意取得

　　租賃的另一個法律問題是：租賃公司如何防止第三人善意取得租賃物的問題，善意取得包括善意取得動產抵押權和所有權，關於**善意取得動產抵押權**的問題，比如說承租人再把這個東西設定抵押權給銀行，實務上曾給發生過此糾紛，法院最後支持租賃公司，因為善意取得的前提是

取得人占有標的物，而該件訴訟銀行本身並沒有占有租賃物，所以說不得善意占有動產抵押權，第二個是**善意取得所有權的問題**，這個問題比較麻煩，它發生在什麼場合呢？就是說承租人用租賃物開兩張發票，分別前前後後向兩家租賃公司辦理租賃，比如說A租賃公司拿到一張7月1日的發票，它自以為已取了租賃物所有權，可是因為這些東西仍在承租人手中，承租人又把相同的東西開了一張7月2日的發票，向B租賃公司來辦租賃，結果B租賃公司相信這個東西既然在承租人占有中，而動產的占有是一種所有權的表徵，他信賴承租人占有這個東西，所有權是他的（或是出賣人的），他相信這個占有的事實，所以他在7月2日取得所有權，問題就是到底是A租賃公司7月1日取得呢？還是B租賃公司7月2日取得呢？這是租賃界很大的問題，依照善意取得的法理，可能是B租賃公司在7月2日，後取得者為先，因為既然辦的租賃公司依照民法801條、948條善意取的規定取所有權，而我國民法取一物一權主義，因此，如果第二個人善意取所有權後，第一個人的所有權就消滅了，換句話說，先辦的租賃公司顯然相當不利，這個問題怎麼解決呢？我想這個問題目前法律沒有辦法解決，租賃公司可以要求在租賃標的物上漆上自己公司之名字，可防止被別人善意取得。如果有一天融資租賃能像附條件買賣一樣，到建設廳建設局去辦理「租賃」登記的話，這個問題就可以解決了，這是我個人的看法，也是我個人主張融資租賃是「新型」動產擔保交易的理由之

一，希望有一天能實現。

（十三）會計資產會影響所有權嗎？

接下來要討論的是，關於最近新訂的租賃會計處理準則以及所謂的租賃稅務處理注意事項，會不會影響租賃公司對租賃物的物權。依據租賃會計處理準則和處理稅務注意事項的規定，好像租賃公司必須依期開發票給承租人，而且在承租人賬冊上也把租賃物列為資產，可以列資產提折舊和開發票，這樣一來，承租人可以拿出這兩點來表示租賃物是他們的，比如說租賃物被承租人的債權人所查封，租賃公司表示租賃物是租賃公司的，想拿回去，此時債權人就可以拿出發票和賬冊說明這些東西是承租人的，其債權人當然可以查封，租賃公司不得提出異議，就會發生這個問題，我想這個問題和附條件買賣、保留所有權的問題相似，保留所有權的話，債權人對於這個東西雖然還能享有所有權，可是他事實上是開發票給債務人，同樣的問題在分期付款公司中，有二個憑證可以否認債務人有所有權，他可能在發票上有記載這是附條件的買賣，還有契約，如汽車的話，經過監理機關蓋章說明這是附條件的買賣，他憑這兩點和登記就可以主張說機器還是我的，雖然發票是開對方的，可是他因為有在發票上記載，有登記和契約、有經過鑑證的三項法寶，可以確保自己的權利，但租賃不一樣，因為租賃公司沒有固定的地位，而且沒有一個機關可以幫你在契約上見證有辦理租賃，也沒有登記的

這麼一回事，在此情形下，租賃公司應該怎麼做才好呢？我個人建議可以在發票上做這樣的記載：本件的標的物，依照稅務處理事項第Ｘ條，本租賃公司有所有權，這樣的記載，等於有合法的權利憑證，等到了在法院發生爭執時，因為這個稅務處理注意事項是經由財政部公佈的，可以請法院函詢財政部，等於由財政部來保障租賃公司的權利。

9、租賃公司如何確保債權（三）

主　講　人：呂榮海
地　　　點：工商租賃公司會議室
錄音整理：吳映慧

（十四）各國經營租賃的法律環境

接下來要談各國經營融資租賃的法律環境的比較，我舉四個國家，第一個是美國，這是一個類型，第二個是日本和德國，這是一個類型，第三個是我國，這是一個類型。在美國方面，因為租賃制度最原始是從美國發生的，我想這一點大家都知道，既然是由美國發生的，當然有其淵源，所以在美國，各方面的法制都很健全，在實體法上權利義務關係都有其法律依據，詳言之，在其統一商法中規定債權人對各種標的物有擔保利益，這個利益，不論其名稱是什麼，是附條件買賣，或是信託占有，或是什麼阿貓、阿狗都不管，只要當事人間有契約約定對這個東西，

某某人有擔保利益就可以了，不管你是租賃或附條件買賣，祇要有這個約定說附**有擔保利益**就成了，所以他們的統一商法關於擔保利益的規定很廣泛，而租賃也是其中的一種，因此租賃就可以根據這個法規來登記，租賃公司不一定要占有，祇要依照登記就可以表彰自己的權利，所以在這個法制下很健全。至於德國和日本，因為他們傳統的法律俗稱大陸法系，依照他們傳統的物權觀念，不動產就是用登記，動產則是用占有作為權利的表彰，以占有代表權利，傳統的觀念都是這樣，因而引起一些現實的問題，即：要由債權人繼續占有的話，事實上是不可能的，因為債務人必須使用這些東西，債權人也不可能去占有標的物，比如說銀行就不可能一直占有這些東西。這樣一來，在德國和日本祇限於少數的動產，如汽車才可以不占有，也就是說祇有少數的動產才可以用登記來做權利表示，在德國有以上的這種限制，而且其所謂的物權，只限於法律規定的幾種形式，法律規定幾種物權讓你去選擇，當事人沒有用契約創設物權的自由，而在美國，依統一商法的規定，就可以依照契約自由來創設物權的型態，但在大陸法系就不行，即它有二個固執，一個是**物權法定主義，物權不得自由創設**，另一個是**動產一定要占有**，在這個法制背景下，當德國和日本在六○年代（比我們早十年）傳入租賃時，就受到這個限制，所以租賃是什麼東西，它的法律性質是如何，也和我們一樣，現在發生很大的問題，幾十年來都沒有辦法解決，比如說日本是從昭和38年開始租

賃事業，到昭和57、58年了，對於租賃到底是什麼東西，還處於和我們相同的情形，照理說，他們比我們進步十年，對於這個問題應該處理過，應該早有所定論才是，可是事實上因為德國和日本是大陸法系，和美國的海洋法系有很大的衝突，所以雖然他們比我們早十年，但關於租賃的問題，它的性質是什麼，法律地位如何，現在還沒有得到一個結論，至於我國的情形呢？我國的情形基本上還是大陸法系，還是和德國、日本一樣，也就是說我國的法律絕大部分是從德國和日本傳過來的，這樣一來，當然會發生和德國、日本一樣的困難，也就是說剛從美國傳入融資租賃這種新制度時，本國固有法律沒有辦法適應，本國法律最大的兩個困難，就是剛剛提過的，以占有為權利的表徵，和物權法定主義，不得以契約自由創設物權，這樣一來，我國也和德國、日本一樣發生法律沒有辦法規制的問題，不過我個人以為融資租賃是一種動產擔保的新型態，因為在美國就是這個樣子，我國的話至少應該可以比德國和日本進步一點，因為我國有一個動產擔保交易法，這是仿效美國的，雖然沒有完全仿效，但仿效了一部分，我們仿效的這個法律，是仿效人家舊有的三個法律，即「附條件買賣法」，或者「動產抵押法」和「信託占有法」這三個法規，其實當我們模仿人家這三個法規時，人家這三個法規早就廢止了，而創立了一個更廣泛的統一商法，我們學三個舊的，而沒有學人家最新、最進步的統一商法，結果現在的動產擔保交易法就變成了限於三種型

態，即動產抵押、信託占有和附條件買賣，衹限於這三種，而沒有像人家一樣可以無所不包的法律，所以今日大家才會對融資性租賃到底是什麼這個問題搞得不清楚，不過在觀念上我們已經有三種了，而且這三種也擺脫了傳統大陸法系的限制，即擺脫了動產一定要占有的這個限制，今天既然有三種，而且這三種的範圍很廣泛，幾乎大部分的動產都可以設定動產抵押、附條件買賣和信託占有，在觀念上已經擺脫了占有就是權利表彰的這個概念。因此，我們應該可以趁著這個便利，在動產擔保交易法中，再加入一種變為四種，反正三種和四種相去不遠，在這一點上我們不會像德國日本一樣，如果要立法，找不到地方可以借住。

問：德國、日本有沒有什麼動產擔保？

答：他們限於特殊的動產，比如說汽車啦、農業用機器啦，沒有所謂的附條件買賣、信託占有等，比如說汽車抵押法，限定於一種特殊的動產－汽車，不像我國的動產擔保交易法很廣泛，什麼都可以，所以我國的法律環境比他們好，就比如說已經有一棟房子了，只需要空出一間來做辦公室，就可以開一家公司了，有這個方便，但德國就必須重新蓋一棟大樓，所以說我們有這個方便之處。

（十五）法律增設融資租賃之規定的好處

我的結論就是，在現行的動產擔保交易法上面，增進去一節的融資性租賃，這樣做有什麼好處呢？我個人以為

如此一來可以解決很多問題，比如第一個關於機器與廠房結合的問題，依照我國現行民法的規定，動產附合於廠房時，比如安裝在廠房上面，變成廠房的一部分，這種物理上的結合時，動產的所有權會喪失其所有權，租賃公司把東西租給別人，雖然在契約中明白規定租賃公司有所有權，可是等到安裝上去變成不動產的一部分時，怎麼能再保有所有權呢？因為依照法律規定（民法811條）此時的所有權由不動產所有人取得，可是動產擔保交易法中的第四條之一，對於民法關於附合的法條做了特別排除的規定，它規定說：動產擔保交易之標的物有符合的時候，其擔保債權之效力仍及於附合物，換句話說，附合了更好，雖然對整個不動產沒有優先權，但對於附合的那一部分價值仍有優先權，有這麼一個特別的規定。因此，如果將融資性租賃列於其中的話，就可以適用第四條之一的這個規定，而排除民法適用上困難，這是在動產擔保交易法中增訂融資性租賃一節的第一個好處。

　　第二個好處是善意取得的問題，如上所述，如果承租人以同一個租賃物重覆和二家租賃公司訂立租賃契約時，後訂約的那一些竟然取得所有權，如此一來，先訂立的那一家就吃虧了，而如果動產擔保交易法中增訂融資租賃一節的話，也可以辦登記，這樣問題就解決了，第一家租賃公司的所有權就可以獲得保障了。

　　問：如果第一家辦理登記後，第二家又去辦理登記，此時誰應優先？

答：當然是先登記的優先，而如果都沒有辦理登記的話，那麼後訂的那一家就可以善意取得所有權了。

至於第三個好處，因為現在的租賃契約都約定租賃公司不負瑕疵擔保責任，不負修繕義務，不負危險負擔責任，而從傳統的租房子的那種租賃來看的話，似乎是不太合理的。但是，如果我們能體認到融資性租賃是不同於租房子的那種租賃的話，那麼這些條件就是合理的，因為動產擔保的本身就是以動產來擔保債權，既然是擔保債權，那麼這個東西就不應該有瑕疵，要負責修護、負擔危險，這都是很合理的。因此，如果動產擔保交易法中有這個制度的話，就有法律依據，而不致於變成人家攻擊租賃公司的藉口。此外，關於請求全部未到期租金的問題可也藉此一制度獲得合理的解釋。同時，如果多了這麼一節，也可以說明融資性租賃和附條件買賣的不同，而不致於使人發生誤會，這是增訂一節的好處。

（十六）融資租賃為何是動產擔保交易

我為什麼主張應該增訂一節呢？應該在性質上實在有其必要。為什麼租賃公司非常重視租賃物呢？唯一的理由就是當承租人違約時，租賃公司要把東西拿回來想辦法賣掉或再出租而取得一些價款，而這個唯一的理由和普通的動產抵押並沒有很大的不同。因此，租賃公司對於租賃物所看重的，並不是取得其所有權，而是注重其交換價值、擔保價值，而不是注重其所有權的取得，既然祇注重其擔

保價值，那麼，只要這個擔保價值能達成的話，那麼不管名稱是什麼都一樣，而動產擔保交易的性質也重在擔保價值，注重其交易價值，同樣的，租賃公司重視租賃物的目的也是這一點。因此，它們的性質是一樣的，既然性質一樣是「擔保物權」，應該可以放在一起，將動產擔保交易法原來的三節，增加一節融資性租賃，這是我個人的結論。

（十七）租賃物出售

問：租賃標的物的出售，應該訂立什麼樣的契約？如果光開發票，已否訂立契約？

答：要訂買賣契約，而法律上所謂契約祇須雙方意思表示合意就可以了，並不限於書面契約。

問：如果現在有一個租約存在，說對方一個月要付我租金一次，但現在已經過了三個月了，都沒有付給我，那麼對於這三個月的租金，我們是否可以根據契約主張，或者還需要開發票給付？

答：已經經過時間那一段的租金當然沒有問題。

問：關於前一個問題，因為現在設備已經被我們拿回來了，如果租約繼續有效的話，恐怕到期的租金對方還是應該付給我們的，因為我們拿回機器時所用的是本票，而租約中仍然規定要把租金支票軋進去，請問可不可以這樣？

答：單純依據票據，如果對方不提出抗辯的話當然可

以，可是他可以告你本票的某部分債權不存在，即相當於取回租賃物後的那一部分本票債債不存在，至於哪一方有理的問題，就等於契約上約定一期不付、可以請求全部租金的約定是否有效，以及取回租賃物後的那些租金是否可請求的問題，而這個問題的關鍵，就在於融資性租賃是不是就是租房子的那種租賃的問題，如果此二者沒有區別的話，那麼這些權利很可能就會被否定掉。

（十八）租賃公司是否有取回租賃物之義務

問：我們祇是把租賃物租給對方，但所有權還是我們的，本票經過裁定後，我們可以逕行將標的物取回，因為這是我們的權利，而如果標的物很小，比如茶杯，取回它當然沒有問題，但如果租賃標的物體積很大，我們一時沒有辦法拿回來，或者已經附著於廠房上了，那麼經過裁定後，我們可否阻止機器的生產，將來保管費用由誰負擔？如果對方繼續使用機器的話，我需不需要付房租給對方呢？

答：不需要，因為你是根據一個契約放在他那裏，你是有權放置，而你的取回是一種權利，並非義務，如果是義務的話當然要付租金，但現在你有的是權利，而不是義務。

問：萬一對方表示沒有地方讓我們放，要我們取回呢？

答：對方沒有這個權利。

　　問：如果我們一放放了三年五年而不拿回，將來對方表示這些機器有妨礙他們廠房、土地利用的情況，而請求我們取回時該如何？

　　答：因為你們是根據租賃契約的約定，將機器放在他們的廠房，既然有契約約定，就不是無權占有，而對方告你的唯一依據就是你的東西無權占有他的廠房，但事實上你並非無權，而是**根據契約放在他那裏**，是事出有因，且這個原因是合法的，是當初雙方同意的，應不成問題。

　　問：這麼說我們可以放到找到適當的買主或轉移對象再移走了？

　　答：是的，在契約滿以前都可以。

10、代表性案例

（一）融資性租賃為「類似租賃之無名契約」，不同於消費借貸

　　「惟按融資性租賃之特色，在於租賃公司基於融資之目的，為承租人取得物品之所有權，再將該物交付予承租人使用收益。如承租人先行購買物品取得所有權後，因須融通資金，嗣將該物售予租賃公司，並與租賃公司訂立融資性租賃契約，取得使用該物之權益，此種情形，亦可謂融資性租賃。此種交易行為，雖以融資購買租賃物為先，卻以租賃之意思成立契約，**其法律上之性質並非消費借貸**。詳言之，所謂融資性租賃企業，並非直接以金錢貸

予需求資金者之企業，而係出資購買租賃物，取得租賃物所有權後，再出租予需用租賃物之企業。此種交易型態，並未違背法令，且無悖於公序良俗，對我國工商界經濟活動，非無助益。而此融資性租賃行為，其目的固係為承租人取得融資，而消費借貸行為亦同可取得融資，**然二者之法律行為迥然不同**，依融資性租賃行為之特徵，宜解為**類似租賃之無名契約**，蓋其亦有關於租賃物之利益、危險之分擔問題，與金錢消費借貸並不相同。原審逕認上訴人與燁勤公司所成立之本件**售後租回**之行為係消費借貸性質，被上訴人係該消費借貸之連帶保證人，據以論斷，為上訴人敗訴之判決，於法已難謂合。」（最高法院93年度台上字第482號判決）

（二）免除瑕疵擔保責任、一次不付全部到期、買回與租金債權之關係

「……被上訴人持有上訴人簽發面額新台幣（下同）七百十七萬一千二百元本票（下稱系爭本票）之原因，乃上訴人連帶保證訴外人允新方企業股份有限公司（下稱允新方公司）向被上訴人融資租賃機器所生之租金債務。上訴人任允新方公司保證人，與被上訴人簽訂之融資性租賃契約（下稱系爭契約）條款，並無定型化契約顯失公平，應歸無效之情形；**系爭契約已特約排除被上訴人之瑕疵擔保責任，允新方公司以租賃機器有瑕疵為由，終止**

系爭契約，自有未合；允新方公司違約時，應一次付清餘欠分期租金之約定，非屬違約金約定，無從酌減。嗣訴外人即機器製造商宗龍機械股份有限公司（下稱宗龍公司）依買回約定，向被上訴人買回系爭機器，不影響被上訴人對上訴人已取得餘欠租金三百二十二萬五千六百元一次給付之獨立債權；宗龍公司支付被上訴人買回價金二百六十三萬元，與允新方公司餘欠被上訴人之租金債務無關，不因宗龍公司價金之支付，允新方公司給付租金之債務即同予免除。是被上訴人執准予系爭本票強制執行之裁定，對上訴人強制執行受償八十八萬八千八百六十六元，係合法權利之行使，難認有何故意侵害上訴人權利（名譽）之不法行為。上訴人請求被上訴返還不當得利八十八萬八千八百六十六元及賠償侵權行為所受損害三百萬元，即非有理等情，指摘其為不當，並就原審所為論斷，泛言未論斷，而未表明該判決所違背之法令及其具體內容，暨依訴訟資料合於該違背法令之具體事實，並具體敘述為從事法之續造、確保裁判之一致性或其他所涉及之法律見解具有原則上重要性之理由，難認其已合法表明上訴理由。依首揭說明，應認其上訴為不合法。」（最高法院102年台上字第2198號判決）

（三）融資性租賃、分期付款買賣之損害賠償及時效

「……按動產租賃營業者因租賃而生之債權，或供給商品或產物之商人交易所生債權，僅其租價或商品、產物之代價請求權，因具慣常性頻繁性，宜盡速確定，故對此特定兩年短期時效。其餘債權之行使，並無短期時效之適用，觀諸民法第127條第3款、第8款規定即明。動產擔保交易法第28條第2項規定出賣人取回占有前項標的物，其價值顯有減少者，得向買受人請求損害賠償。此項損害賠償旨在填補交易標的物價值之減損，與上揭動產租賃之租價或商品、產物之代價請求權，均屬有間，並無上開時效規定之適用。原判決認該項損害賠償之債權應適用兩年短期時效，已有可議。次查，系爭二抵押權擔保範圍包括因租賃關係或支付貨款而產生一切債務及損害賠償等情，為原審所確定之事實。上訴人一再抗辯其得請求之損害賠償，在融資租賃契約除標的物剩餘價值外，尚有未交還租賃物（回復原狀）之損害，另分期付款買賣契約，除未收取價金總額（履行利益）外，尚有無法取回標的物之損失，應適用十五年之時效規定等語（見原審更（一）卷（三）第74至79頁，更（二）卷（二）第341至342頁）。而依卷附融資租賃契約第12條第1項第1款、第2項第3款約定，**承租人遲延付款達7日者為違約，出租人得請求承租人於通知之給付**

日給付（**此非違約金**）**所有依本約未付或將成付之租金、標的物剩餘價值及其他任何違約**，即依本約規定給付之款項之和（見原審更（二）卷（二）第118頁）。另分期付款買賣契約第3條、第6條亦約定：甲方（即上訴人）於貨款未付清前，對於標的物仍保有所有權；若乙方（即興松公司）違反合約之規定者，甲方得逕行停止本合約，若因此而造成甲方之損失，乙方及連帶保證人應負賠償之責等語（見同上卷第119頁）。則上訴人得就各融資租賃契約、分期付款買賣契約行使之損害賠償請求權，似與上揭租賃動產之租價、商品之代價債權之內容、性質及範圍，並不一致。原審就此未詳加審究，遽認各契約之損害賠償均為上揭租賃動產之租價、商品之代價債權之延長變形，遽謂損害賠償亦應適用兩年時效，並有可議。上訴論旨，指摘原判決違背法令，非無理由。」（最高法院106年台上字第1388號判決）

（四）租金之時效？損害賠償之時效？

「……又按解釋當事人所立書據之真意，以當時之事實及其他一切證據資料為其判斷之標準，不能拘泥字面或截取書據中一二語，任意推解致失真意。原審認定上訴人依所簽訂融資租賃契約，應按期給付租金予出租人，而該契約第12條第1項第1款、第2項第3款雖約定：承租人遲延付款達7日者

爲違約，出租人得請求承租人於通知之給付日給付所有依本約未付或將成付之租金、標的物剩餘價值以及其他任何違約亦即依本約規定給付款項之和等語，但既載明違約時出租人得請求「未付或將成付之租金」，依其文義，似指承租人原分期給付之租金，因遲延給付構成違約而喪失期限利益，出租人得請求承租人給付未付租金總額，果爾，承租人所負該債務，仍屬原應履行之租金債務，而非債務不履行之損害賠償債務。縱上開約定另涉及損害賠償範圍之約定，能否憑此即謂當事人已合意將所稱「未付或將成付之租金」轉化爲損害賠償範圍之一部？非無再予研求之餘地。再被上訴人係抗辯上訴人給付遲延，應賠償因遲延所生之損害，倘兩造未合意將上訴人未付租金總額轉作損害賠償之一部，則被上訴人究受如何之損害及其損害之範圍爲何（被上訴人於事實審抗辯上訴人應賠償違約時租賃物之剩餘價值、所失利益等，見原審更一卷三第75頁以下），攸關系爭抵押權所擔保之債權存否及其範圍爲何，自應予以究明，原審未遑詳查審認，遽爲上訴人不利之論斷，並有可議。」（最高法院109年度台上字第1905號判決）

（五）租賃物動產如何移轉所有權?租賃公司之特殊標記與善意取得

「……按動產之受讓人占有動產，而受關於占

有規定之保護者，縱讓與人無移轉所有權之權利，受讓人仍取得其所有權；以動產所有權，或其他物權之移轉或設定爲目的，而善意受讓該動產之占有者，縱其讓與人無讓與之權利，其占有仍受法律之保護；動產占有之受讓，係依第761條第2項規定爲之者，以受讓人受現實交付且交付時善意爲限，始受前項規定之保護。民法第801條、第948條分別定有明文。上訴人於事實審主張：中租公司買受系爭機器時，雙方皆到現場，中租公司於系爭機器張貼中租公司貼紙以爲現實交付，並彰顯中租公司所有權，隨後再依租賃契約將系爭機器交付乙德公司使用，中租公司係屬善意，而受民法第801條及第948條規定之保護，善意受讓系爭機器等語（見原審卷第2宗第11頁、第71頁）；承辦該業務之中租公司職員蔡三和於事實審亦證稱：101年5月18日對保當天，有在系爭機器上貼貼紙做記號等語（見原審卷第1宗第143頁反面、第144 頁）。是上訴人上開主張自攸關中租公司是否業依上開法條規定取得系爭機器之所有權，係屬重要之攻擊方法。原審未於判決書理由項下記載其取捨之意見，遽就上訴人備位之訴爲其不利之判決，即有判決不備理由之違法。」（最高法院108年度台上字第888號判決）

（六）靠行時之動產所有權（借名登記）與處分權

「……按借名登記契約為借名人與出名人間之債權契約，出名人依其與借名人間借名登記契約之約定，通常固無管理、使用、收益、處分借名財產之權利，然此僅為出名人與借名人間之內部約定，其效力不及於第三人。**出名人既登記為該財產之所有權人，則在借名關係存續中，其將該財產處分移轉登記予第三人，自屬有權處分，初不因第三人為善意或惡意而有異**，為本院自106年2月14日以後所持之法律見解。本件被上訴人係因系爭靠行契約而將系爭車輛借名登記在德嘉公司名下，乃原審所確定之事實（原判決第4頁），果爾，德嘉公司既為系爭車輛之出名人，其在借名關係存續中，將系爭車輛設定系爭抵押權予上訴人，即非無權處分，原審為與此相反之見解，並進而為上訴人不利之論斷，已有違誤。……」（最高法院107年度台上字第2096號判決）

（七）動產抵押登記、租賃物被侵害之損害賠償

「……按動產擔保交易，應以書面訂立契約。非經登記，不得對抗善意第三人。動產擔保交易法第5條第1項定有明文。此所謂之善意第三人，在附條件買賣，須以因買受人之占有標的物，致被誤認為該物之所有人，不知出賣人尚保有其所有權，因而與占有人為交易行為者，始足當之。查系爭機器

原為被上訴人所有，耀程公司於102年10月22日以融資性租賃方式向被上訴人承租系爭機器，嗣於105年8月9日、10日，先後向上訴人出售、買回系爭機器，上訴人於105年8月17日始完成系爭機器之動產擔保交易登記，為原審所合法認定之事實。是被上訴人顯非上訴人為附條件買賣登記後，與耀程公司就系爭機器為交易之人。揆諸前開說明，上訴人自無從援引動產擔保交易法第5條第1項之規定，主張其得對抗被上訴人。又上訴人所侵害者係被上訴人對系爭機器之所有權，且已無從回復，是被上訴人自得依民法第215條之規定，請求上訴人以金錢賠償系爭機器之客觀交易價值四百一十四萬七千五百元。原審因認上訴人過失不法侵害被上訴人之權利（系爭機器所有權），應以金錢賠償其損害四百一十四萬七千五百元本息，就此為上訴人敗訴之判決，經核於法並無違誤。……」（最高法院109年度台上字第2099號判決）

（八）一瞬間張貼貼紙、售後租回與動產所有權之取得

「……徐文惠以乙德公司之名，與中租公司訂立中租買賣契約，無權處分上訴人所有之系爭機器，將之交付予中租公司。中租公司於對保當日指派員工蔡三和至乙德公司廠房清點系爭機器，並於其上張貼貼紙，表彰該機器為其租賃標的物，為原審認定之事實。則乙德公司既同意中租公司人員進

入其廠房，清點系爭機器，並於其上張貼表彰所有
權之貼紙，依一般社會觀念，及上開意思表示解釋
之原則，是否不足認中租公司於乙德公司廠房內，
在其買受之系爭機器上張貼貼紙之行為，非屬因買
賣關係受乙德公司點交系爭機器，而取得具事實上
管領力之直接占有，復因租賃關係將之交付乙德公
司之複合行為？自有詳加研求之必要。又乙德公司
與中租公司就系爭機器之交易行為係『售後回
租』，為原審所認定，縱令中租公司人員僅係於標
的物所在現場，一瞬間接觸系爭機器，於接觸瞬間
何以不足以認係已受現實交付？似此情形，與讓與
人及受讓人僅訂立契約，未至現場現實點交之占有
改定能否等價齊觀？併待澄清。原審未綜合相關事
證，探求中租公司與乙德公司之真意，徒以系爭機
器始終放置於乙德公司廠房內，中租公司對該廠房
無掌控支配權，且蔡三和於清點確認系爭機器無誤
後，在其上張貼貼紙，**僅有一瞬間接觸系爭機器，**
並無時間上之繼續性為由，遂認中租公司並未取得
系爭機器之實質管領力，僅因乙德租約而取得間接
占有，而未善意取得系爭機器之所有權，復未說明
現實交付何以必須對交付地點具有掌控支配權，**又
何以須有時間上繼續性之理由**，遽為不利上訴人之
判決，自違論理、經驗法則，且有適用上開法規不
當及判決不備理由之違誤。……」（最高法院１１０

年度台上字第2343號判決）

（九）約定「不得以診所名義借貸、抵押」，則辦「融資租賃」機器是否「借貸」？

　　　　「上訴人另辯稱：管雲漢僅係每月領取固定薪資六萬元及每週一千元車馬費之掛牌醫師，已難據此推論其已概括授權上訴人得使用其交付之私章，並以其名義對外為法律行為。再觀諸『聘約書』第五條『銀行存摺及印章由甲方（即上訴人）保管』、第七條『甲方不得以診所名義借貸、抵押、刷卡』，亦未見有概括授權之約定文字。更何況，雙方既然約定上訴人不得以診所名義借貸、抵押、刷卡，自係指上訴人不得擅自以永漾診所管雲漢名義使該診所或管雲漢負有債務、或任何其他負擔之行為至明。本件上訴人上開簽發本票所為，係使永漾診所管雲漢負有票據上債務，揆之上開約定意旨，如何能謂已得管雲漢授權。尤有甚者，管雲漢係診所登記名義人，上訴人以診所名義所為之法律行為，管雲漢均應同負法律上之責任，為上訴人所明知，亦知悉『永漾診所』營業之盈虧均與管雲漢無涉、僅依『聘約書』領取固定之報酬，則管雲漢在無任何保障下，不可能同意以其名義擔保診所租賃昂貴機器（價格達四百餘萬元）之債務，縱該債務與『永漾診所』業務相關，亦然。從而，上訴人主觀上有偽造有價證券之犯意，可以認定。上訴人辯

稱本案醫療器材租賃係業務上之行為,非聘約書第
七條所規範之範圍,顯屬無據。」(最高法院104
年度台上字第1538號刑事判決)

參 考 文 獻

壹、中　文

一專　　文

1. 何明星、王東和，我國融資性租賃業經營之探討，第一銀行徵信室。

2. 交通銀行調查研究處編印，舉辦機器租賃、發行信用卡及分期付款業務之研究，68年8月。

3. 何敏璋，融資性租賃對工商企業之益處，載1980年代企業經營戰略。

4. 向英華，分期付價買賣與設備租賃在法規上之比較研究（上、下），法律知識13.、14.期。

5. 李孟茂，租賃之涵義、結構、型態及效益之檢討，產業金融季刊，28.期，1980。

6. 李孟茂，租賃企業之結構，台灣經濟金融月刊，6.卷12.期。

7. 李孟茂，新興的租賃企業，台灣經濟金融月刊，7.卷4.期。

8. 李孟茂，美國租賃契約之法律剖析，台灣經濟金融月刊，7.卷1.期。

9. 李孟茂，租賃企業之問題與將來，台灣經濟金融月刊，7.卷2.期。

10. 李孟茂，租賃企業之發展與現狀，台灣經濟金融月刊，6.卷9.期。

11. 周慶生，我國融資性租賃之研究，載輔仁學誌，第 7 期。

12. 林雅鋒，機器租賃契約之研究，中興法研所編印，法學研究報告選集，'69.12.。

13. 施文森，動產擔保契約與保全，載政大學報第 21. 期。

14. 施文森，論動產擔保利益之次序，政大學報 20. 期。

15. 施文森，論動產擔保交易，載銘傳學報第 7 期。

16. 黃越欽，論附合契約，政大法學評論，16. 期，1977.10。

17. 經建會經濟研究處，融資性租賃分析與檢討報告，67.8.。

18. 楊盤江，論繼續性契約，台大法律學會法律學刊，第 11. 期。

19. 楊蓁海，從美國對金融機構融資租賃之管理與獎勵看我國

20. 租賃業務之發展，台灣經濟金融月刊 15. 卷 9 期，68.9.。

21. 劉得寬，擔保物權之物權性與債權性，載氏著，民法諸問題與新展望。

22. 劉春堂，動產讓與擔保之研究，載台大法律學刊第 8 期。

23. 國泰租賃公司式租賃契約。

24. 中國租賃公司式租賃契約。

25. 財政部，信託投資公司辦理機器及設備租賃業務辦法，64.3. 修正。

26. 財政部，金融機構對租賃公司辦理融資性租賃業務授信重點。

二、論　　文

1. 洪滿惠，信託占有之研究，台大碩士論文。

2. 袁明昌，融資性租賃及相關法律問題之研究，東吳法研碩士論文，70.6.。

3. 陳永誠，設備租賃法律問題之研究，中興法研碩士論文，70. 5.。

4. 黃瑞明，契約自由與脫法行為，台大法研所碩士論文，69. 6.。

5. 湯錫山，附條件買賣，台大法研所碩士論文，60. 11.。

6. 賴國旺，租賃稅務問題之研究，台大經濟研究所碩士論文，71. 6.。

7. 劉宗榮，台灣地區定型化契約條款之研究，台大法研所碩士論文，64. 6.。

三、剪　　報

1. 工商時報 69. 6. 25. 社論，改進融資性租賃業的管理。

2. 工商時報 70. 3. 27. 社論，融資性租賃業發展上的隱憂。

3. 工商時報 70. 12. 26. 社論，融資租賃設備不適用投資抵減之商榷。

4. 李良達，68. 8. 4. 工商時報二版。

5. 呂榮海，不像當舖的銀行，70. 8. 3. 工商時報第九版。

6. 青涵，租賃業務有待開發，68. 2. 17. 工商時報。

7. 莊月清，租賃業為何發展得這麼快，經濟日報 68. 4. 18.。

8. 陳孫易，分期付款公司的行銷策略，70. 7. 15. 經濟日報十二版。

9. 陳光榮，對租賃國產機器輸出的看法，70. 10. 29. 經濟日報第三版。

10. 黃深潭，租賃業的流弊與適當管理的探討，68. 8. 30. 經濟日報。

11. 鄭金倉，讓租賃業發揮積極的促媒功能，69. 5. 25.工商時報二版。

12. 鄭經綸，租賃業已在國內拙壯成長，69.10. 6.新生報。

13. 廖天授、江茲惠，租賃以融物代融資，69. 8. 23.工商時報。

14. 趙妍如，租與買那一樣合算，69. 9. 30.經濟日報。

15. 經濟日報 68. 4. 29.社論，有效管理租賃業務使其健全發展。

四、書　　籍

1. 中興大學法研所譯，美國統一商法典及其譯註，68.年版，台灣銀行發行。

2. 王澤鑑，商品製作人之責任與消費者之保護，68. 9.正中。

3. 王澤鑑，民法學說與判例研究，第一冊，64.12.再版，第三冊，70. 3.，均自刊。

4. 王澤鑑，民法實例研習叢書第一冊，71.10.，自刊。

5. 王廷懋，動產擔保交易法，70. 3.初期，敬恒出版有限公司。

6. 台大法研所譯，德國民法，54. 5.台大法律學研究所。

7. 史尚寬，債法總論、61. 3.，台北三版，自刊。

8. 史尚寬，債法各論，62.10.台北四版，自刊。

9. 史尚寬，物權法論，64. 7.台北四版，自刊。

10. 林麗月，長期租賃研究，69. 8.二版，聯經。

11. 洪遜欣，中國民法總則，47.10.初版，自刊。

12. 洪國賜，租賃會計，68. 5.，自刊

13. 姚瑞光，民法物權論，62.11.三版，自刊。

14. 孫森焱，民法債編總論，71. 3.，四版，自刊。

15. 梅仲協，民法要義，59. 9.台新十版，自刊。

16. 黃茂榮，民法判解之理論體系：民法總則，植根法學叢書，1979.3.，初版，自刊。

17. 黃茂榮，民事法判解評釋（Ⅰ），植根法學叢書，1978.9.初版，自刊。

18. 黃茂榮，買賣法，植根法學叢書，1981.自刊。

19. 黃茂榮、呂榮海編，爭取融資與確保債權，植根法學叢書，1979.，自刊。

20. 國泰信託叢書編輯委員會譯著，國泰信託叢書之五－租賃知識，67.7.再版，國泰信託投資公司月刊社。

21. 陳松卿，銀行貸款債權之確保，69.10.初版，聯經。

22. 陳榮宗，對於分期付款買賣標的物之強制執行，民事程序法與新訴訟標的理論，1977.5.，初版，自刊。

23. 陳澄癸，租賃會計實務，1982.8.自刊。

24. 曾如柏，商事法大綱，61.，四版，正中。

25. 鄭玉波，民法總則，1973.三民。

26. 鄭玉波，民法債編總論，62.10.，六版，三民。

27. 鄭玉波，民法債編各論上、下，61.9.初版，自刊。

28. 鄭玉波，民法物權，60.5.修訂六版，三民。

29. 鄭玉波，金錢借貸，65.10.，正中。

30. 劉得寬，分期付款買賣，68.二版，正中。

31. 錢國成，破產法要義，64.10.修訂九版，自刊。

32. 錢國成，民法判解研究，64.4.，三版，司法通訊社。

33. 戴森雄，民法案例實務（第一冊），69.10.修訂再版，自刊。

貳、日　文

一、專文、裁判

1. リース事業協會，リース第 11 卷 2 期，1982 年 2 月

2. 大沢博，リース業務の實情と問題點，載自由と正義，31卷 2 期

3. オリエント・リース株式會社，リース取引に係ゐ法人稅および所得稅の取扱いについてのご案內

4. 中田裕康，リース取引をめぐゐ實務上の問題點（上、下），載 New Business Law, No 189, 191

5. 中村悅及，自動車リースの特色とリース契約書，N.B.L. No.79

6. 中村式，リース契約におけゐ諸問題，載國士館法學第 3 期，1971

7. 中村武，リース契約の理論と實務，載比較法第 8 號，1970

8. 佐佐木實，リース契約の諸型態とその法律上の問題點について，日弁連協會，昭和 55 年特集研修叢書。

9. 永井均，道田幸伸，リース契約におけゐ瑕疵擔保責任に關すゐ一試論，

10. 白石裕子，リース契約の基本構造，載早稻田法學會誌24卷，1973

11. 古藤三郎，アメリかにおけゐリースの稅務取扱とその歷

史，稅法學，No. 310 1976

12. 外國間男，リースの利用に關おゐ一考察，載經濟論集第 5 號

13. 本城武雄、加藤知泰，ファイナンス・リース契約におけゐ リース物件の中途引揚げと殘リース料からの利用價值の清 算義務，載名城法學，31 卷 3 、 4 期合訂，1982 . 3

14. 庄政志，リースの效果的導入と法的留意點，載 N.B.L. No. 79

15. 庄政志，リース取引契約の法的構造，載 N.B.L., No.100

16. 庄政志，リース取引契約の法的構造，載 N.B.L., No.100

17. 庄政志，リース契約をめぐゐ諸問題，載日弁連協會，昭和 '55 年特集研修叢書，頁 167 以下

18. 庄政志，リース會計制度化への法制上の課題，企業會計， 32 卷 11 期

19. 庄政志，リースをめぐゐ論點と課題，載手形研究，No.247

20. 米倉明，非典型擔保法の展望（上、下），ジュリスト， No.731,732

21. 吉原省三，リース取引の法律的性質と問題點，載金融法務 事情， No.750

22. 安藤次男，アメリかにおけゐファイナンス・リース制度の發 展，載民商法雜誌 78 卷 3 期， 1978

23. 松田安正，リース契約の內容とその法律的構成（上），載 N.B.L., No.21

24. 松田安正，リース契約の法律的檢討，載自由と正義，31 卷 2 期

25. 松田安正，リース取引，載手形研究， No.311

26. 松田安正，リース契約における借主の売主に對する損害
　　請求，載 N.B.L.，No.243

27. 岩誠謙二等座談會，今後の非典型擔保ジュリスト，No.733

28. 花堂靖仁，リース會計への視角，企業會計 30 卷 3 期

29. 柿本啓，機器設備を目的とした讓渡擔保，法學論集

30. 神崎克郎，リース債權の擔保化，金融法務事情，No.795

31. 神崎克郎，リース取引と當事者の權利義務，手形研究
　　No.311

32. 南部二三雄，リース課税の問題點，税法學，No.314,1977.

33. 菰田耕籽，リース信用保險制度，N.B.L.，No.42

34. 碧海純一，現代法解釋學における客觀性的問題，載現代
　　法講座第十五册，現代法學の方法

35. 諸隈正，リース契約の所得課税における判定，税法學，
　　　　No.268 ，1973

36. 諸隈正譯，經濟的所有の概念に關するBFHの判例，載税
　　法學，No.267,1973

37. 諸隈正譯，賃貸売買契約に關するBFH判例，税法學，No.
　　263, ，1972

38. 昭和 49. 10. 8. 大阪地裁第 22 民事部判決，載金融商事判例
　　，No.451

39. 東京地裁昭和五五ワ第973號，リース料請求事件，載
　　判例タイムス，No.469,1982

40. 名古屋高裁，昭和五四ネ396號リース料請求控訴事件
　　，判例時報，990號，頁201

二、書籍

41. リース事業協會，リース・ハンドブック，昭和 52. 3.

42. 中川善之助、兼子一編，貸付取引，昭和 50. 10. 二刷，靑林書院新社

43. 庄政志，リースの實務知識，昭和 47. 12.，社團法人商事法務研究會

44. 西原寬一，金融法，昭和 50. 12. 六刷，有斐閣

45. 我妻榮，擔保物權法，昭和 47. 1.，一版 3 刷，日本評論社

46. 來栖三郎，契約法，

47. 南部二三雄，リースの實務，昭和 48. 10.，東洋經濟書報社

48. 幾代通，企業擔保（經營法學全集）ダイヤモンド社，昭和 41. 年

49. 齋藤奏，リースの法律・會計・稅務，昭和 57. 年 5. 月，五刷，第一法規出版株式會社

叁、德　文

1. BGH, 12.12.1973, NJW 1974, S. 365ff.

2. Dr. Friedrich Graf Von Westphalen, Der Leasingvertrag, 1979, Verlag. Dr. Otto Schmidt KG.

3. Müchener, Kommentar BGB, 1980. vor　535.

4. Larenz, Lehrbuch des Schuldrechts, Band II, B.T.　11A.

5. Professor Dr. Dr. Carsten Thomas Ebenroth, Konstanz, Der Finanzierungs-Leasing-Vertrag als Rechtsgeschaft Zwischen Miete und Kauf-BGH, Betr 1977, 395.　Jus 1978, Heft, S.　588ff.

6. OLG Frankfurt, Urt.v.23.6.1976-21 u 70.75,
   NJW, Heft 5, S. 200ff.

7. OLG Müchen/Augsburg, Urt.v.28.1.1981-27 u 516/80,
   NJW, Heft, S. 1104ff.

肆、英 文

1. Daniel A. Gutterman, Equipment Lease as Collateral under
   U.C.C. and New Bankruptcy Code,   U.C.C.L.J. 12V,
   1980, P. 344 - P. 357.

2. J.M.I. Ckleburgh, Consumer Protection, 1979.

3. P.S. ATIYAH, The Sale of Goods, 5 ed.   60.6

4. Richard F. Vancil, Leasing of Industrial Equipment, 1963

5. Samuel L. Shapiro, The ABC's of Leasing,   Practing Law
   Institute, Equipment Leasing, 2 ed., 1972.

6. Thomas F. Cunnane, Tax Aspects of Buying and Leasing
   Business Property and Equipment, 1974.

附錄

國泰租賃公司式合約書

立租賃合約人

　　　　（ 以下簡稱甲方即出租人 ）

　　　　（ 以下簡稱乙方即承租人 ）　　茲經雙方協議訂定本租賃合約。

其條件如下：

本合約作成二份，由甲、乙雙方各執一份。

　　　　（租賃物）

第　一　條：甲方以附表第(1)項所記載之物件（ 以下簡稱租賃物 ）出租與乙方。

　　　　（期　　間）

第　二　條：㈠租賃期間如附表第(4)項所記載，並自乙方出具租賃物收據交付甲方
　　　　　　　之日爲起算日。

　　　　　　㈡本合約書一經訂立，不論何故乙方不得要求解約或退租，但經甲方
　　　　　　　書面同意者不在此限。

　　　　（租　　金）

第　三　條：租賃物之租金暨其給付辦法，依照附表第(7)項規定。

　　　　（續　　租）

第　四　條：㈠乙方依第二條規定於租賃期間即將屆滿前二個月申請續租時，甲方
　　　　　　　以附表第(8)項及第(10)項所記載租金及所定損失金額外，在本合約各
　　　　　　　款條件不變之下繼續出租，至租賃物完全歸還甲方爲止。

　　　　　　㈡租賃期間屆滿後，在乙方未完全歸還租賃物以前，不得視甲方未即
　　　　　　　表示反對之意思。

　　　　（租賃物之交付）

第　五　條：㈠無論乙方從附表第(2)項所記載之賣主（ 以下簡稱賣主 ）或從甲方接
　　　　　　　受租賃物後，應照附表第(5)項所載之期限內檢查租賃物，並立即將租

賃物收據交付甲方。

　　㈡乙方自交付前項租賃物收據與甲方之日起，依照第七條之規定，得
　　　使用租賃物。

　　㈢租賃物之規格、式樣、性能、機能等如有不符、不良或瑕疵等情事
　　　，乙方應立即通知甲方或在前㈠項交予甲方之租賃物收據上載明之。

　　㈣若乙方對租賃物不依規定之期限內檢查或怠於爲前㈢項通知或記載
　　　時，該租賃物無論任何情形應視爲無瑕疵，而已在完整之狀態由乙
　　　方驗收訖，嗣後乙方不得提出任何異議。

　　（租賃物之瑕疵）

第　六　條：㈠租賃物由賣主遲延交付或有前條第㈢項所述瑕疵時，甲方概不負任
　　　何責任。

　　㈡乙方若有前項原因，致受損害，而已按前條第㈢項規定辦理時，甲
　　　方將對賣主之損害賠償請求權轉讓與乙方。

　　㈢對租賃物有不能即知之瑕疵時，仍準用前㈠㈡兩項規定。

　　㈣如有前三項之情事發生，仍不影響本合約之效力。

　　（租賃物之保管及使用方法）

第　七　條：㈠甲方對租賃物如認爲有標明甲方之所有權或設置標識等必要時，乙
　　　方應同意照辦。

　　㈡乙方除非徵得甲方之書面同意，不得將租賃物遷離附表第(3)項所記
　　　載之設置場所。

　　㈢對租賃物之保管及使用，乙方在其使用時間及使用方法等，除應盡
　　　善良管理人之注意義務外，並應遵守政府之規定與指示。

　　㈣因租賃物本身及其設置、保管、使用等，致使第三者遭受損害時，
　　　乙方應負賠償責任。

　　（租賃物之保養及其費用）

第　八　條：㈠乙方平時應對租賃物善加保養，使租賃物保持正常狀態並使能發揮
　　　其正常效能。

㈡乙方因前項維護租賃物之需要而更換零件、部份機件、附屬品及租賃物之補修、損害部份之修理、定期或不定期之檢查暨其他應盡之一切保養，乙方應負責處理，其所需費用全部由乙方負擔之。

㈢因租賃物所有、保管、使用及基於本合約之交易行為所課之稅捐由乙方全部負擔之。

（租賃物之現狀變更）

第　九　條：㈠乙方非經甲方之書面同意，絕不將租賃物改造或附加其他物件，且不得變更租賃物之外觀、性能、機能及品質等。

㈡如有前項情事發生，不論曾否徵得甲方同意，若甲方要求時乙方應無償將其效果歸屬於租賃物。

（租賃物之附着）

第　十　條：㈠乙方若無甲方之書面承諾，不得將租賃物附着於不動產。

㈡乙方請求前項之承諾時，應提出不動產所有權人承認該租賃物係不屬於其不動產之承諾書或證明書。

（租賃物轉讓等之禁止）

第 十 一 條：㈠乙方不得將租賃物轉讓第三者，或允他人使用，或有侵害甲方所有權之一切行為。

㈡乙方應保全租賃物不致受強制執行，或其他法律上權益或實質上權利之侵害。萬一發生上述情事，乙方除立即通知甲方外，並應盡速設法解決之。

㈢對前兩項之情形，甲方採取必要之措施時，其所支付之一切費用由乙方負擔。

（租賃物之檢查）

第 十 二 條：甲方得隨時派員前往乙方設置租賃物之場所查看租賃物現狀、情況、保管情形等，乙方不得以任何理由予以拒絕並應給予甲方各項方便。

（租賃物之滅失、毀損）

第 十 三 條：㈠乙方對租賃物在歸還甲方以前所發生之滅失毀損等危險，應負安

全責任，但通常性之耗損、折損則不在此限。

㈡租賃物遇有毀損等，得由甲方選擇下列方式之一，由乙方負責處理並應負擔其一切費用。

A.將租賃物復原或修理至安全正常使用之狀態。

B.更換與租賃物同等狀態或同樣性能之物件。

㈢租賃物滅失時（包括毀損並無法修理之程度或侵害甲方所有權之情事）乙方應依附表第(9)項所記載規定損失金額給付。

㈣在本條第㈡項情形下，本租賃合約不必作任何修正繼續有效。在本條第㈢項情形下則於給付規定損失金後本合約即予終止。

㈤如乙方已按本條第㈢項給付規定損失金後，甲方應將租賃物之所有權以其現狀移轉與乙方或對第三者之權利亦讓與之。但甲方對租賃物之性能、機能，或第三者之資力不負任何之擔保責任。

（保　　險）

第 十 四 條：甲方依第五條規定於收受租賃物收據後，即以甲方為受益人將租賃物投保，並在租賃合約存續期間中續保之，有關保險金額、種類等由甲方指定，其所需保險費用均由乙方負擔。

（保險金之領受）

第 十 五 條：㈠租賃物發生保險事故時，保險金由甲方收取。

㈡甲方得將領受之保險金任意選擇下列用途使用之。

A.作為本合約第十三條第㈡項A款或B款行為之支付。

B.作為本合約第十三條第㈢項及其他乙方應給付甲方之款項。

C.因保險事故之發生而致使第三者遭受損害之支付。

㈢保險事故發生，乙方應立即通知甲方，並將領取保險金所需一切文件立即備齊交與甲方。

㈣若乙方履行前項義務，則租賃物所發生事故而依據本合約第十三條之規定應由乙方支付與甲方之款項，甲方得在所受領保險金之限度內減免抵充。但因乙方之故意或有重大過失時不在此限。

（手續費及保證金）

第 十 六 條：㈠簽訂本合約書同時，乙方應按租賃物購買價格之百分之　　　金

　　　　　　　額，以現金交付甲方作爲手續費。

　　　　　　㈡乙方爲保證履行本合約，應於合約簽立同時將附表第(6)項規定之保

　　　　　　　證金交付甲方，此項保證金概不計利息。

　　　　　　㈢乙方若違反本合約任何條款或有第廿一條各款之情形時。乙方所交

　　　　　　　付之保證金任憑甲方無條件沒收，但如乙方已履行本合約全部義務

　　　　　　　，得向甲方要求返還此項保證金。

　　　　　　㈣如有前項情形時甲方得優先自該保證金扣抵乙方對甲方應爲之任何

　　　　　　　金錢給付。

　　　　　　㈤甲乙雙方間除本合約外，若有任何交易往來或交付保證金以外之乙

　　　　　　　方所提供之其他擔保品時，均可視爲本合約甲方債權之共同擔保，

　　　　　　　此項擔保品之順位，處分，方法，時期，價額等乙方均同意委任甲

　　　　　　　方全權代理直接處理之。本合約同時作爲授權文件，在本合約乙方

　　　　　　　之義務未完全履行前，決不撤銷委任。

　　　　（違反契約）

第 十 七 條：㈠乙方如有一次延滯第三條規定租金或違反本合約任何條款之規定時

　　　　　　　，甲方得不經通知或催告，任意採取下列全部或一部之措施。

　　　　　　　A.請求立即付清全部租金（包括未屆期）或其他費用。

　　　　　　　B.逕行終止租賃合約收回或請求返還租賃物及損害賠償之要求

　　　　　　㈡甲方雖經採取前項ＡＢ各款之措施，對本合約所規定乙方之其他義

　　　　　　　務，並不因之免除。

　　　　（遲延利息）

第 十 八 條：乙方怠於支付，基於本合約所定應付甲方之金錢給付，或甲方墊付乙

　　　　　　　方應付費用時，乙方應自逾期之日或（及）墊款支付之日起按附表第

　　　　　　　⑾項規定加付遲延利息。

　　　　（禁止乙方權利之讓與等）

第 十 九 條：㈠乙方不得將本合約所定之權利讓與第三者。

㊁乙方基於本合約所規定應為各項給付之義務，不得以之對甲方或繼受人之債權予以抵銷。

（甲方權利之移轉及設質）

第 二 十 條：甲方無需乙方之承諾，得將本合約規定之全部或一部之權利讓與第三者，或將租賃物提供擔保設定抵押權或質權，嗣後抵押（質）權人實行抵押（質）權時，本租賃合約即為終止，乙方不得異議，但如該項實行抵押（質）權之原因不可歸責於乙方者，甲方應負責解決，不使乙方遭受任何損失。

（期限利益之喪失）

第二十一條：乙方若發生相當於下列任何一項之情事時，甲方得不經通知或催告立即行使第十七條第㊀項定之權利，其效果則與同條第㊁項相同。

A. 乙方之營業休業或廢業、破產、解散。

B. 乙方由於其他債務而受強制執行，查封，或有破產，和解，清算，公司重整等之聲請。

C. 乙方停止支付或遭受票據交換所之拒絕往來處分。

D. 甲方認為乙方之營業狀況不佳或繼續營業有所困難時。

（營業狀況等之報告）

第二十二條：㊀乙方於合併或減資及其他組織或營業上有重要變更時，應事先以書面通知甲方，並即辦妥甲方認為必要之手續，否則視為違約。

㊁乙方因故須更易董、監事達二分之一以上時，應事先書面通知甲方，並即辦妥換保或（及）增保手續，否則視為違約。

㊂甲方要求乙方定期或不定期將有關營業狀況，租賃物之設置及保管情形提出明確之報告文件時，乙方立即照辦之。

（租賃物之返還）

第二十三條：㊀租賃期限屆滿時或雖租賃期限屆滿以前，甲方依第十七條或第二十一條之規定要求交還租賃物時，乙方應立即將租賃物交還甲方。

㊁租賃物交還時，乙方應依甲方指定之場所交還之。

㈢有關交還租賃物所需一切費用均由乙方負擔。

　　㈣租賃物未完全交還清楚以前，乙方願負履行本合約所規定之全部義
　　　務。

（連帶保證人）

第二十四條：㈠乙方連帶保證人保證乙方切實履行本合約各條款之規定，如乙方有
　　　違約情事，保證人願負連帶清償責任，及放棄我國民法債篇第二十
　　　四節各法條暨其他法規內有關保證人所得主張之一切抗辯權，並願
　　　遵守下列各項：

　　　A.保證責任包括乙方因租賃所生，現在及將來之全部租金、票據、
　　　　借據，暨因乙方不履行債務所生之違約金、遲延利息、各項費用
　　　　及損害賠償等一切債務。

　　　B.本合約有效期間，如因乙方之實際需要，並經甲方同意而修改本
　　　　合約之條款時，保證人無論有無接到通知，均願無條件繼續負保
　　　　證責任。

　　　C.甲方無須經保證人同意或通知保證人，得拋棄乙方所提供之擔保
　　　　物，保證人不得據此抗辯或主張減免保證責任。

　　　D.租賃合約書或票據之要件有欠缺，或請求之手續不完備，或擔保
　　　　物有追索瑕疵等情事時，保證人仍負全部責任。

　　　E.保證人要求退保時，在乙方覓具甲方認可之保證人辦妥手續，並
　　　　經甲方以書面通知後，始得解除保證責任，縱使登報或以存證信
　　　　函聲明退保，亦一概不生效。

　　㈡甲方認為乙方連帶保證人之信用有重大貶落，或其保證能力顯為不
　　　足時，得要求乙方另覓甲方認可之連帶保證人代之，乙方不得拒絕
　　　。否則視為乙方違約。

（附　　表）

第二十五條：本租賃合約之附表所載各項規定為本合約之一部份與本合約具有同等
　　　效力。

（管轄法院）

第二十六條：有關本租賃合約之糾紛，以台灣　　　　　地方法院為第一審管轄法院，
　，甲乙雙方及乙方連帶保證人均予同意。

中國租賃公司式合約書

立租賃合約人

（以下簡稱出租人）
　　　　　　　　　　　　茲經雙方協議訂定本租賃合約其條件如下：
（以下簡稱承租人）

本合約作成二份，由出租人，承租人雙方各執一份。

一、租　賃　物

　　　　出租人茲願將「租賃事項」內標示之標的物，包括全部補充配件、增設之工作物、修繕物以及附屬或定着於該標的物之從物在內，出租與承租人，承租人亦願承租該標的物。

二、交付與驗收

1. 出租人應要求出售人將標的物送至「租賃事項」內所定之承租人使用標的物之地點，並且應通知出售人將標的物於「租賃事項」內所定之交付日期或以前交付之。

2. 若有任何原因（包括不可抗力）未於約定日完成交付或標的物發現不合承租人之需要，或與原定貨單或採購合約不一致。或有其他瑕疵，其一切之危險與所受之損害同意由承租人單獨負擔而不與出租人相涉。

3. 如租賃標的物係自國外進口者，出租人得將提單交付承租人，而由承租人自行負責以後進口與接貨之一切手續，並且不論當時之標的物之狀況如何或標的物在何處，將提單之交付即視為完成標的物之交付與驗收，承租人應出具租賃物交貨與驗收證明書交付出租人。

4. 如由出售人以現物交付時，承租人應以自己費用，對標的物為詳細之檢查與必要之試驗，以查明其是否與定貨單或採購合約規定者相一致，如未發現任何瑕疵，出租人謹此授權承租人，而承租人應代表出租人驗收之，並將驗收

結果立即以書面通知出租人。

三、租期及租金

1. 本約租賃期間，不因交付遲延或承租人依前述二(3)規定之驗收證明而受影響，自「租賃事項」內所定之交付日起算於租賃事項訂明之租賃期間繼續有效。迄於付清最後一期租金，並依本約規定所需付給出租人之一切費用之日為止。

2. 承租人應給付「租賃事項」中規定之租金與出租人。其期數、金額、幣別、各期給付日期，應依「租賃事項」之規定。

3. 按時支付各期租金及本約規定之其他費用，係本約基本要件，如任何一期租金，或其他規定之費用或各該租金或費用之任何部份到期後逾七日仍未支付者，承租人即被認為拒絕付款並違約。遲延後之給付，應自原定之給付日起至清償日止，按月息百分之二加算遲延違約金。

4. 本租約上之任何款項應以新台幣支付之，如於任一期內，中央銀行所公佈之中華民國境內銀行擔保放款之最高利率（簡稱銀行利率）超過年息百分之十八時，其超過之期間，除原約定之租金外，出租人得就其尚未付之租金總額及其他給付總額，加收等於該租期間之最高銀行利率與年息百分之十八間之差額。本項中所謂之租期係指原約定分多次付租金期間中尚未付清之任何二次相連之租金付款日所間隔之時間而言。

5. 本約規定之任何給付如以外國通用貨幣給付者承租人應即按出租人向政府指定之外匯銀行換兌相當於該外國通用貨幣數額之本國通用貨幣數額，以本國通用貨幣給付之，如承租人已在出租人換兌該外國貨幣以前已為給付者，仍應給付其折算之不足差額。在本約上，以外國貨幣表示之租金得依記載於「租賃事項」上之公式隨時調整之。

四、標的物使用地點、標示及安全

1. 承租人不論何時應將標的物放置於「租賃事項」內規定之使用地點，非經出租人書面同意，不得移置他處。

2. 承租人對於在區分上屬於動產之任何一項標的物，應使其與他物分離，非經

出租人書面同意，不得定着於任何不動產或與其他動產相附合。

3. 承租人同意不將標的物或其在本約上之利益爲出賣、出讓、轉租、出質、抵押或其他處分、或任其受留置權之留置。

4. 承租人對標的物上表彰出租人名稱、所有權、或租賃關係人任何標章、識別、烙印、廠牌、貼紙、及金屬片，應予維護，不得將其移離、塗抹、或消滅。

5. 出租人或其授權代表有權（但無義務）隨時進入其認爲標的物放置之處所檢查，試驗或檢視該標的物使用情形，並得審查與該標的物有關之帳表簿冊。

五、使　　用

1. 承租人應由合格人員，遵照政府有關法令。於業務範圍均依製造廠所訂之指導手冊或規定，操作使用標的物。

2. 因標的物之使用而發生之一切費用包括各種稅捐、規費、油料及修理、材料。必要之補充配件等費用在內，均由承租人負擔之。

六、維護、修繕及更改

1. 承租人應以自己費用維護標的物，使其經常保持良好狀態，並以自己費用修繕之，凡修護上需要之配件、機具、工具、服務均由其負擔。並應使合格人員實施修護。

2. 非經出租人書面同意，承租人對標的物不得爲任何更改或增設工作物。

3. 承租人在標的物上所更換之配件或從物。應無留置權，其他限制物權或他人合法權利之糾葛，且其價值、及品質效用至少應與被更換之配件或從物相同，其更換之物應立即爲出租人之所有，並成爲標的物之構成部份。

七、毀損與消失

標的物之任何部份，不論是否因不可抗力或其他原因而遺失、被竊、毀壞、損害至無法修復或永久喪失其使用價值，或被沒收、沒入、盜難、扣押、公用徵收、徵用而發生之危險，全部由承租人負擔。承租人依本約規定應支付之各項給付，不因標的物遭受損害而減輕，屆時，承租人有權爲如下之措置：(1) 將標的物中受損之部份換去，補以性質相同且經出租人認爲具有同樣性能及良好物資狀況之物；各該換補之物，應立即爲出租人之所有，並成爲標的物之構

成部份。(2)或立即付給出租人關於該受損部分一切應付及未付之租金與其他費用，出租人於收到該項給付後，應將該部分上一切權利及利益讓與承租人，不得再請求償還，亦不負任何擔保責任。

八、保　　　險

1. 出租人於本約有效期間有權為標的物投保各種保險，其保險事故種類、及保險人、由出租人指定；保險費用由承租人負擔；保險契約應以出租人（或其受讓人）為被保險人，並載明除出租人於標的物上之利益已獲清償外，保險人不得將保險金付給承租人。

2. 出租人應將保險契約之副本交與承租人，承租人對保險契約上所訂條件與約款，負有履行之義務。承租人應盡其所能，使保險契約保持有效，而不得有任何妨害或有減損其效力之行為。

3. 保險事故發生時，承租人應於二十四小時內將該事故書面通知保險人及出租人。承租人茲委任出租人為其合法代理人，得為和解或追償採取一切行動；收受有關之金錢給付，並為一般代理上一切行為。

4. 標的物中任何部份，於本約有效期間內遭受損害，而經出租人與保險人認為在經濟實用原則上可以修復者，應將其所為之給付，完全用於修復其損害。

5. 標的物中任何部份因遺失、被竊、毀壞或損害，至保險人認為在經濟上不能修復之程度者，應將保險人之給付，付與出租人，以抵除本約第七節內承租人應負擔之債務。

九、賠　　　償

　　承租人同意遵守有關本約及標的物之一切法令規章；同意負擔或代出租人給付一切執照費、以及目前或將來政府就標的物之出售與使用所課之所有各種稅捐與費用，並負擔因標的物之使用或利用而發生之一切危險之責任。承租人茲並同意於標的物因設計、製造、交付、占有、利用、遷移或再交付而發生之損害、賠償、費用或債務，並不論其原因為何，對出租人免除責任，防止損害，並負辯護之責，如承租人怠於各該給付時，凡由出租人代付之任何費用、稅金或其他合法支出，均應立即由承租人償還出租人。本節內規定之賠償義務，不

因本約終止而消滅。

十、擔　　保

1. 出租人同意在可能範圍內將標的物上製造廠商或出賣人所為之擔保或保證，轉讓與承租人；其費用及標的物一切瑕疵概由承租人負擔。

2. 出租人對於標的物之是否具有可售性或特殊用途之適用性，未為任何明示或默示之擔保，亦不負任何擔保之責任。本約內任何一項標的物均係承租人依其自由意思所選定，且在其選擇時，已明白表示並未依賴出租人之任何陳述或建議。出租人對標的物之修繕、保養、瑕疵及其使用，亦不負任何責任。

十一、承租人之保證

承租人茲保證：

1. 承租人（如為法人）係依所在地法律組織成立，現仍合法存在之公司，依法得經營規定業務，擁有財產，訂立本約及履行其契約義務。

2. 並無任何法律、規章、命令、公司章程條款、契約條款、契據、義務或任何文件對於承租人或承租人之財產限制其簽訂本約、履行本約有關條款或標的物之使用。

3. 承租人目前並無契約之違約之行為以致對其作業財產及財務狀況有重大之不利影響。同時亦無對其本身或資產有重大影響之訴訟或行政訴訟事件在進行或即將發生。

4. 承租人致送與出租人之最新資產負債表、損益計算書皆屬完全與正確且其內容足以表示其當時之財務狀況及營運結果，並迄至目前為止其會計情形並無重大變化。

5. 在本約簽訂前，承租人或其代表送給出租人之所有表報文件，現仍真實有效。

十二、違　　約

承租人如有下列情形之一，出租人得以違約論：

㈠承租人對本約規定之任何一項給付，到期未依規定給付，且遲延達七日之久者。

㈡承租人對本約其他明示或默示之規定，未曾遵守或履行，雖能補正而未於七

日內補正者。

㈢出租人認為承租人於議定本約時曾為虛偽陳述或於本約內或承租人提供與出租人而與本約有關之任何文件或證件內所為之陳述或保證，經證明其重要部份為不確者。

㈣承租人或其保證人（如未能依出租人之請求換保）無支付能力、破產、死亡、停止支付或請求停止支付，財務情況實質上惡化時、與債權人和解、已受解散、破產或重整之聲請、停業、公司股東直接間接變動、經出租人認為其結果將增加出租人之風險者。

㈤標的物或承租人之財產或資產，被聲請或實施扣押或強制執行。

㈥承租人對任何一項付款義務到期不履行者、或遭受票據交換所之拒絕往來處分者。

㈦標的物之保險人解保或滿期不允續保者。

屆時如上述任一事由發生出租人得本其財產權與請求權，並得依其自由裁量認定承租人違約，在不違反法律之強制或禁止規定之範圍內行使下列一項或數項權利：

1. 使承租人（承租人茲無條件同意）於接獲出租人書面通知時，以承租人自己之費用，迅即依本約第十三節規定，將標的物全部返還與出租人；出租人亦得自己或由其代理人進入承租人使用標的物之處所或認其為標的物所在之處所，開啟門門鎖鑰，將標的物自不動產或其他動產上拆除，立即予以移去，對其他財務因此所發生之損害，出租人不負賠償責任。

2. 將標的物以公開或不公開方式出售他人而無須通知承租人或為公告，或將標的物為其他處分，使用、再出租或不為任何使用收益，為上述任一行為依出租人之意思決定之，承租人不得主張任何權利，並無須將其行為或不行為或就使用收益之所得，報告承租人。

3. 書面請求承租人（承租人茲無條件同意）於通知內指定之給付日向出租人給付（此賠償係抵付損害之賠償，而非違約金）所有依本約未付或將應付之租金，標的物剩餘價值，（即「租賃事項」內所定之優先購買價格）以及其他

任何違約亦即須依本約規定給付之款項之和（外加自書面通知之給付日起，至清償日止，依月息百分之二計算之違約金）。

4. 出租人依法所得行使之其他權利或救濟或聲請法院強制承租人履行本約或請求損害賠償，或就標的物之全部或一部終止租約。

此外，承租人對本約規定之一切賠償義務，及因違約或因出租人之請求法律救濟而發生之法律費用及其他各費，包括第十三節規定之將標的物送至指定地點及回復其物資狀況所為之支出在內，仍須繼續負責。本節所稱之法律救濟，並非排外性者，凡本節外或依法律規定得請求之其他救濟，均得一併請求。出租人對任何一項違約所為之棄權，並不構成其對其他違約事項之棄權、或對其法律上既有權利之拋棄。承租人茲同意在法律許可範圍內拋棄其在法令上所得向出租人請求將標的物占有後予以出賣，出租人為其他使用收益以減少本節所述出租人各種損害或限制其行使本節規定之各種權利之權利。承租人應開立票面金額為依本約應付租金之總額，並以本約約定事項內之編號為編號之本票一張付與出租人收執。承租人如違約，出租人得使用此本票作為取償違約時依本約尚未付清之款項或將來到期之未付分期付款金額之用。

十三、標的物之返還

本約期滿或終止時，承租人應以自己之危險與費用，將標的物回復原狀，並送至出租人指定地點，返還與出租人，但因通常磨損而生之損害，不在此限。

十四、讓與及設質

㈠承租人非經出租人書面同意，不得將本約所生之權利讓與他人，或將標的物轉租或允許第三人使用與占有。

㈡出租人對基於本約所得主張之權利與利益，得全部或部份讓與他人；或將標的物提供擔保設定抵押權或質權予第三人，嗣後抵押權人或質權人實行抵押權或質權時，本租賃契約即為終止，承租人不得異議。但如該項實行抵押權或質權係由於出租人單方之原因而承租人並無過失者，出租人應負責解決不使承租人遭受損失。

十五、承租人責任

1. 承租人茲同意其依本約所負給付租金及其他各費之義務，不論情況如何係屬絕對義務，不附任何條件，本約除非有本約條文中規定之事故外，不得中途解除之，除依本約明示規定外，承租人願在現行及未來法律許可範圍內，拋棄對有關標的物之租賃所賦與之終止解除，撤銷或放棄等權，本約非依本約所定事故，而因法律作用或因任何一方信託關係之受託人或財產管理人不承認本約而被全部或一部終止時，承租人仍願依本約規定支付已到期之租金，如同並未終止或不承認者然，凡依本約支付之各期租金及其他費用為終局性之支出，承租人不得以任何理由請求返還全部或一部。

2. 標的物係交通工具時，承租人應雇用領有駕駛執照之合格人員遵照政府有關法令使用之，如發生意外事件時由承租人負全部責任，其賠償費用均承租人負擔之。

3. 本案租賃標的物係交通工具時除前述規定外，依法限由承租人自用，僅可裝載承租人本身所需，生產或經銷之物品，不得違法利用租用租賃標的物從事運輸收費營業。

十六、財務報告

於出租人請求時，承租人應隨時將出租人所合理要求之表報（包括資產負債表、損益計算書、債務明細及資產明細表，但不以此為限），經合法簽證後，送與出租人。

十七、補充保證

承租人願於本約簽訂後於出租人請求時，願隨即以自己費用，作成其所需之文件或補行其所求之行為，使本約目的更能有效達成。

十八、優先購買權

本約滿期時，承租人有權按「租賃事項」內所訂的價格優先購買標的物；為行使該優先購買權，承租人必須將其購買意思於租期屆滿一百八十天前以書面通知出租人。

十九、通　知

依本約規定所為之通知或文書之送達，應作成書面，付清掛號郵資，寄至

本約所開地址或經他方書面另定之地址。

廿、其他規定事項

本約任何一項規定，如依一地之法律為無效者，僅其該部份為無效，而不影響其他有效之部份。出租人於一項違約之棄權，並不構成其他違約事項或其法律上既有權利之棄權。本約各節標題，係為便利閱讀而設，並無限制或拘束任何一項條文之效力。解釋本約，應適用中華民國法律及命令；如因本約或任何有關事件發生爭執時，承租人及連帶保證人茲同意以臺北地方法院為第一管轄法院，但出租人在承租人住所地，其財產以及標的物所在地法院起訴者，不在此限。如須對第三者採取法律行為或其他救濟程序，亦由承租人自行負責。

信託投資公司辦理機器及設備租賃業務辦法

（ 中華民國六十四年三月修正

第一條：信託投資公司得依照本辦法運用其自有資金，辦理機器及設備租賃業務。

第二條：信託投資公司辦理機器及設備租賃業務，視為中長期資金融資業務之一種。

第三條：辦理機器及設備租賃業務之信託投資公司，必須具備下列條件：

    1. 具有對機器性能鑑別能力之技術人才。

    2. 具有足夠之營運資金，且能維持流動比率在一以上者。

    3. 其所聘之法律顧問或專門人員須具備辦理機器及設備租賃業務有關之法律知識。

第四條：依本辦法租賃之機器及設備，其估計使用年限須在五年以上，且可隨時拆離使用場所，一次採購金額在新台幣四十萬元以上者，並以全新之下列機器及設備為限：

    1. 生產事業所需之機器及設備。

    2. 運輸及公用事業所需之機器及設備。

    3. 衛生、教育及公共行政機構所需之機器及設備。

第五條：信託投資公司購置機器及設備，應先洽得承租客戶，非有客戶預先約定承租，不得自行購入。

第六條；信託投資公司依本辦法出租機器及設備，其租賃合約應依公證或認證為之，並在機器及設備上加置表示信託投資公司所有權之標誌，承租人不得任意移除。

第七條：租賃機器及設備之租金收取標準，不得高於折舊、銀行放款利率及手續費等三項之總額，並應由公會協議訂定計算公式及標準報請財政部核定之。

第八條：承租人支付租金遲延，經依法定期催告仍不支付，或承組人有其他違反約定事項時，信託投資公司得要求承租人將未到期應付款項一次付清，承租

人不付清時，信託投資公司得終止租約，收回其機器及設備另行出租與合適之使用者，並不受第四條有關全新及年限之限制。

第九條：收回之機器及設備重行出租所得，如不足抵償欠款及有關費用，原承租人仍應負責補足其差額，如有多餘歸信託投資公司所有，但仍應載明於契約。

第十條：信託投資公司得與承租人協議，於租賃契約中載明承租人在承租期間應盡之保管責任與取得租用機器及設備所有權之條件。

第十一條：機器及設備之租賃期限，不得少於三年。

第十二條：信託投資公司每期收取之租金，應全部列為當期收入，其購置之機器及設備，應列為該公司之資產，並依照所得稅法規定耐用年數，逐年提列折舊。租期屆滿讓售與承租人時，如該項資產帳面未折減餘額較售價為高，其差額應轉入「出售租賃機器及設備未攤銷損失」科目，按該租賃機器及設備剩餘之法定耐用年數，繼續逐年攤銷。承租人每期支付之租金，准以費用列支，但其於購入租賃之機器及設備時，應列為資產，按剩餘之法定耐用年數提列折舊。

第十三條：信託投資公司辦理機器及設備租賃業務，應經常派員赴承租事業單位考查使用及保養情形，並予適當之指導。

第十四條：本辦法如有未盡事宜，得隨時修正之。

第十五條：本辦法自公布日起實施。

金融機構對租賃公司辦理融資性租賃業務授信要點

（財政部69.9.30.(69)台財錢第二一三五五號頒）

一為健全融資機構對租賃公司辦理融資性租賃業務之授信，訂定本要點。

二本要點所稱融資性租賃，係指租賃公司應承租人之要求，購入租賃標的物，以融資方式出租予承租人使用者而言。

三租賃公司與承租人所訂租賃合約對左事項應有明確規定：

㈠租賃物之租賃期間、種類、規格（包括製造商名稱）、數量及其存放處所。

㈡租賃物之租金暨其給付辦法。

㈢租賃物之保證金及其支付、處分方法。

㈣租賃物有關稅捐及提領、運送或安裝費用之負擔。

㈤租賃物保管、維持之責任歸屬及其費用之負擔。

㈥租賃物之轉讓、轉租、滅失及毀損等之責任。

㈦租賃契約終止、撤銷之損害賠償及承租人違約之處罰。

㈧租賃契約屆滿租賃物返還或讓售之方法。

四金融機構依據本要點辦理授信之租賃公司，應符合下列條件：

㈠依法設立登記。

㈡實收資本額在新台幣五千萬元以上者。

五金融機構對租賃公司辦理融資性業務之授信，除應依照一般放款規定外，並應將
承租人預開之各期租金票據背書、或將租賃債權轉讓予金融機構作為還款財源。
金融機構原則上應徵取該租賃物為擔保。對各期租金票據，並應切實查核是否為
租賃所產生之票據。

六金融機構依本要點辦理授信者，其租賃物應具備下列條件：

㈠限於生產設備、事務機器、工程機械、營建工具、冷凍櫃、車輛（轎車除外）
、醫療及公用事業有關設備，且非法令所禁止者。

㈡具有整體性或獨立性之全新者。

㈢未享有國內外廠商分期付款者。

七租賃公司有下列情形之一者，金融機構不得對其授信：

㈠租賃公司之負債總額超過其分配後淨值十五倍者。

㈡租賃公司對同一承租人之租賃債權淨額超逾其本身淨值百分之二十五者。

㈢租賃公司僅以租賃標的物為擔保而未附帶標的物之租金票據或未將租賃債權轉
讓與金融機構者。

八金融機構對租賃公司辦理融資性租賃業務之授信，應徵提租賃公司經會計師融資
簽證之財務報表、租賃合約副本、訂購機器或設備合約副本、發票副本及租賃公
司對承租人暨國內外製造廠商徵信資料，其租賃之標的物為國外進口者，應加徵

提進口結匯證實書。

九金融機構對租賃公司辦理融資性租賃業務所提供由承租人預開租金票據之授信，其成數以八成為原則，惟核貸金額最高不得超過該租賃標的物購置總成本（包括標的物價款、運費、安裝及稅捐等）百分之九十。至租賃公司已向承租人另收取保證金者，其貸放金額應以上述方式核算後再扣除該保證金額後之淨額為限。

十租賃公司為辦理融資性租賃業務購入租賃標的物或臨時週轉，需要短期融資向金融機構申貸時，金融機構應依據「銀行辦理短期週轉性授信作業準則」之規定辦理。

土金融機構對租賃公司辦理融資性租賃業務所提供由承租人預開租金票據之授信時，應責成租賃公司對該等票據項下之租賃標的物，投保適當足額之保險，並以承貸金融機構為受益人，保險單正本及保費收據副本，應由承貸金融機構存執。

主金融機構依據本要點第五點所為之貸款，每筆融資期限以租賃期間及該租賃標的物耐用年限為原則，但最長不得超過七年。

主金融機構於租賃公司融資期間內，應逐年向租賃公司徵提年度財務報表，必要時得另由租賃公司向承租人徵提財務報表，以瞭解其營運情形。

古金融機構一經發現租賃公司將所借得款項非用於租賃物之購置或所申貸之週轉性用途，除應即停止對該公司一切授信外，並通知台北市銀行商業同業公會聯合徵信中心轉知其他銀行比照辦理。

主金融機構對租賃公司辦理融資性租賃業務之授信，其條件未符合本要點所訂標準者，及對一般營業性租賃業務之授信，應依金融機構一般放款規定辦理。

動產擔保交易法

民國五十二年九月五日公布五十四年六月十日施行

五十九年五月二十八日總統令修正公布

六十五年一月二十八日總統令修正公布

第一章 總 則

第一條 為適應工商業及農業資金融通及動產用益之需要並保障動產擔保交易之安全，特制定本法。

第二條 本法所稱動產擔保交易，謂依本法就動產設定抵押，或為附條件買賣，或依信託收據占有其標的物之交易。

第三條 動產擔保交易，依本法之規定，本法無規定者，適用民法及其他法律之規定。

第四條 機器、設備、工具、原料、半製品、成品、車輛、農林漁牧產品、牲畜及總噸位未滿二十噸之動力船舶或未滿五十噸之非動力船舶，均得為動產擔保交易之標的物。

前項各類標的物之品名，由行政院視事實需要及交易性質以命令定之。

第四條之一 動產擔保交易之標的物，有加工、附合或混合之情形者，其擔保債權之效力，及於加工物、附合物或混合物。但以原有價值為限。

第五條 動產擔保交易，應以書面訂立契約。非經登記，不得對抗善意第三人。

第六條 動產擔保交易之登記機關及其有效區域，由行政院視動產性質分別以命令定之。

第七條 動產擔保交易之登記，應由契約當事人將契約或其複本，向登記機關為之登記機關應於收到之契約或其複本上，記明收到之日期，存卷備查，並備登記簿，登記契約當事人之姓名或名稱，住居所或營業所，訂立契約日期、標的物說明、價格、擔保債權額、終止日期等事項。

前項登記簿，應編具索引，契約當事人或第三人，得隨時向登記機關查閱或抄錄契約登記事項。

第八條　登記機關應將前條登記簿之登記事項公告並刊登政府公報。

第九條　動產擔保交易之登記，其有效期間從契約之約定，契約無約定者，自登記之日起有效期間為一年，期滿前三十日內，債權人得聲請延長期限，其效力自原登記期滿之次日開始。

前項延長期限登記，其有效期間不得超過一年。登記機關應比照本法第七條第八條之規定辦理，並通知債務人。

第十條　擔保債權受清償後，債權人經債務人或利害關係人之書面請求，應即出具證明書。債務人或利害關係人得憑證明書，向登記機關註銷登記。

債權人不於收到前項請求十日內，交付證明書者，應按日給付請求人運延金五十元，並負損害賠償責任。

債權人拒絕為第一項證明書之交付時，債務人或利害關係人得以其他足以證明其已清償之方法，向登記機關註銷登記。

第十一條　動產擔保交易之登記機關，辦理各項登記、查閱、抄錄、出具證明書，得收取規費。其標準由行政院以命令定之。

第十二條　動產擔保交易契約存續中，其標的物之占有人。應以善良管理人之注意，保管或使用標的物。

第十三條　動產擔保交易標的物之利益及危險，由占有人承受負擔。但契約另有約定者，從其約定。

第十四條　契約約定動產擔保交易之債務人，拋棄本法所規定之權利者，其約定為無效。

　　第二章　動產抵押

第十五條　稱動產抵押者，謂抵押權人對債務人或第三人不移轉占有而就供擔保債權人之動產設定動產抵押權，於債務人不履行契約時，抵押權人得占有抵押物，並得出賣，就其賣得價金優先於其他債權，而受清償之交易。

第十六條　動產抵押契約，應載明左列事項：

一　契約當事人之姓名或名稱、住居所或營業所。

二　所擔保債權之金額及利率。

三　抵押物之名稱、及數量，如有特別編號標識或說明者，其記載。

四　債務人或第三人占有抵押物之方式及其所在地。

五　所擔保債權之清償方法。

六　債務人不履行債務時，抵押權人行使動產抵押權及債權之方法。

七　如有保險者，其受益人應為抵押權人之記載。

八　管轄法院之名稱。

九　其他條件之記載。

十　訂立契約年、月、日。

動產抵押契約，以一定期間內所發生之債權作為所擔保之債權者，其依前項第二款所載明之金額，應為原本及利息之最高金額。

第十七條　債務人不履行契約或抵押物被遷移、出賣、出質、移轉或受其他處分，致有害於抵押權之行使者，抵押權人得占有抵押物。

前項之債務人或第三人拒絕交付抵押物時，抵押權人得聲請法院假扣押，如經登記之契約載明應逕受強制執行者，得依該契約聲請法院強制執行之。

第三人善意有償取得抵押物者，經抵押權人追蹤占有後，得向債務人或受款人請求損害賠償。

第十八條　抵押權人依前條第一項規定實行占有抵押物時，應於三日前通知債務人或第三人。

前項通知應說明事由並得指定履行契約之期限，如債務人到期仍不履行契約時，抵押權人得出賣占有抵押物，出賣後債務人不得請求回贖。

抵押權人不經第一項事先通知，逕行占有抵押物時，如債務人或第三人在債權人占有抵押物後之十日期間內履行契約，並負擔占有費用者，得回贖抵押物，但抵押物有敗壞之虞，或其價值顯有減少，足以妨害抵押權人之權利，或其保管費用過鉅者，抵押權人於占有後，得立即出賣。

第十九條　抵押權人出賣占有抵押物，除前條第三項但書情形外，應於占有後三十

日內，經五日以上之揭示公告，就地公開拍賣之，並應於拍賣十日前，以書面通知債務人或第三人。

抵押物為可分割者，於拍賣得價足以清償債務及費用時，應即停止。

債權人本人或其他家屬亦得參加拍賣，買受抵押物。

第二十條　抵押物賣得價金，應先抵充費用，次充利息，再充原本，如有剩餘，應返還債務人，如有不足，抵押權人，得繼續追償。

第二十一條　第十五條、第十八條及第十九條規定抵押權人對抵押所為之出賣或拍賣，除依本法規定程序外，並應依民法債編施行法第十四條規定辦理。

第二十二條　抵押權人占有或出賣抵押物，未依第十八條、第十九條及第廿一條規定辦理者，債務人得請求損害賠償。

第二十三條　契約約定於債權已屆清償期而未為清償時，抵押物之所有權移屬於抵押權人者，其約定為無效。

第二十四條　動產抵押權不得為質權之標的物。

第二十五條　抵押權人依本法規定實行占有抵押物時，不得對抗依法留置標的物之善意第三人。

第三章　附條件買賣

第二十六條　稱附條件買賣者，謂買受人先占有動產之標的物，約定至支付一部或全部價金，或完成特定條件時，始取得標的物所有權之交易。

第二十七條　附條件買賣契約應載明左列事項：

一　契約當事人之姓名或名稱、住居所或營業所。

二　買賣標的物之名稱、數量及價格，如有特別編號標識或說明者，其記載。

三　出賣人保有標的物所有權，買受人得占有使用之記載。

四　買賣標的物價款之支付方法。

五　買受人取得所有權之條件。

六　買受人不履行契約時，出賣人行使物權及債權之方法。

七　如有保險者，其受益人應為出賣人之記載。

八　管轄法院之名稱。

九　其他條件之記載。

十　訂立契約年月日。

第二十八條　標的物所有權移轉於買受人前，買受人有左列情形之一，致妨害出賣人之權益者，出賣人得取回占有標的物。

一　不依約定償還價款者。

二　不依約定完成特定條件者。

三　將標的物出賣、出質或爲其他處分者。

出賣人取回占有前項標的物，其價值顯有減少者，得向買受人請求損害賠償。

第二十九條　買受人得於出賣人取回占有標的物後十日內以書面請求出賣人將標的物再行出賣。出賣人縱無買受人之請求，亦得於取回占有標的物後三十日內將標的物再行出賣。

出賣人取回占有標的物，未受買受人前項再行出賣之請求，或於前項三十日之期間內未再出賣標的物者，出賣人無償還買受人已付價金之義務，所訂附條件買賣契約失其效力。

第三十條　第二章第十七條第二項第三項及第十八條至第二十二條，對於附條件買賣之出賣人及買受人準用之。

第三十一條　經依本法設定抵押之動產，不得爲附條件買賣之標的物。

違反前項規定者，其附條件買賣契約無效。

第四章　信託占有

第三十二條　稱信託占有者，謂信託人供給受託人資金或信用，並以原供信託之動產標的物所有權爲債權之擔保，而受託人依信託收據占有處分標的物之交易。

第三十三條　信託收據應記載左列事項：

一　當事人之姓名或名稱、住居所或營業所。

二　信託人同意供給受託人資金或信用之金額。

三　標的物之名稱、數量、價格及存放地地點，如有特別編號標識或說明者，其記載。

四　信託人保有標的物所有權，受託人占有及處分標的物方法之記載。

五　供給資金或信用之清償方法，如受託人出賣標的物者，其買受人應將相當於第二款所列金額部分之價金交付信託人之記載。

六　受託人不履行契約時，信託人行使物權及債權之方法。

七　如有保險者，其受益人應為信託人之記載。

八　管轄法院之名稱。

九　其他條件之記載。

十　訂立收據年月日。

第三十四條　受託人有左列情形之一者，信託人得取回占有標的物。

一　不照約定清償債務者。

二　未經信託人同意將標的物遷移他處者。

三　將標的物出質或設定抵押權者。

四　不依約定之方法處分標的物者。

第三十五條　信託人同意受託人出賣標的物者，不論已否登記，信託人不負出賣人之責任，或因受託人處分標的物所生債務之一切責任。

信託人不得以擔保債權標的物之所有權對抗標的物之買受人，但約定附有限制處分條款或清償方法者，對於知情之買受人不在此限。

第三十六條　經依本法設定抵押之動產，不得為信託占有之標的物。

違反前項規定者，其信託收據無效。

第三十七條　第二章第十七條第二項第三項及第十八條至第二十二條，對於信託占有之信託人及受託人準用之。

第五章　罰　　則

第三十八條　動產擔保交易之債務人，意圖不法之利益，將標的物遷移、出賣、出質、移轉、抵押或為其他處分，致生損害於債權人者，處三年以下有期徒刑、拘役或科或併科六千元以下之罰金。

第三十九章　動產擔保交易之債務人或第三人，故意使標的物減少或毀損，致生損害於債權人者，處二年以下有期徒刑、拘役或科或併科四千元以下之罰金。

第四十條　設定動產抵押之債務人或第三人，故意使標的物減少或毀損，致生損害

於抵押權人者，處一年以下有期徒刑、拘役或科或併科二千元以下之罰金。

六章　附　　則

第四十一條　本法施行前已依工礦抵押法設立之工礦財團抵押權，於本法施行後，其不動產部份，依民法不動產抵押權之規定；其動產部份，依本法動產抵押權之規定。

第四十二條　本法施行細則，由行政院定之。

第四十三條　本法施行日期，以命令定之。

國泰租賃公司式租賃合約索引

§ 2　Ⅰ ……………………………………………… 103. 105. 140

§ 2　Ⅱ ………………………………………………… 6. 49

§ 3 ………………………………………………………… 140

§ 3　Ⅰ ……………………………………………………… 101

§ 5　Ⅰ ………………………………………………… 101. 105

§ 5　Ⅱ ………………………………………………………… 105

§ 5　Ⅲ ……………………………………………………… 155

§ 6 …………………………………………………………… 5

§ 6　Ⅰ ………………………………………………… 102. 106

§ 6　Ⅱ ………………………………………… 103. 122. 201

§ 7　Ⅰ ……………………………… 110. 189. 191. 209

§ 7　Ⅱ ………………………………………………… 110. 209

§ 7　Ⅲ ……………………………………… 110. 136. 204.

§ 8 ……………………………………………… 5. 48. 135. 209

§ 8　Ⅰ ……………………………………………………… 136

§ 8　Ⅱ ……………………………………………………… 136

§ 9 ……………………………………………………………… 210

§ 9　Ⅰ ……………………………………………………… 110

§ 10 ……………………………………………………… 184. 210

§ 11 …………………………………………………………… 210

§ 11　Ⅰ ……………………………………………………… 110

§ 12　Ⅰ ………………………………………………… 110. 210

§ 13　Ⅰ ………………………………………………………… 5

§ 13　Ⅱ ………………………………………… 138. 205. 206

§ 13　Ⅲ ………………………………………… 138. 205. 206

§ 16Ⅱ ·· 141

§ 16Ⅲ ··· 141

§ 16Ⅳ ·· 141

§ 17 ··· 6

§ 17 Ⅰ ······································· 153. 160. 209. 215. 223

§ 19 ·· 210

§ 19 Ⅰ ··· 110

§ 20 ·· 110. 157

§ 22 Ⅰ ··· 210

§ 22 Ⅱ ··· 210

§ 22 Ⅲ ··· 210

中國租賃公司式租賃合約索引

§ 2 Ⅱ ………………………………………… 5. 101. 106. 140. 155

§ 2 Ⅲ ……………………………………………… 105

§ 3 Ⅰ ……………………………… 101. 102. 103. 105

§ 4 Ⅰ …………………………………………… 110

§ 4 Ⅱ …………………………………………… 184

§ 4 Ⅲ …………………………………………… 110

§ 4 Ⅳ …………………………………………… 110

§ 5 Ⅰ …………………………………………… 110

§ 6 ………………………………………………… 48

§ 6 Ⅰ …………………………………………… 135

§ 6 Ⅱ …………………………………………… 110

§ 7 …………………………………………… 5. 138

§ 10 Ⅰ ……………………………………… 103. 122

§ 12 Ⅰ₂ …………………………………………… 153

§ 12 Ⅰ₄ …………………………………………… 160

§ 12 Ⅱ ……………………………………… 153. 223

§ 12 Ⅲ …………………………………………… 223

§ 13 ……………………………………………… 6

§ 13 Ⅰ₂ …………………………………………… 215

§ 13 Ⅰ₃ ……………………………………… 210. 222

§ 13 Ⅰ₄ …………………………………………… 210

§ 13 Ⅰ₅.₆.₇. ……………………………………… 210

§ 14 ……………………………………………… 157

§ 15 Ⅰ ……………………………………… 49. 152

判決・解釋索引

一、直接關於融資租賃之判決

最高法院 71.台上 3116 ……………………………………… 193

台高院台南分院 70.上 781 ……………………………… 193

台北地院 71.訴 694 …………………………………………… 56

台北地院 70.訴 11191 ………………………………… 56. 161

高雄地院 69.訴 4598 ………………………………………… 193

某案號不詳之判決 …………………………………………… 199

行政法院 70.判 1230 ………………………………………… 141

昭和 55. 7. 15. 名古屋高裁五四（ネ）396 號（日）…… 236

昭和 57. 1. 28. 東京地裁（ワ）973 號 …………………… 231

昭和 51. 3. 26. 大阪地裁，昭和 47.年（ワ）1488、4342 …… 134

昭和 49. 10. 8. 大阪地裁 ……………………………………… 107

BGH，NJW1974，S.365（德）…………………………… 74

OLG，Müchen／Augsburg，NJW1981，S.110 ………… 160

OLG，Frankfurt，NJW1977，S.201 …………………… 160

二、一般判決、解釋

1. 最高法院判例判決

17. 上 1118判例 …………………………………………… 56

18. 上 172 判例 …………………………………………… 57

19. 上 1045判例 …………………………………………… 31

26. 諭上 310 判例 ………………………………………… 27

28. 上 687 判例 …………………………………………… 190

33. 上 764 判例 …………………………………………… 149

33. 上 1497判例 …………………………………………… 149

34. 上 4139判例 …………………………………………… 149

44. 台上 1007 ……………………………………………… 188

45. 台上 1765 ……………………………………………… 188

48. 台上 1807 ……………………………………………… 102

53. 台上 191 ……………………………………………… 27

54. 台上 740 ……………………………………………… 131

55. 台上 909 ……………………………………………… 102

56. 台上 1103 ……………………………………………… 27

58. 台上 1152 ……………………………………………… 144

59. 台上 2019 ……………………………………………… 144

60. 台上 3748 ……………………………………………… 144

2. 司法院 解釋

20. 院 517 ……………………………………………… 149

25. 院 1402 ……………………………………………… 188

25. 院 1514 ……………………………………… 31. 188

25. 院 1553 ……………………………………………… 188

27. 院 1792 ……………………………………………… 149

29. 院 1994 ……………………………………………… 139

30. 院 2147 ……………………………………………… 149

事 項 索 引

一 劃

一般契約條款法‥‥‥‥‥‥ 217

三 劃

大陸法系‥‥‥‥‥‥‥‥‥ 92

四 劃

中古市場‥‥‥‥‥‥‥‥ 178
不占有質‥‥‥‥‥‥‥‥ 28
不安抗辯權‥‥‥‥‥‥‥ 159
手段與目的不相當‥‥‥‥ 30
比率租賃‥‥‥‥‥‥‥‥ 45
支票債權‥‥‥‥‥‥‥‥ 226
中途解約‥‥‥‥‥‥‥‥‥ 6
分期付款‥‥‥‥‥‥‥ 11、35
分期付款買賣‥‥‥‥‥ 14、53
分期付款公司‥‥‥‥‥‥ 53
分期給付‥‥‥‥‥‥‥‥ 231

五 劃

占有改定‥‥‥‥‥‥‥‥ 27
加速折舊‥‥‥‥‥‥‥‥ 55
本票債權‥‥‥‥‥‥‥‥ 226

六 劃

交付遲延‥‥‥‥‥‥‥‥ 101
共同占有‥‥‥‥‥‥‥‥ 27
安全性原則‥‥‥‥‥‥‥ 25
全套服務租賃‥‥‥‥‥‥ 43
利息限制‥‥‥‥‥‥‥‥ 148

全部收回租賃‥‥‥‥‥‥ 43
合理租值‥‥‥‥‥‥‥‥ 69
回復原狀‥‥‥‥‥‥‥‥ 99
任意規定‥‥‥‥‥‥‥‥ 108
企業集團‥‥‥‥‥‥‥‥‥ 7
整廠租賃‥‥‥‥‥‥‥‥ 44

七 劃

泛用性‥‥‥‥‥‥‥‥ 176
受任人‥‥‥‥‥‥‥‥‥ 98
即時取得‥‥‥‥‥‥‥‥ 15
即時清償‥‥‥‥‥‥‥‥‥ 6
利益第三人契約‥‥‥‥‥ 103
技術革新‥‥‥‥‥‥‥‥ 178
直接請求權‥‥‥‥‥‥‥ 103
批發租賃‥‥‥‥‥‥‥‥ 45
車輛信託‥‥‥‥‥‥‥‥ 16
危險負擔‥‥‥‥‥‥‥ 5、138

八 劃

使用功能‥‥‥‥‥‥‥‥ 93
委任‥‥‥‥‥‥‥‥‥‥ 169
附合‥‥‥‥‥‥‥‥‥‥ 183
取回權‥‥‥‥‥‥‥‥‥ 228
取回租賃物‥‥‥‥‥‥‥ 228
非典型擔保‥‥‥‥‥‥‥ 28
法定終止事由‥‥‥‥‥‥ 153
爭取融資‥‥‥‥‥‥‥‥ 23
定型化清償期約款‥‥‥‥ 211
法律的所有‥‥‥‥‥‥‥ 167
定型化實行擔保物權原因約款 211
附條件買賣‥‥‥‥‥‥‥ 234
直接契約關係‥‥‥‥‥‥ 99
直接租賃‥‥‥‥‥‥‥‥ 42

附帶給付…………………………… 43
長期租賃…………………………… 44
定著…………………………………177
直線租賃…………………………… 45
典權…………………………………149

九　劃

耐用年限……………………… 44、67
信用保險……………………………179
信用擔保……………………………173
要物性………………………………102
保留所有權………………………… 35
信託租賃…………………………… 14
留置權………………………………190
保證金………………………………141

十　劃

庫存…………………………………… 6
個別租賃…………………………… 44
租金…………………………………147
租金抵作買價……………………… 63
純租賃……………………………… 43
特殊租賃說………………………… 88
秘密擔保權………………………… 14
租買………………………………36、77
租稅利益…………………………… 12
租賃公司…………………………… 6
租賃分類…………………………… 39
租賃物收據…………………………105
租賃物毀損滅失……………………199
消費者保護…………………………109
消費借貸說………………………… 87
流質………………………………… 28
票據債權……………………………223
修繕
修繕義務……………………………135

十一劃

部分收囘租賃……………………… 43
終止租約……………………… 152、224
處分租賃物…………………………229
強行法規…………………………… 28
強行規定……………………………154
脫法行為………………… 27、54、148
從物…………………………………187
現金買賣…………………………… 11
售後租囘…………………………… 15
動產抵押…………………………… 33
動產信託…………………………… 11
動產登錄質………………………… 30
動產擔保交易法…………………… 31
動產擔保交易說…………………… 91
清算義務……………………………235

十二劃

統一商法……………………………163
第三人融資………………………24、46
間主觀批判可能性…………………219
無名契約說………………………… 90
將來取得財產條項………………… 17
期限利益……………………… 152、231
期限利益喪失………………………158
期待權……………………………… 74
間接占有…………………………… 27
間接租賃…………………………… 42
間接融資……………………………151
詐欺的讓與………………………… 14
短期租賃…………………………… 44
善意取得……………………… 15、191
殘餘租金……………………………231
換價權………………………………165

十三劃

禁反言‥‥‥‥‥‥‥‥‥‥‥‥‥ 15
滅失‥‥‥‥‥‥‥‥‥‥‥‥‥‥ 204
當事人眞意‥‥‥‥‥‥‥‥‥ 56
當事人之意圖‥‥‥‥‥‥‥ 60
資金回收‥‥‥‥‥‥‥‥‥‥ 147
違約‥‥‥‥‥‥‥‥‥‥‥‥‥ 209
誠信原則‥‥‥‥‥‥115、217
零售租賃‥‥‥‥‥‥‥‥‥‥ 45
解除條件‥‥‥‥‥‥‥‥‥‥ 99
業務聯繫‥‥‥‥‥‥‥‥‥‥ 118
瑕疵‥‥‥‥‥‥‥‥‥‥‥‥‥ 199
瑕疵擔保‥‥‥‥‥5、99、106
毀損‥‥‥‥‥‥‥‥‥‥‥‥‥ 204
對價‥‥‥‥‥‥‥‥‥‥‥‥‥ 224
經濟的所有‥‥‥‥‥‥‥‥ 166
經濟觀察法‥‥‥‥‥‥‥‥ 81

十四劃

銀行法‥‥‥‥‥‥‥‥‥‥‥ 151
說明義務‥‥‥‥‥‥‥‥‥‥ 116
價值判斷‥‥‥‥‥‥‥‥‥‥ 218
維護租賃‥‥‥‥‥‥‥‥‥‥ 43

十五劃

請求權基礎‥‥‥‥‥‥‥‥ 55
融物‥‥‥‥‥‥‥‥‥‥‥‥‥ 19
徵信義務‥‥‥‥‥‥‥‥‥‥ 119
銷售利益‥‥‥‥‥‥‥‥‥‥ 47
價值判斷‥‥‥‥‥‥‥‥‥‥ 82
價值權‥‥‥‥‥‥‥‥‥‥‥ 165
締結買賣契約之義務‥‥‥ 100
質權‥‥‥‥‥‥‥‥‥‥‥‥‥ 27
實體權‥‥‥‥‥‥‥‥‥‥‥ 175

十六劃

擔保功能‥‥‥‥‥‥‥‥‥‥ 93
擔保利益‥‥‥‥‥‥‥99、163
總括租賃‥‥‥‥‥‥‥‥‥‥ 44
融資功能‥‥‥‥‥‥‥‥‥‥ 93
融資利益‥‥‥‥‥‥‥‥‥‥ 47
融資額度‥‥‥‥‥‥‥‥‥‥ 141
錯誤‥‥‥‥‥‥‥‥‥‥‥‥‥ 116
選擇責任‥‥‥‥‥‥‥‥‥‥ 111
選擇購買權‥‥‥‥‥‥‥‥ 65
選擇續租權‥‥‥‥‥‥‥‥ 68
選購機器‥‥‥‥‥‥‥‥‥‥ 97

十七劃

獲取義務‥‥‥‥‥‥‥‥‥‥ 100
獲取權‥‥‥‥‥‥‥‥‥‥‥ 75
檢查義務‥‥‥‥‥‥‥‥‥‥ 104
營業性租賃‥‥‥‥‥‥‥‥ 42
營業稅‥‥‥‥‥‥‥‥‥‥‥ 141
總體租賃‥‥‥‥‥‥‥‥‥‥ 43

十八劃

關係企業‥‥‥‥‥‥‥‥‥‥ 7

十九劃

類型歸屬‥‥‥‥‥‥‥‥‥‥ 82
轉換租賃‥‥‥‥‥‥‥‥‥‥ 44

二十一劃

繼續性契約‥‥‥‥‥‥89、225

二十二劃

權利 瑕疵擔保 ·················· 155
攤提 ······························ 12

二十四劃

讓與瑕疵擔保請求權·········· 121
讓與擔保··············· 27、34
讓與擔保合法化··············· 83

NOTE

NOTE

NOTE

NOTE

老子的正言若反、莊子的謬悠之說……《鵝湖民國學案》正以「非學案的學案」、「無結構的結構」、「非正常的正常」、「不完整的完整」，詭譎地展示出他又隱涵又清晰的微意。

曾昭旭教授推薦語

願台灣鵝湖書院諸君子能繼續「承天命，繼道統，立人倫，傳斯文」，綿綿若存，自強不息。蓋地方處士，原來國士無雙；行所無事，天下事，就這樣啟動了。

林安梧教授推薦語

喚醒人心的暖力，煥發人心的暖力，是當前世界的最大關鍵點所在，人類未來是否幸福，人類是否還有生存下去的欲望，最緊要的當務之急，全在喚醒並煥發人心的暖力！

王立新（深圳大學人文學院教授）

人們在徬徨、在躁動、在孤單、也在思考，希望從傳統文化中吸取智慧尋找答案；另一方面是割不斷的古與今，讓我們對傳統文化始終保有情懷與敬意！依然相信儒家仁、愛之說仍有益於當今世界。

王維生（廈門筼簹書院山長）

爵理文叢01

001

鵝湖民國學案

呂榮海 賴研 蕭新永 洪文東 周隆亨 潘俊隆 陳蕙娟 陳祖媛 等35人 合著

鵝湖民國學案

呂榮海 賴研 蕭新永 洪文東
周隆亨 潘俊隆 陳蕙娟 陳祖媛
等35人 合著

台灣鵝湖書院

老子的正言若反、莊子的謬悠之說……
《鵝湖民國學案》正以
「非學案的學案」、「無結構的結構」、
「非正常的正常」、「不完整的完整」，
詭譎地展示出他又隱涵又清晰的微意。
—— 曾昭旭教授推薦語

華夏出版

國家圖書館出版品預行編目資料

融資性租賃契約之研究 / 呂榮海著. -- 初版. -- 新北市：華夏出版
有限公司, 2023.04
　　面；　　公分. - - （蔚理文叢02；001）
ISBN 978-626-7296-14-1（平裝）
1.CST：融資租賃

584.385　　　　　　　　　　　　　　　　　　　112003124

蔚理文叢02　001

融資性租賃契約之研究

著　　作　呂榮海
編輯策劃　蔚理有限公司‧臺灣鵝湖書院
　　　　　臺北市 104 中山區錦西街62號
　　　　　電話：02-25528919
　　　　　Mail：Penny9451@gmail.com
印　　刷　百通科技股份有限公司
　　　　　電話：02-86926066　傳真：02-86926016
出　　版　華夏出版有限公司
　　　　　220 新北市板橋區縣民大道 3 段 93 巷 30 弄 25 號 1 樓
　　　　　電話：02-32343788　傳真：02-22234544
E - m a i l　pftwsdom@ms7.hinet.net
總 經 銷　貿騰發賣股份有限公司
　　　　　新北市 235 中和區立德街 136 號 6 樓
　　　　　電話：02-82275988　傳真：02-82275989
　　　　　網址：www.namode.com
版　　次　2023 年 4 月初版—刷
特　　價　新台幣 560 元　　　（缺頁或破損的書，請寄回更換）

ISBN-13：13：978-626-7296-14-1
《融資性租賃契約之研究》由呂榮海先生授權華夏出版有限公司
出版繁體字版
尊重智慧財產權‧未經同意，請勿翻印 (Printed in Taiwan)